ちくま学芸文庫

崩壊概論

E.M.シオラン
有田忠郎 訳

JN165979

筑摩書房

日本語版への序

一九四七年に書かれ、一九四九年に出版されたこの『崩壊概論』は、フランス語による私の最初の書物である。この本を書きはじめた時、私は前もって正確なプランを持っていたかどうか。年月を経た今となっては、答えるのが難しい。はっきり覚えているのは、当時私が一切の信念、一切の「理想」、すなわち人間が何百年もの間その犠牲となってきた幻影に対して、緊急に宣戦布告する必要を感じていた、ということだ。私は、懐疑思想以外、何ものにも信を置いていなかった。これこそは当時の私の宗教だったたし……今でもそうである。私は「懐疑」を、神々の、一切の神々の上位に置いていた。――現在でも、昔ほど猛烈にとはいかないが、この点に変りはない。私も人並みに年を取り、昔日の烈しい情熱は否応なく失せたし、人生への無関心と、明察に貫かれた降伏、脱俗、哲学的態度としての犬儒主義《シニスム》などに加担して昔のように勇ましく戦う気力も減じた。年とともに皮肉《イロニー》の棘は鈍磨し、諷刺の毒も薄らいでくる。こうして、われわれは、老いぼれるにしたがってすべては衰弱し堕落する、怒りとてまた同じ、ということを知るのである。

だが、まさしくそれゆえにこそ、この『崩壊概論』は、私の他の本にもまして、一切のものに対する烈しい憤り、現在と過去、のみならず未来に対する憤怒の果実なのである。私は思い出す、この本を書き進むにつれて、これが私には「存在」に仕掛けられる正面攻撃であり、「存在」に対する一種の釈明要求、あるいは最終試合とみえたことを。憤激と錯乱のただなかで、私は自分が「存在」に勝ち、「存在」を打ちひしぎ、征服するのだと想像した。この戦いはいつか終りを告げ、そして……勝つのは私の方だと考えていた。私が「存在」に浴びせかける議論と怨嗟と侮蔑の打撃から、「存在」は立ち直れないだろうと思っていた。この書物はいわゆる著作ではなく、一種の喧嘩沙汰だったのである。はっきり言って、私は負けたのだろうか？　一番いいのは、この問いを答えのないままに放っておくことだ。なぜなら、形而上学的な戦いには、結局のところ勝ちも負けもなく、ただ「解き難いもの」の謎めいた魅惑あるのみだからである。

E・M・シオラン

一九七四年八月二十六日、パリにて。

目次

崩壊概論

崩壊概論

《私の魂を裏切り、暗い絶望に身を委ね、自分自身を敵にまわしてやろう》
（『リチャード三世』）

狂信の系譜

およそ観念なるものは、そのままでは毒にも薬にもならない、というか、そうならざるを得ないように思われる。人間こそが観念にいのちの火を吹きこみ、己が焔と錯乱を投入するのだ。観念はその純粋さを失い、信念に変ってはじめて時間の中に足を踏み入れ、出来事となる。要するに論理から癲癇への移行が成就するわけで、こうして数々のイデオロギーが、教義が、血なまぐさい茶番劇が生じるのである。

生まれながらに偶像崇拝者であるわれわれは、己が抱く夢想や利害の対象を絶対無条件のものに祭り上げてしまう。歴史とは、とりもなおさず嘘っぱちな「絶対」の行列であり、さまざまな口実を楯に築かれた神殿の連らなりであり、無理が通って道理がひっこんだ結果である。人間は、宗教から離れた時もなお宗教に首根っこを押さえられている。身を粉にして模造の神々をでっちあげ、あげくの果て、それを己が神々として熱烈に崇めるのだ。虚構と神話を欲しがるあまり、人間は明白な道理を無視し、恥も外聞も忘れてしまう。崇めようとする力こそ、人間のあらゆる罪の源泉なのだ。たとえば一個の神を愛する者は、それに何の根拠もないにせよ、他人に同じ神への愛を強制し、あまつさえそれに従わぬ者をみな殺しにしてしまう。不寛容、イデオロギー的非妥協、熱狂的な改宗勧告などは、これすべて狂信というものの野獣めいた正体を暴いてみせるのである。人間は、無関心の能力を失えばいつ何どきでも殺人者となり、自分の観念を神に仕立てればその結果は測り知れない。人を殺すのも、ただ、一個の神またはその模造品の名においてである。「理性神」や国家・階級・人種などの観念がひき起こした残虐行為は、異端審問や宗教改革のそれと血縁関係にある。熱烈な信仰の時代ほど血なまぐさい事件が起こりやすい。聖女テレサ（一五一五—八二。スペインの修道尼。カルメル修道会の改革にあたった。同会の十字架の聖ヨハネとともに、神との合一体験を述べた神秘思想の著作家としても知られる。）が異端審問の火刑と、ルターが農民の大量虐殺と、それぞれ時代を同じくしたのもむべなるかなである。神秘思想の発作の時代には、犠牲者の呻きと法悦の呻きが対応して存在する。……絞首台・牢獄・徒刑場は、ただ信仰の蔭で——精神を永遠に毒してしまうあの信への欲求の蔭ではびこるのである。ひとつの真理を、己れの真理をほしいままにする人間にくらべれば、悪魔もいたって影が薄くみえる。ネロ（三七—六八。ローマ皇帝。カリグラと並んで知られるローマ史上の暴君。）やティベリウス帝（前四二—後三七。タキトゥス等によって暴君として描かれているが、実情は必ずしもそうではない。）のような人物に対して、われわれは不当な仕打をしてきた。というのも、彼らは異端者の概念を作りだしたわけでなく、もっぱら大量殺戮に憂さを晴らす頽廃的夢想家にすぎなかったからである。ほんとうの犯罪者とは、宗教または政治の次元で正統性を打ちたて、信者と背教者を峻別する人々のことなのである。

観念が相互に置きかえることのできる性質を持つということを認めない場合、血が流れる……断乎たる決意で短剣が振りかざされる。ぎらぎら光る眼は殺人の前触れである。ハムレット風の懐疑にやられた精神が他人に危害を加えた例はひとつもない。すなわち悪の原動力は、意志の緊張に、静寂主義《キエティスム》（十七世紀フランスでギュイヨン夫人やフェヌロンによって唱導された神秘的キリスト教の一派。意志の完全放棄と受動的状態によって神と魂とのつながりを得ようとした。）への無能力にひそんでいる。はちきれんばかりの理想を抱き、確信に満ち溢れ、懐疑と怠惰――彼らのあらゆる美徳より高貴なこの悪徳――を鞭打つのを好んで、滅びの道に、歴史の中に、つまりは平俗と黙示との不純な混合物に足を踏み入れた連中の、プロメテウス的な誇大妄想のうちにこそ、悪の根源があるのである。……そこにはびこる確信というやつ、そいつを打ちたおせ。とりわけ確信が生みだすさまざまの影響を拭い去るがいい。そうすればこの世に楽園がもどってくるだろう。「楽園喪失」とは、ひとつの真理を追求してそれを見出したという信念、ある教義に熱中してその中にたてこもること以外の何であろうか。そこから狂信が由来する。――これは人間に効率万能観、預言趣味、恐怖政治の快楽を吹きこむ元凶であり――他人の魂に己れの病をうつし、征服し、粉砕し、または熱狂させる抒情的癩病《レプラ》である。……その害毒を免れ得るのは、ただ懐疑派（あるいは怠け者と耽美派）のみ。というのも、彼らは何ごとをも他人に押しつけず、人類の偏見を打破しその錯乱を分析するからである。彼らこそ人類に真の恩恵をもたらす者である。私は聖パウロよりピュロン（前三六〇頃―前二七〇頃。古代懐疑学派の祖。）のような人間のそばにいる方がほっとする。なぜなら、機知に富んだ賢さは野放図な聖性より楽しいのだから。火のように燃えさかる精神とは、いわば仮装した野獣に等しく、預言者の尖った爪にはいくら用心してもしすぎるということはないだろう……。預言者が声を張りあげたら、それが神の名においてであろうと、国家またはその他の何かの名においてであろうと、急いで逃げだしたまえ。彼は君らの孤独を辱かしめ、君らが彼の真理、彼の狂信の外側で生きることを許してくれない。彼は自分のヒステリーを、自分の善を、君らもともにするまでは承知せず、それを君らに押しつけ、君らを歪めてしまいたがる。ひとつの信念に憑かれながらそれを他人に伝えようとしない人間――そんな変り者には、この世ではとんとお目にかかれない。世の中は、いったん救済の観念にとりつかれると、まわりじゅう息苦しくなってしまうのだ。周囲を見まわしてみたまえ。蛆虫たちが盛んにお説教をやっているではないか。あらゆる政治体制が自己流の使命感をちらつかせ、世俗の役所が神殿なみの絶対を掲げ、官庁がそれぞれの法規を有し――まるで猿公《えてこう》向けの形而上学だ……。誰もが誰もの生命を救ってやろうと眼の色を変えている。乞食や不治の病人さえ同じ野望に燃えている有様で、世界中の歩道と病院は改革者で溢れかえっている。みずから事件の発端たらんとする欲望が、あたかも精神錯乱か故意に招いた呪いのように、すべての人々に作用しているのである。社会とは――救済者の生みだす地獄だ！　その中でディオゲネス（前四一三―前三二七。キニク学派の代表的哲学者。自然の欲望の肯定と自足を説き、文明の虚飾を憎んだ。白昼、アテネの市中をランプを掲げて「私は人間を探している」と叫びながら歩いたといわれる。）がランプを掲げてさがしたのは、無関心な人間であった……。

誰かが理想や未来や哲学について大まじめに論じるのを聞いたら、また、断乎たる口調で《われわれは》と言い、《他の人々》のことを持ちだしてその代弁者たらんとするのを耳にしたら――もうたくさん、それだけで私はそいつを敵とみなす。私がそこに見るのは、出来損ないの独裁者、まがいものの死刑執行人で、それはほんものの独裁者や死刑執行人同様、憎むべき存在である。というのも、あらゆる信仰は一種の恐怖政治を敷《し》くからで、《純粋派》がその原動力になっているだけに、なおさら始末が悪いのである。こざかしい悪漢やぺてん師、道楽者なども、うさんくさい眼で見られはするが、彼らが何か歴史にとんでもない痙攣を起こさせるとは考えられないであろう。彼らは何も信じないので、他人の心の中や底意をさぐったりしない。人がのんべんだらりとしていようが、絶望していようが、無駄飯喰いであろうが、彼らは平気の平左、やりたいようにやらせておく。人類がこれまでに経験した繁栄の時期は僅かだが、それもひとえに彼らのお蔭なのである。狂信者に苦しめられ《理想主義者》の手で破滅に導かれる民衆を救うのは、実に彼らなのである。主義主張を持たぬ彼らにあるのは、ただ気まぐれと利己心のみ。要するにのんきな悪徳で、主義に凝りかたまった独裁のもたらす荒廃よりはるかにましである。なぜなら、人生の悪はこれすべて《人生観》に根ざしているのだから。完全な政治家たらんと志す者は、すべからく古代の詭弁論者《ソフィスト》に大いに学び、歌の練習を――そして堕落する修業をつむべきであろう……。

狂信者というやつは、これに反して絶対堕落しない。彼はひとつの観念のために人殺しをするが、また観念に殉じて殺されることもあえて辞さない。片や暴君、片や殉教者というわけだが、いずれにせよ怪物であることに変りはない。何かある信仰のために苦しんだ人間ほど危険な存在はない。大いなる迫害者は、首を刎ねられるのを免れた殉教者の中から出現するのである。苦悩は権力意志を弱めるどころか、逆に煽りたてる。殉教者より法螺吹きの間にいる方がまだしも気分的にほっとするのは、そのせいである。ひとつの観念のために人が死ぬ光景ほど、われわれをぞっとさせるものはない。……崇高さと殺戮とにうんざりして、われわれは、世界大の規模における田舎住まいの退屈さを夢みる。「歴史」が澱み停滞して、懐疑が大事件のように、希望が厄病神のようにみえる世の中を夢みるのである……。

反－預言者

誰の心の中にも一人の預言者が眠っていて、それがいったん目覚めると、世の中に少しばかり不幸がふえるのである……。

真理を説こうという気違いじみた情熱はわれわれの内部に深く根をおろしているので、それは生存本能さえ与り知らぬもっと暗い奥底から噴き上げてくる。誰もが何かを人に説きつけようと、自分の出番を待ち構えている。説くことは何でもいい。声を持っているからそれで十分なのである。耳も聞こえるし物も言えるため、われわれはひどい目に遭《あ》っているわけである……。

掃除人夫からしゃれ者《スノッブ》にいたるまで、誰もかもが罪深くも人助けに精を出し、あたり構わず幸福論をぶちまくり、誰もがみんなの指導をしたがっている。そのため共同生活は我慢のならぬものとなり、一人きりの生活はなおさら耐え難くなる。他人のことにくちばしをはさまない時には、自分のことが心配でたまらなくなり、そこで己れの《自我》を宗教に仕立てあげる。あるいはさかしまの宣教の徒として《自我》を否定する。われわれはこの万人共通の遊戯の犠牲なのである……。

人生の諸問題に対して提出される解決案は徒らに多く、それはその解決案自体のくだらなさと好一対をなしている。歴史とは、すなわちもろもろの理想の製造所であり……き印《じるし》めいた神話、烏合の衆または孤立した人々の狂躁であり……現実をあるがままに見ることの拒否、虚構への死に至る渇きである……。

われわれの行為の源泉は、自分を時間の中心にしてその根拠、かつ帰着点だとみなしたがる無意識の性癖にある。われわれは反射的に、また思いあがりもあって、小さな肉と心のかたまりにすぎぬ自分自身を、ひとつの天体と考えてしまう。もしわれわれが、世界の中での自分の位置に関する正しい感覚《センス》を持っていたら、もし比較することが生きることと不可分であれば、われわれは己れの存在の卑小さに気づいてげんなりしてしまうだろう。

だが実際には、生きるとはすなわち自分自身の小ささに目をつぶることなのである……。

息の出し入れから大帝国の建設や形而上学の確立にいたるまで、われわれのやることなすことすべてが、自分を重要な存在だと思いこむ錯覚から由来しているのなら、まして預言の本能はそうである。自分がゼロだということをはっきり見通していながら、なおかつ有用な存在たらんとし救い主たらんと志す人間が、どこにいようか。

《理想》なき世界、教養なき死に際、生命なき永遠への郷愁よ……。それがつまり「楽園」というものだが……しかしわれわれは、幻影なしには一刻たりとも生きることができないのだ。われわれみんなの中にひそむ預言者こそは、からっぽのわれわれが大きな顔して生きるための狂気の種子である。

申し分なく明晰な、したがって申し分なく正常な人間なら、自分の中にある無以外の何ものにも頼るべきではなかろう……。私は、彼がこんな風に言うのを想像してみる、《特定の目的から、いやあらゆる目的から免れた俺は、自分の欲望と苦悩からただその形式だけを取っておく。結論を下そうという誘惑に抵抗した俺は、人生の中に何らかの結論をさがしまわるのをひどく嫌うことによって人生を克服したように、精神なるものをも克服したのだ。人間という見せ物——何とまあ反吐《へど》の出そうな光景か！　愛とは——二人の唾の混りあいだ……。およそ感情なるものの絶対性は、みすぼらしい腺から滲み出てくるのである。存在の否定、抹殺された風景の上に懸けられる微笑以外に、高貴さはあり得ない》。

（むかしは私も《自我》を持っていた。今や私は一個のものにすぎない……。私は孤独の麻薬をたっぷり飲みこむのだ。この世間の麻薬は、その事実を私に忘れさせるには弱すぎた。自分の中の預言者を殺してしまった私が、どうしてまだ人々の間に席を占めることができようか）

もろもろの定義の墓場で

《今や、私には対象とすべきものが一切ない。なぜなら私は万物に定義を与えたのだから》――そんな風に叫ぶ精神を、われわれは考えてみることができるであろうか。仮にできるとしても、時間の流れの中にうまくはめこみ得るであろうか。

われわれが周囲の事物に押しつぶされないでいるのは、何といってもそれに名前をつけるからであり――こうしてわれわれは、万事をうまくやりすごすのである。だが、いかに恣意的なものであれ――恣意的であればあるほど気持ばかり先走って認識が追いつかないだけに危険なのだが――何らかの定義を通じて事物を受け入れるということは、とりもなおさずその事物を拒否し、味気ない皮相なものたらしめ、抹殺することに等しい。ぐうたらでからっぽな――この世に生きているのも夢うつつといった調子の――精神は、ものにやたら名前をつけてまわり、ものの中身を抜き去ってかわりにその形骸だけを残す以外、どんなことができようか。それから彼は、ものの残骸の上でのさばりはじめる。もはや感覚はなく、あるのは思い出だけである。名前という定式の下には、かならず死体が横たわっているのだ。存在あるいはものは、それに託された口実のもとで死んでいく。そこに、精神というものの浅薄でいまわしい放蕩がある。そしてこの精神は、みずからが名づけ限定したものの中で消耗してしまったのだ。言葉を溺愛するため、それは重い沈黙の秘密を憎み、軽々しい無色透明なものに変えてしまった。精神は、あらゆるものから清められ身軽になったため、それ自体軽々しい無色透明なものと化している。定義を下すという悪徳が、精神を優雅な加害者にしてかつしとやかな被害者たらしめているのである。

こうして、かつて魂が精神の上にひろげていたしみ——それだけが精神に自分が生きていることを思い出させていたのだが——は消え去ったのである。

文明と浮薄さ

いろいろな作品やら傑作やらの厖大な量と、その肩怒らせた深遠さ——もし無遠慮でしかも喜々とした精神が、そこにこまやかで巧妙な軽蔑を、活潑自在な皮肉を、影か何かのように織りまぜているのでなければ、どうしてわれわれにそんなものが我慢できようか。瀟洒に垢ぬけしていて、社会のトップクラスに立つと同時に自由に踏みはずしもできるような快活な人々がいなければ、知的で軽快な悪癖の上に無気力と礼節がかぶせた作法だの慣例だの、心にこまごました折目をつけられるのを、どうして辛抱することができようか。

真面目さをやたら売りものにせず、価値というものをからかって、何か意義ありげなものを生み出しては壊すことを楽しんできた文明には、感謝しなければならない。世の中すべて瀟洒たる些事だということを、ギリシア文明とフランス文明ほどいたずらっぽくはっきりと証明してみせてくれた文明があるだろうか。アルキビアデス（紀元前五世紀のアテナイの政治家。ソクラテスの徒。ダンディスムと逆説によって当代に際立った才人。）の時代と十八世紀フランスは、慰めの二大源泉である。他の諸文明は、その最終段階、すなわち信仰と慣習との全体系の解体期に至って、ようやく、生活に得もいえぬ甘美な無益さの味わいをつけるあの嬉戯する精神の働きを知ることができた。しかるに右に挙げた二つの時代は、万事が気にとめるに価いしないほど退屈で、この感じはどんなものにも滲みわたるものだということを、時代が完全に成熟し、己れの力と未来をすっかり掌中にしている間に悟ったのである。老いさらばえ、盲目になり、しかも万事見通しの明晰な頭脳を持って、人生につくづく嫌気がさしながらも苦渋の魅惑を味わった、あのマダム・デュ・デファン（一六九七―一七八〇。サロンを主宰して、多くの文人・思想家を集め、社交界の花形となった。ヴォルテール、ダランベール等と交した書翰には、才智と同時に、明敏なあまりの苦渋と倦怠が滲んでいる。）以上に見事な象徴はあるまい。

誰しも一挙にこの浮薄さに到達できるものではない。それはひとつの特権であり、特技である。確実なものなど何ひとつないことを悟り、そのことに愛想がつきた人々が表面的なものを探しもとめる。それが浮薄さであり、いわば抜け道のない本来底なしの深い淵から遠く逃げ去ることなのである。

それにしても、外観というものがやはりある。それを様式（スティル）にまで高めないでどうしてよかろうか。これこそ、あらゆる知的な時代の定義となる行為なのである。こうして遂には、表現を支える魂よりも表現そのものに、直観よりも優美さに惹きつけられるようになる。感動自体が洗練されるのである。己れ自身に没頭してなりふり構わぬ人間とは、一個の怪物である。彼は自分の内部に人知れぬ暗い地帯しか見出さず、そこには恐怖と否定が歯をむきながらうろついている。人は死すべきものだということをまざまざと知りつつもそれを隠そうとしないのは、野蛮人のやることである。文明なるものの持つさまざまな価値の役割は、われわれの秘密を濾過し和らげてこれを洗練された様式効果に変えるところにあるのだが、およそ真剣な哲学はこの価値を否定してしまう。したがって浮薄さとは、あるがままの自分であることの不幸に対する最も有効な解毒剤にほかならない。われわれは浮薄さによって世間を欺き、われわれの抱えこんでいる深さというものの不作法ぶりを隠すのである。この巧みなくふうがなければ、われわれは魂を持っている恥かしさにどうして赤面せずにいられようか。皮膚すれすれまで孤独をむきだしにしたら、それは他の人々にとって地獄となるではないか！　われわれが外観を作りだすのは、きまって他の人々のためであり、時にはまたわれわれ自身のためでもある……。

他と違った己れの本質を見失うまいと心がける精神は、己が拒否するさまざまのものに、ひとあしごとに脅かされる。注意力——これが彼の持つ天賦の最大なものである——が彼をしばしば見捨てるので、彼は避けるつもりだった誘惑に負け、あるいは混濁した不可思議のとりことなる……。われわれを野獣にもすれば、ぎりぎりの大問題に近づけもするあの恐れを、身ぶるいを、目まいを、知らぬ者があろうか。われわれの膝はがくがく慄《ふる》えながら折れず、掌は合掌しようとしてなお合わされず、眼は空を見上げても何も見えない……。われわれはまだ残している、われわれの勇気を支えるあの垂直の矜持を。論証の労を省いてくれる身ぶりへのあの嫌悪を。そしてまた、滑稽なほど言うに言われぬ表情をたたえた眼にかぶさる瞼の救いを。われわれは今にも足をすべらせて転びそうだが、それは避けられぬ宿命ではない。奇妙な突発事だが、けっして今に始まったことではない。——われわれの恐怖の地平線に、はやくも微笑の輝きがのぼってくる……。われわれは断じて祈りの中にまろびこむようなことをしてはならない……。なぜなら「彼」が勝利を得てはならないのだから。「彼」と書くのに使われる大文字を茶化すのは、われわれの皮肉の役目であり、「彼」がばらまく身慄いを拭い去るのはわれわれの勇気の役目である。

もしこうした存在がほんとうにいるのなら、もしわれわれの弱さが決意に、われわれの深さが自由な検討に打ち勝つのなら、そこでわれわれの出くわす難問は決着をつけられ、われわれの抱く疑問は宙ぶらりんのまま、恐怖はなだめられるのだから、もはや考えることも要《い》らないであろう。安易すぎる決着ではないか。個人的なものであろうと抽象的なものであろうと、あらゆる絶対は問題のごまかしである。いや問題のごまかしだけでなく、その根――それは五官の恐怖と混乱状態にほかならない――をも巧妙に隠してしまうことになる。

神とは、すなわちわれわれの恐怖の上にまっすぐに落ちかかるもの。いかなる希望をもってしても欺くことのできぬわれわれの探求のただなかに落雷のごとくやってくる救い。慰められることなく、あえて慰められることを欲しないわれわれの矜持をあっさり消し去ること。待避所にむかう個々人の歩み。不安なき魂の休業状態……。

信仰より大いなる自己放棄があるであろうか。信仰がなければ無数の袋小路に入りこむことには間違いない。だが、何に頼ってどこへ行くということもできず、世界はわれわれの悲哀の副産物にすぎぬことを知りながら、よろめき躓きつつ歩む喜び、天と地に頭をぶっつけて打ち割る楽しみを、どうして捨て去ることができようか。

祖先伝来の怯懦がわれわれに差し出す決着は、知的慎ましさというわれわれの義務からの最悪の逃避である。錯覚を犯し、欺かれたまま生きかつ死ぬこと、それこそ人々みなのやっていることである。しかし、われわれが神の中に消え入るのを戒め、人生のあらゆる瞬間を祈りに変える――われわれはけっして祈らないのだが――品位というものがあるのである。

死を主題とする変奏曲

一、われわれがじっと生きながらえているのは、生命が何ら確実な根拠を持っていないゆえ、論拠の影さえそこには見られないゆえである。死はあまりにも確実であり、あらゆる理が死の側に味方している。死はわれわれの本能にとっては不可解だが、よく考えてみれば死の姿は明確で、何の不思議もなく、未知なるもののあのいつわりの魅力を拭い去ってみえるのである。

つまらぬ不可思議の魅力を一身にかき集め、無意味《ノン・サンス》を一手に引き受けたせいで、生は死よりも強い恐れを人々に植えつける。生こそは大いなる「未知」なのである。

こんな途方もない空虚と不可解とが、いったい何になるというのか。われわれが日々の生活にしがみついているのは、死を願うのがあまりにも当りまえ、したがって無効だからである。もし生が――明確な、異論の余地のないほど明瞭な――論拠をひとつでも得たとすれば、生は崩壊してしまうであろう。本能も先入見も、「厳密さ」に触れると消滅し去るのである。すべて生きて呼吸するものは、検証不能なものによって養われている。そこに論理を付け足せば、それは生存にとっていまわしい結果を招くであろう――生存とは「不条理なもの」への努力なのだから……。生に明確な目的を与えてみたまえ。それは直ちに生本来の魅力を失ってしまう。目的がはっきりしないからこそ、生は死にまさっているのだ。――芥子粒ほどでも明確さがまじれば、生は墓場のように味気ないものになりさがってしまうであろう。というのも、生の意味をめぐる実証科学ができれば、それはただ一日で地上を沙漠と化するからである。そうなれば、何ぴとといえども、いかに懸命になったところで、地上における「欲望」の豊かな意外性をふたたび蘇らせることはできないであろう。

二、われわれは、まったく勝手気ままな基準に従って人間を分類することができる。たとえばその気質により、その傾向により、夢により、あるいは腺により、という具合に。われわれは、ネクタイをつけかえるように観念を取りかえることができる。なぜなら、およそ観念とか基準とかいうものは外部から、その時々の外形と偶発性から来るからである。ただ、われわれ自身から来るあるもの、われわれ自身である何かがあって、それは眼には見えないが内面的に確かめることのできる実在、慣れることができないが常に現存する存在であり、われわれはそれを常住思い浮かべることはできるが決して容認する勇気がない。しかもそれは実現される以前にしか切実な現存性を持たない。このあるものとは、すなわち死であり、これこそ真の基準なのである……。そして、人間をまったく相容れぬ二つの部類に分けてしまうのも、あらゆる生者の最も内面的な次元としての死にほかならない。この二つの部類は相隔ることあまりに大きいので、両者の距離は、禿鷹ともぐら、星と痰よりもっとはなれているほどである。死を意識している人間と意識していない人間とのあいだには、橋を架け渡すことのできぬ二つの世界のあいだの深淵が口を開《あ》けている。両者ともども死ぬには違いないが、一方は己れの死を知り、他方は知らない。一刻しか死なない者と、絶えず死ぬ者と……死という共通の条件を通じて、両者はまさに正反対に位置しているわけである。対極にありながら、同じひとつの限定の内部にある。相容れぬ関係でありながら同じ運命の手に握られている……。一方は自分が永遠に生きるかのごとく生き、他方は絶えず自分の永生を思いつつ、その物思いの刻々に永生を否定しているのである。

生命を否定する力が次第にわれわれの中に侵入してくるという感じ、それ以外の何ものも、われわれの生を変えることはできない。われわれの思いがけぬ生長や、生来の才能の開花、そんなものからは何の新しい原動力も生命にもたらされない。そんなものは生命にとってごく自然な現象にすぎないのである。そして自然なものは、われわれを自己自身以外のものに変えることが断じてできないであろう。

あらゆる死の予兆は生命に新たな質を付け加え、生命を変容させ、豊かならしめる。健康一点張りの生命はいっこうに変りばえせず、不毛だが、これに反して病はひとつの活動、それも人間が発揮し得る最もはりつめた活動であり、熱烈なそして……静止した行動であり、身振りなき最も豊富なエネルギー消費であり、回復不可能な放電への、敵意を含んだ情熱的な期待なのである。

三、死にとりつかれると、希望という逃げ道も理性の説く道理も、何の役にも立たなくなる。無意味なだけに、それはかえって死への欲望をかきたてるばかりである。この欲望に打ち勝つ《方法》はただひとつ。すなわち死への欲望そのものをとことんまで生きぬくこと、その喜悦と苦悩を総身に浴び、回避行為を一切やらないことである。固定観念というものは、飽き飽きするまでしゃぶりつくすと、それ自体の過剰によって消滅する。死の無限性に強く執着することによって、思考力は遂にそれを使い果たし、もうたくさんだという嫌悪感をわれわれに抱かせるようになる。この嫌悪感こそは、いわば何ものをも容赦しない否定的過剰というべく、それは死の魅惑をおとしめ滅じるより前に、生のむなしさをわれわれの眼にあばいてくれるのである。

苦悩の逸楽にかつて身を委ねたことのない者、心の中で、己れ自身の消滅の危険を満喫し、酷たらしくも甘美な死滅をしゃぶりつくしたことのない者は、死の固定観念からけっして癒されることがないであろう。死の固定観念に抵抗したがゆえに、彼はそれから苦しめられるであろう。——これに反して、死の恐怖のきびしい笞《むち》に親しみ、己れの腐敗した肉体を瞑想しつつ意識的にわが身を灰と化した経験を持つ者は、すでに過ぎ去った死を眺めやるであろう。——いや、彼自身が、もはや生きることのかなわぬ一人の蘇生者にすぎないであろう。その時、彼の《方法》が、彼を生からも死からも癒したのである。

およそ根源的な経験とは不吉なものである。存在の地層はきわめて薄いので、心情と存在の考古学者としてこの地層を掘り返す者は、探求のあげく、からっぽの穴がぽっかり開くのを見る。彼は失われたうわべの粧《よそお》いを懐しく思うであろう、それももはや詮ないことではあるが。

究極の秘密を明かすと自称した古代の「密儀」（清祓と呪術的試練による入門儀礼によって、特別の入信者にのみ教義が明かされる密教的儀式。入信者は教義を人に洩らすことを固く禁じられた。）が、認識に関してわれわれに何ものをも伝えてくれなかったのも、むべなるかなである。たしかに、秘儀に与った人々はそれを他人に伝達しまいと腐心した。それにしても、彼らのあいだにおしゃべりな人間が一人もいなかったとは思えない。そもそも、こうした厳重な緘口令ほど人間性に反したことがあろうか。実のところは、秘密など何も存在しなかったのだ。あるのはただ、祭儀と戦慄であった。ヴェールを払いのけた時、彼らが見たのは果てしない深淵以外の何だったか？ 秘儀伝授とは、ただ虚無への導き——そして生きていることの滑稽さの証、それだけなのである。

……いま私が夢みるのは、覚めた心を持った人々のエレウシス（古代ギリシアのアッティカの町。豊穣の女神デーメーテールに捧げられる密儀的祭祀が行なわれた。）、神々もなく幻覚の狂乱もない明晰な「密儀」である。

時間の欄外で

われわれがものへの関心を依然として失わず、ものが存在しつづけることができるのは、泣くことを忘れ果てたがゆえである。というのも、泣くことができないからこそ、われわれはものの味わいをしゃぶりつくしてそれに背を向けるまでに至らないのだ。かくも数多い道をへめぐり、岸辺をさまよいながら、われわれの眼は己れの涙に溺没することを拒んで乾ききっており、だからこそ、眼を驚かせる当の対象がそのまま存続し得たのである。われわれの涙は自然を濫費する、あたかもわれわれの法悦的脱我が神を濫費するように……。しかし結局、涙はわれわれ自身を濫費するのである。なぜなら、われわれは、ただ己れの究極の欲望が羽根をのばすのを抑えることによって存在しているのだから。すなわち、われわれの讃美や悲嘆の圏内にものが入ってきてなおかつそこにとどまることができるのは、もっぱら、われわれが涙の中にものを溶かし去ることによってそれを葬ることも祝福することもしなかったせいなのである。

……かくて日ごと、夜明けとともにわれわれは新しい一日に直面し、それを満たさねばならぬという成就不能の必要性に慄えあがる羽目になる。大地がぐらりと揺れて自分の「太陽」を創り出したかのように、われわれは光の異郷に迷いこみ、涙を怖れて避ける――だが実は、一滴の涙さえあれば、時間などわれわれの前から消え去ってしまうのである。

時間の関節はずれ

一瞬一瞬は相次いで継起する。それらに何か内容がある、あるいは意味があるという錯覚ないし外観を賦与するものは、何もない。一刻は一刻へと流れ去る。その流れはわれわれのものではない。われわれは、ひたすら呆然自失のていたらくで時の流れを眺めるのみである。空虚な時間に向きあった空虚な心——これこそ、相互の不在を映しあう二枚の鏡、同じ虚妄の姿なのである。……馬鹿のように夢想に耽る目の前で、何もかも平べったくなり、頂上も深淵も消え去ってしまう……。虚構の詩《ポエジー》、刺戟ある謎の誘惑、そんなものがいったいどこに見出されるであろうか。

倦怠を知らぬ者は、まだ、歴史的時間が今や生まれようとしていたこの世の幼年期にいるのである。彼は、形骸のみ残して老いさらばえたこの疲れきった時間、己れのダイナミックなひろがりを冷笑し、己れ自身の……そう、己れ自身の未来の入口ではやくも疲弊し、突如として否定の詩的情熱《リリスム》にまで高められた物質を己れとともに流し去るこの時間というものに無縁なのである。倦怠とはすなわち、引き裂かれる時間のわれわれ内部における反響であり……空虚の啓示であり、生命を支える——ないし作り出す——あの気違いじみた情熱の涸渇である。

もろもろの価値の創造者として、人間は、とりわけ気違いじみた存在である。彼は、何かが在るという信念に憑かれているが、その実、ちょっと息をとめてみさえすれば何もかも歩みをとめてしまうし、自分の感情をせきとめれば何ものも打ち慄えなくなる。また気まぐれを押さえつければ万事が色褪せてしまうのである。現実世界とは、われわれの過剰と逸脱、われわれの錯乱から作り出されたものである。心臓のときめきにブレーキがかかったら、それだけでこの世の流れのスピードは落ちる。われわれ自身の発散する熱がなければ空間は凍りつく。時間そのものも、われわれの欲望がこのきらびやかな宇宙を生み出すからこそ流れるのであって、僅かでも直視すればこの宇宙の装飾は跡形なく剝ぎ取られてしまうであろう。少しでもはっきりと見据えれば、われわれは己れの初源の状態、つまり裸形の状態にひんむかれてしまう。われわれに自己欺瞞と幻想とを許している希望という、この滑稽な外衣を、少量の皮肉《イロニー》が剝ぎ取ってしまう。要するに、希望や幻想と逆の道をたどれば、かならず生命の外へ連れ出されるのである。倦怠とは、この道程の入口にほかならない……。それは時間というものを果てしなく感じさせ——何らかの終局をわれわれに示す力がないと思わせる。われわれは、外部から摂取すべき何ものもなくなるため、あらゆる対象物から引き離されて、自己自身をゆっくりと破壊していく。未来がわれわれに存在理由を与えるのをやめたからである。

　倦怠は、時間を踏み越える永遠でなく、時間の廃墟である永遠を示してくれる。倦怠とは、迷信を失ったために腐った魂たちの無限なのである。すなわち、ものたちが己れ自身の失墜を求めてきりきり舞いするのにもう何の邪魔も入らない、平べったい絶対世界なのである。

　生命は錯乱の中で創り出され、倦怠の中で潰える。

（症状のはっきりした病を患っている人間は、嘆く資格を持たない。なぜなら、彼にはひとつの仕事が与えられているわけだから。重病人はけっして退屈しない。重罪人が後悔の念を食って生きているように、重病人は病気のことで手一杯だからである。というのも、烈しい苦痛は例外なく充実感に似たものを生ぜしめ、恐るべきリアリティを現前せしめて、人の心はそれを回避できないのに対し、倦怠という時間の喪に服している実体なき苦痛は、人の心に、実《みの》りのある行為に出るよう強いる抵抗感を何も与えない。罹患部位をここと定めることができぬまったく茫漠とした病、肉体を襲っても跡形を残さず、魂に忍びこんでも印をつけない病を癒す手だてがあるだろうか。それは、われわれがそこをくぐりぬけて生きのびたとしても、われわれの持つ諸能力を、注意力の貯えを、吸いつくし、苦しみの消滅、苦痛の消失につづいて来る空虚を埋める力をわれわれから奪い去る病気のようなものである。時間の中でのこの流謫、眼の前でカリエスにかかって蝕まれていく宇宙の景観のほか何ものもわれわれの興味をつなぐもののない、この衰弱した空虚なむなしさにくらべれば、地獄はまだしもひとつの拠り所なのである。

われわれがもはや忘れ果て、しかもその結果だけはわれわれの生きる日々を食い荒らしつつある病気に対して、どんな療法を用いればよいだろうか。生きているという事実に対してどんな薬を作り出し、この終りなき治癒にどんな具合の結果をつけたらよいのだろうか。この世に生まれたという事実から、どうやって回復すればよいのだろうか。

倦怠、この癒し難き回復期……)

素晴しき無用性

ギリシアの懐疑派哲学者と頽唐期のローマ皇帝を除けば、あらゆる精神は何らかの共同体の使命に隷従しているようにみえる。彼ら懐疑派とローマ皇帝とは、一方は懐疑により、他方は狂気によって、有用でありたいというつまらぬ固定観念から解放された。哲学者であるか、あるいは古い征服者たちの失意の後裔であるかに従って、一方は恣意を知的訓練に、他方は眩暈にまで高めた彼らは、何ものにも執着しなかった。この点で、彼らは聖者を思わせる。ただ、聖者は絶対に崩れを見せてはならなかったのに反し、彼らは己れ自身の遊戯にあやつられ、自分の気まぐれの主人でもあれば犠牲者でもあり──また、その孤独が不毛である以上、真に孤独な人間でもあった。誰も彼らの孤独をお手本にしなかったし、彼ら自身もそれをお手本として押しつけはしなかった。こうして彼らは、ただ反語《イロニー》ないし恐怖を通じてのみ《同胞》と関係を持ったのである……。

ひとつの哲学の、ないしひとつの帝国の崩壊を促進する力となること──これ以上陰惨な、そしてまたこれ以上荘重な誇りを考えることができようか。片や精神の生命たる真理という偏執を殺害すること、片や都市の生命たる偉大さという偏執を殺害すること。思想家および市民の自尊心の支えになっている偽りの魅惑で築いた建物を、土台から掘り崩すこと。理解し意欲するという悦びのバネを緩め、遂にはねじ曲げてしまうこと。片や犀利な反語で、片や巧妙な拷問で、一方は伝統的な抽象的思惟の、他方は名誉ある慣習の、信用を失墜せしめること——これはまた何と洗練された、狷介な激情であろうか！　神々がわれわれの眼前で死に行くのでないところには、何の魅惑もない。古来の神々にかえて外来のそれを取り入れつつあったローマ、神々の黄昏を見ていたローマでは、幻影を呼び寄せるのが何と楽しかったことだろう。しかも人々は、この最高価値の浮動がある厳格かつ不純な神の攻撃の前に脆くも崩れ去ることをひたすら恐れており……そして事実その通りになったのである。

偶像を破壊するのは容易なことではない。それには、偶像をたてて崇拝するのと同じくらい多くの時間が必要である。なぜなら、偶像の物的シンボルを打ち壊すのは簡単だが、それだけでは不十分で、魂にはびこったその根を絶やしてしまわなければならないからである。虚無の輝きにしか惹かれない人々の眼の前で過去が次第に清算されて行く、あの歴史の暮れ方を思いやる時、ひとつの文明の死という大いなる芸術に、誰か心を打たれない者があろうか。

……そこで私は、想像もつかぬ陰気で野蛮な国から瀕死のローマにやって来て、ギリシアの詭弁哲学《ソフィスム》に飾られた茫漠たる悲嘆を歌う、あの奴隷の一人だった自分を夢想する。胸像のうつろな眼の中、弱まり行く迷信のせいで見る影もなくなった偶像の中に、私は自分の先祖を、自分の重い軛《くびき》と悔恨を、忘れ去るよすがを見出したことであろう。古い象徴にみなぎる憂愁をわが憂愁として、私は解放されたことであろう。打ち棄てられた神々の威厳を分かち、狡猾な十字架や、下男連中、殉教者連中の侵入から古き神々を守り、私の夜々は皇帝たちの錯乱と放蕩の中に休らぎをもとめたことであろう。人々の迷いに冷水を浴びせるのを得意とし、次々と世に現われる熱狂に野放図な叡知の矢を射かける――懐疑の淫売宿で娼婦のそばに寝そべり、あるいは派手な残酷さを見世物の闘技場で、私は私の論法に悪徳と血を詰めこみ、論理を、かつて論理自身が想像もしなかった大きさにまで、すなわち死に行く世界の大きさにまでひろげたことであろう。

堕落の註解

われわれは、誰しも一定量の純潔をもって生まれたのだが、この純潔は、他人との交渉により、つまりは孤独に反する罪によって汚される運命にあった。なぜなら、われわれはみな、一人ぽっちにならないため必死になっているからである。同胞とは宿命ではなく、堕落への誘惑なのである。自分の手を清潔に、心を無垢のままに保っておくことのできないわれわれは、他人の汗に触れてわが身を汚し、嫌悪に飢え渇き悪臭に恋い焦れながら、万人共通の泥土の中を嬉々としてころげまわる。そして、聖水に変った海を夢見ても時すでに遅く、われわれはそこに浸ることができない。わが身の腐敗度の深さからして、その水に沈むことができないのである。この世がわれわれの孤独を荒廃させてしまった。われわれにつけられた他人の手の跡は、もう消そうとしても消えないのである。

全被造物の尺度から言えば、持続的な嫌悪を与える存在は人間しかない。動物が生ぜしめる嫌悪感は一時的で、心の中で長い時間をかけて熟したりけっしてしない。これに反して、われわれの同類たる人間は、われわれの心にしつこくつきまとい、この世からそっぽをむこうとして張りめぐらした垣根の中に侵入してくるので、われわれは拒否と不同意の心を一層固めることになる。それだけで文明の高さが分るような洗練された会話を人と交わすごとに、サハラ沙漠が恋しくなったり、植物や、動物園での果てしない独語《モノローグ》を羨んだりしないわけには行かないではないか。

何か語るたびにわれわれが虚無に打ち勝つのだとしても、それは虚無の力を一層強く受けるためにすぎない。われわれは、周囲に言葉をまきちらす度合に応じて死んで行くのである……。しゃべる者は秘密を持たない。そして、われわれはみなおしゃべりをする。われわれは自分の心の秘密を洩らし、他人の眼にさらす。曰く言い難いものの処刑者として、誰もが、まず自分自身の秘密を手はじめに、あらゆる秘密を根絶やしにしようと躍起になっているのである。他人と顔突き合わせるのは、それが意見のやりとりであろうと、愚痴のこぼしあいであろうと、陰謀の企みであろうと、要するに、卑屈にも空虚めがけていっせいに突走るためなのである。好奇心は単に人祖の堕落を招いただけでなく、日々に無数の失墜を生みつつある。生活とは、人との対話《ディアローグ》によって魂の無垢な孤独を汚そうという売春への焦燥、つまりは太古も今も繰り返されている失楽園にほかならない。人間は、伝達不可能な「言葉」Verbe の果てしない陶酔の中で、ただ己れ自身にのみ耳を傾け、己れ自身の沈黙のための語を、己れの悲嘆にのみ聴き取り得る調べを、鍛え上げるべきであろう。だが、人間とはこの宇宙随一の饒舌家《おしゃべり》なのだ。彼は他の人々の名においてしゃべる。彼の自我は複数が好きである。そして他の人々の名においてしゃべる者は、きまってぺてん師である。政治家、改革者その他、集団を楯にとって口実とする者は詐欺師である。その嘘が集団全体を楯としないのは、ただ芸術家のみ。なぜなら、彼が作り出すのは己れ自身だけなのだから。伝達し難いものに身を委ね、慰めるすべもない己れの沈黙の激情の中で宙吊りになること、それ以外の生活は、無秩序なひろがりの上での喧噪にすぎず、世界は癲癇の発作を起こした幾何学にすぎない。

《人は》on という時の暗黙の複数形、《われわれは》nous という時の明らさまな複数形は、偽りの生活を送る者にとって心地よい逃げ場所となる。詩人だけが、《私》je という時の責任を取る力がある。自分の名において語るのは詩人のみ。彼だけがそうする権利を持っているのである。詩《ポエジー》は、預言や教義に滲透されるようになると堕落する。《使命》が歌を窒息させ、観念が飛翔を妨げるからである。シェリー（一七九二―一八二二。イギリス・ロマン派の詩人。プラトンの影響を受けた理想主義的人類愛の作品と、優婉な抒情詩を残した。）の《高邁な》側面は、彼の作品の大部分を古ぼけたものにしている。シェークスピアは、幸い何ものにも断じて《仕え》なかった。

まやかしは、無人称の《人》on で自己満足している哲学的活動と、《われわれ》の神化である預言者的（宗教的・道徳的あるいは政治的）活動との中で頂点に達する。定義とは抽象的精神の虚偽であり、神から授かった方式とは戦闘的精神の虚偽である。神殿の発祥には常にひとつの定義があり、方式はそこにきまって信者を呼び集める。あらゆる教えがこうして始まるわけである。

してみれば、詩《ポエジー》こそが唯一の頼りではあるまいか。詩は——人生と同じく——何ものをも証明しないという点で、許せるのである。）

死への反対同盟

自分自身の生さえろくにのみこめないのに、どうして他人の生を想像することができようか。他人に出会うと、彼がよそからは測り知ることのできぬ、またその根拠も分らぬ世界に身を沈め、この現実にまるで病的な組織のように積み重なった数々の信念やら欲望やらの山を背負いこんでいるのが分る。練り上げられた誤謬の体系に棲んでいる彼は、人から見れば呆れるばかりつまらぬ理由で悩み、馬鹿馬鹿しいのが分りきっている価値に献身するのである。彼が何かを企てても、人の目には単なる些事以外のものと映るであろうか。

また彼が己れの気苦労にがんじがらめになってもがいても、山と積まれたたわごと以上の意味を持つであろうか。よそから眺めれば、各自が抱いている絶対は相互に交換可能であり、各自の運命は、本質的には取りかえがきかないにしても、気まぐれなものである。われわれの持つ信念が、われわれ自身の目にあさはかな錯乱の生んだ結果と映るなら、他人が己れ自身に熱中し、日々のユートピアの中で己れ自身を増殖させることに情熱を傾けるのを、どうして許すことができようか。どんな必要あって、ある者はしかじかの偏愛の世界にたてこもり、他の者はまた別の偏愛の世界にたてこもるのであろうか。

われわれが友人から、または未知の人から告白を聞かされた時、その秘密の打明け話はわれわれを啞然とさせる。彼の苦悩を悲劇と考えるべきか、喜劇と考えるべきか。それはひたすら、われわれが彼に好意を抱いているか、それとも極度に疲れきっているかにかかっているのである。運命というものは、どれをとってみても、幾滴かの血のまわりでのたうつきまり文句にすぎないのだから、その苦悶のさまにあらずもがなの滑稽劇を見るか、それとも憐憫の種《たね》を見るかは、われわれの気分次第ということになる。

他人が引き合いに出す理由などというものはとかく納得し難いのだから、人と分れたあと心に湧く疑問はいつもきまってただひとつ、すなわち、なぜあいつは自殺しないのかという問いである。なぜなら、他人の自殺を思うほど自然なことはないのだから。気も動顚《どうてん》するような、しかもいつなんどきでも容易に蘇ってくる直観によって己れ自身の無価値を垣間見てしまった時、誰しもなぜ自分が自殺しなかったのか、分らなくなる。己れを抹殺することは、それほど自明で簡単な行為と見えるのである！　しかるに、なぜ自殺行為がかくも少なく、誰もがそれを避けるのか。それは、理性では生きる意欲を否認しても、生の行為を長引かせる僅かなものが、ありとあらゆる絶対性にたちまさった力を持っているせいなのである。死に対する人間どもの暗黙の反対同盟は、このことによって説明される。この僅かなものこそ、単に生存の象徴であるのみならず、生存そのものなのである。それはすべてなのである。そしてこの僅かなもの、このすべても、生に意味を与えることはできないが、それが生をそのままの姿で、すなわち非・自殺の状態で存続せしめるのである。

形容詞の制覇

ぎりぎりまで突きつめた問題にぶちあたった時、われわれの取り得る態度はごく限られているのだから、精神は、いかに己れの領域をひろげようとしても、本質的なことというこのどうしようもない限界に阻まれて、重大な難問というやつをどこまでも殖やして行くことは結局できない。そこで歴史は、ただもう一定量の疑問と解決との相貌を作り変えることだけに腐心する。精神が考え出すのは一連の新たな修飾語にすぎない。所与の事実に別の名を与える、というか、つまり同じ不変の苦悩を呼ぶのに己れの語彙をさぐって、なるべく手垢の少ない形容詞を選び出すわけである。人間はいつの時代も苦しみ悩んできたのだが、その苦悩は、時の哲学的視点によって《崇高》だったり、《正当》だったり、《不条理》だったりする。不幸はおよそ生きとし生けるものを織りなす横糸であるが、不幸の様相はさまざまに変ってきた。このさまざまな様相が、それぞれに頑固な独自性を誇る一連の顔つきを作り上げ、そのせいで誰もが、われこそはかかる苦悩をなめる最初の人間だと思いこんでしまう。独自だというこの自負に刺戟されて、人は己れ自身の苦痛を愛し、それに耐えるのである。苦悩の世界では誰もが唯我論者で、他の苦悩の存在を認めない。不幸の独自性は、言葉と感覚の総体からその不幸だけを切り離し孤立させる修飾辞の力に由来するのである……。

　修飾辞は変化する。この変化が精神の進歩と呼ばれるやつだ。修飾辞を全部取り除いてみたまえ。文明からいったい何が残るだろうか。賢愚の差は、形容詞の使い方がうまいかまずいかにかかっている。変哲もなく同じ形容詞を使うのが凡庸というわけである。神でさえ、自分に付されるさまざまな形容詞によってやっと生きのびている。それが神学の存在理由なのである。かくて人間は、単調きわまる自分の不幸に終始違った形容を与えつつ、またしても新たな形容詞を懸命に探し求める。そうしなければ、人間は精神に対して自己証明ができないのである。

（にもかかわらず、この探求はお粗末である。表現の貧しさは、すなわち精神の貧しさだが、それは言葉の貧弱さの中に、その涸渇と堕落の中に、はっきりあらわれている。事物や感覚を指し示すためにわれわれが用いる修飾語は、とどのつまり言葉の死体のようにわれわれの前に横たわるのだ。そこでわれわれは、言葉がもっぱら閉じられた部屋の黴《かび》くさいにおいを発散させていた時代に愛惜の眼を向ける。あらゆる修辞過剰《アレクサンドリニスム》は、まず、言葉の風通しをよくし、萎えしぼんだ言葉を軽快な洗練で補う必要から生じるのである。だが、それも遂には飽きが来て、精神と言葉の見分けがつかなくなり、ともに解体してしまう。〔これが文学および文明の完全な最終段階である。たとえばネロの魂を持ったヴァレリーのような人物を想像してみればよい……〕

われわれの若々しい感覚と素朴な心は、修飾語の宇宙の中で道に迷わず嬉戯する限り、形容詞の風に乗って飛び立つことができるけれども、形容詞は冷静な手つきで解剖されたが最後、その不適切さと欠陥を暴露する。われわれは、空間や時間や苦悩について、それらが無限だと言うが、無限というのは、美しいとか崇高だとか、調和がとれているとか醜いとか、そんな言葉以上の意味能力を持っているわけではない。……こうした言葉の奥底をのぞきこもうと努めても、いずれにせよ溢れる豊かな魂から切り離された内容空疎な語なのだから、何も見えはしないのである。知性の力が言葉の上に光彩を投じ、言葉を磨いてきらきら光らせようとする。この力の組織化されたのが、いわゆる文化である――虚無の大空に打ち上げられる花火なのである。〕

安心した悪魔

神はなにゆえにかくも生彩なく、かくもひよわで、月並みなほど見せ物じみているのか。神はなにゆえに興味も生気も現実味も欠き、かくもわれわれ人間に似ていないのか。これほど人間の姿から純粋にかけはなれた存在があるであろうか。われわれは、なぜ神の中にかくも色褪せた弱々しい光を、蹌踉とした力を投射することができたのか。われわれのエネルギーはどこに流され、われわれの願望はどこに注がれたのか。われわれのいや増す生命の恐れを知らぬ充溢を、いったい誰が呑みこんでしまったのか。

　われわれは悪魔に頼ることになるのだろうか。否、われわれは悪魔に祈ることはできまい。なぜなら悪魔を礼拝するのは、自己の内部への祈りであり、つまりはわれわれ自身への祈りであるから。人は自明のものに祈りを捧げるわけには行かない。確かなものは礼拝の対象にならないのである。われわれは、自己の分身たる悪魔に自分の持つありとあらゆる特性を賦与し、それに一種の威厳をつけて引き立たせるため、黒い衣裳をまとわせた。悪魔の黒い外観とは、すなわち喪服をつけたわれわれ自身の生命と力なのである。われわれの主な性質たる邪悪さと頑固さを悪魔に投射することによって、われわれは悪魔をできる限り生彩あるものにしようと苦心した。悪魔のイメージを鍛え上げ、敏捷・軽快で、知的かつ皮肉、とりわけ卑しい姿の悪魔をこしらえようと、われわれは力をつくした。かくて、神を作り出すためにわれわれが使える力の貯えは、次第にからになって行ったのである。そこでわれわれは、残された想像力と僅かばかりの血に頼った。したがって神とは、われわれの貧血症の結果でしかあり得なかった。よろめく佝僂《くる》病患者の姿を取るほかなかった。神は柔和で善良、崇高なる正義の存在である。だが、超越性の中に遺棄された薔薇香水の匂いのするこの調合水薬の中に自分の姿を認める者がいるだろうか。裏表のない存在には深さも秘密も欠けている。彼は何も隠していない。だが、不純さのみがただひとつ、現実性の徴しなのである。そして、聖者伝に面白さが皆無というわけではないのは、その崇高さが小説《ロマン》と入りまじり、彼らの永遠が伝記に種を提供するからである。聖者伝は、彼らが現世を去って時にはわれわれを魅することもある一ジャンル内の人物になったのだ、ということを教えてくれる……。

悪魔は生命力に溢れているがゆえに、いかなる祭壇も持たない。人間は悪魔の中に自分の顔を認めるからこそ、悪魔を礼拝しないのである。人間は故意に悪魔を憎む。彼は自己を拒否し、神の貧しい属性に供物を捧げる。だが悪魔はそのことを恨みに思わず、何かの宗教を創始しようと望みもしない。われわれが生きているのは、悪魔を衰弱と忘却から守るためなのではあるまいか。

円周上の散策

利害と希望を同じくする共同体の中に人々を閉じこめる輪の内部で、むなしい幻影を憎む人間は、中心から周辺に向う道を切り開く。彼は、蝟集《いしゅう》する人々のざわめきをもう間近に聞くことができない。彼は、彼らを結びつけているこの呪われた均斉《シンメトリー》をできるだけ遠くから眺めたいと思う。彼は到る所に殉教者を見る。ある者は明白な必要あってわが身を犠牲にし、ある者は立証不可能な必要に迫られて身を棄てる。いずれにせよ、みながみな、何かの確実性の下にわが名を埋めたがっているのである。だが、みながみなそれに成功するわけではないので、大部分の者は、自分が殉教者として流したいと夢見た多量の血を、日常の月並みで埋め合わせる。……彼らの生活は、うまく用いそこねた限りない死の自由で成り立っている。歴史という無表情な燔祭である共同墓地が、彼らをのみこんでしまうのだ。

しかし、離脱に熱中する者は、遊牧の民さえ踏まぬ道を探って遥かな辺境に退き、描かれた円囲の上を移動する。肉体に捉われている限り、彼もこの円周を越えることはできないが、「意識」はさらに遠くへ翔けり、人も棲まねばものもない倦怠の中を無垢の姿で高く飛翔するのである。もはや苦しむこともなく、死へ誘うさまざまの口実に捉われることもなく、「意識」は己れを支える人間を忘れる。幻覚の中で見た星よりも非現実的なそれは、星天の旋回の状態を暗示する。一方、生の円周上を、魂は、常に己れ自身と、「空虚」の呼びかけに応答できぬ己れの無力さにのみ出くわしながら、散策するのである。

人生の日曜日

もし安息日の午後が何カ月にもわたる長さになったとしたら、労働の汗から解放され、原罪による呪いの重荷から自由になった人類は、いったいどうなるであろうか。これは一度経験してみる値打がある。犯罪が唯一の気晴しとなり、放蕩が無邪気に見え、わめき声が妙なるメロディに、冷笑が優しさに見えるであろうことは、まず間違いない。時間の広大さという感覚が、一瞬一瞬を耐え難い刑罰と化し、死刑執行場にするだろう。詩情の浸みこんだ人々の心に、すさんだ人肉嗜食《カニバリスム》とハイエナの悲哀が根を張るだろう。肉屋と死刑執行人は退屈のあまり死ぬだろう。教会と淫売宿は溜息ではちきれるだろう。日曜日の午後に変った世界……これが倦怠の定義であり――また世界の終末である。……「歴史」の上に懸っているあの呪い（アダムとイヴの楽園追放と、日々の労働の賦課を指す。）を拭い去ってみたまえ。「歴史」も人生も直ちに消滅し、絶対的な空無《ヴァカンス》の中でその虚構をくりひろげてみせてくれるだろう。無の中に築かれた労働が神話をでっち上げ、固める。なくてならぬ陶酔である労働は、《現実》への信仰をかきたて、維持する。だが、身振りやものに依存することなく、裸の存在を凝視するならば、眼に入ってくるのは現にないものばかりなのである……。

無為に過す人々は、忙しく立ち働く人々よりも多くのことを掴み、より深い精神を持っている。いかなる労役も彼らの視野を遮らないからである。永遠の日曜日に生まれた彼らは、ひたすら凝視し――凝視する自分を凝視する。怠惰とは生理学的な懐疑であり、肉体の抱く疑いである。無為のために狂乱した世界の中で、殺人を犯さないのは彼らだけであろう。しかし、彼らはこの人類には属していない。額に汗して生きるのは彼らの得意とするところではないので、彼らは「生命」の結果も「罪」の結果も蒙ることなく生きる。善も悪も仕出かさないので、彼らは——人類の癲癇病みに高見の見物をきめこみながら——週日を、つまり人間精神を窒息させる労働を、軽蔑する。たまたま日曜の午後が無限に延長されたところで、彼らは、馬鹿馬鹿しいほどきまりきった明白な事実を主張したという後悔以外、何を恐れることがあろうか。そこで彼らは、ほんとうすぎることが実現したのに苛立って、他人のまねをし、仕事をしようという卑しむべき誘いに乗ることもあり得る。これが怠惰——すなわち楽園の奇蹟的な痕跡——を脅かす危険なのである。

〈愛欲の唯一の役割は、ウィークデーの間——そして永遠にわたって——われわれをさいなむ、あの残酷で広大な安息日の午後を耐えるのを助けてくれる、ということである。

先祖伝来の肉欲の痙攣という力がなかったら、われわれには涙を隠すのに千の眼が、あるいは嚙むのに数キロメートルもの長さの爪が、必要となるだろう……。さもなければ、流れをとめたこの時間というやつをどうやってつぶせばいいのか。この果てしない日曜日の中で、生存することの苦痛が白日のもとにさらされる。時として、人は何かに熱中して自分を忘れることがある。だが、この世のただなかで自分で忘れるにはどうすればいいのだろうか。それができないというのが、この苦痛の定義なのである。この事実に衝撃を受けた者は、世界が完全に変ったとしても、そのショックからけっして立ち直ることがないであろう。変らねばならないのは、彼の心なのだが、これは変えようがない。かくて彼にとって、生存とはたったひとつの意味しか持たない。すなわち苦悩の中に沈むということだ——。そしてそれは、日ごと涅槃《ニルヴァーナ》に身を委ねる訓練によって彼が遂にこの世界の非現実性を知るに至る時まで、止むことがないのである。）

手をひく

ある病院の待合室でのこと。一人の老婆が自分の病気のことを私に訴えていた……。男どもの烈しい論争、歴史の動乱——そんなものは、老婆の眼中にはないに等しかった。自分の痛みだけが時間と空間を支配しているのだった。《食べることも眠ることもできないでねえ。あたしゃ恐い。膿がたまってるに違いありませんよ》と、老婆は顎をさすりながら、まるで世界の運命がかかっているよりもっと重大問題だと言わんばかりに、くどくどしゃべるのだった。萎びきったおしゃべり婆さんがこんなふうに、度外れなほど自分のことにばかりかかずらっているのを見ると、私はまず恐れとも吐気ともつかない感情に襲われた。それから私は、自分の順番がまわってくるのも待たず、自分の苦痛など永遠に諦めようと決心して、病院を出た……。

《俺が過す一分一分のうち五十九秒までは》と、私は町を歩きながら思いめぐらした、《苦悩に……または苦悩の観念に捧げられてきた。俺は石になった方がましだったのに。「心」とはあらゆる責苦の根源だ、……俺はものになりたい……。物質とその不透明さ――何たる羨ましい祝福か。蚋《ぶよ》が一匹眼の前を飛び交うのさえ、俺には世界の終りが来たかという気がする。自分を脱け出るのは罪を犯すことになる……。風は大気の狂乱、音楽は沈黙の狂乱か！　生命というやつに城を明け渡すことによって、この世は虚無を裏切ったのだ……。俺は行動と俺の夢とにおさらばしよう。「不在《アブサンス》」よ、お前だけが俺の名誉なのだ……。「望み」などという言葉は、辞書と魂から永久に消えてなくなれ。明日という日の眼もくらむ茶番から、俺は手をひく。俺にまだいくらかの希望が残っているにしても、希望する力はもう永久に失ったのだ。》

間接的な動物

人間が存在するということ、人間は人間であって他のものではあり得ぬこと――抜き難い執念に憑かれて、いつもそれを考えていると、われわれはまったく途方に暮れてしまう。それにしても、人間とは何か、無数に定義されながら、そのどれひとつとして決定的なものがない。勝手な定義であればあるほど、もっともらしく見える。天翔ける空想的な定義も、地に這いつくばった月並みな定義も、両方ともあてはまるのだ。無限の属性を持つ人間とは、およそわれわれが考え得る最も曖昧な生物である。動物は直接自分の目標に向うのに、人間は迷路にまよいこむ。人間とは、何よりもまず間接的な動物なのである。彼の衰弱した反射運動――その弛緩から意識が生じる――は、人間を、病気になりたいと願う回復期の患者に変えてしまう。彼の中で健全なのは、ただかつて健全であったという事実だけである。人間が翼を失った天使であるにせよ、毛を失った猿であるにせよ、彼が被造物の無名性から脱出できたのは、己れの健康を失うことによってのみであった。その不健全な血のゆえに、多くの危懼逡巡が、たしかな形をなさぬさまざまな問題の萌芽が、彼の体内に入りこんだ。また弱い生命力のゆえに、疑問符と動揺の徴しが闖入した。人間の半睡状態を蝕み、万物が昼寝をきめこんでいる中でひとり目覚めていなければならぬ苦しみに人間を追いこんだヴィールスを、何と呼んだらいいだろうか。いかなる回虫が彼の休息を奪い、いかなる認識の初歩的動因が彼の行為を遅らせ、欲望をせきとめたのか。人間の獰猛さの中に最初の物憂さを注ぎ入れたのは何ものか。ひしめく無数の生物群から脱け出た人間は、より厄介な混乱をわが身に作り出し、生命それ自体からもぎはなされた生命の病を綿密に耕した。己れ自身という病から癒されようとやったことから、もっと奇妙な病気が生まれた。いわゆる《文明》とは、癒し難い病状に対する薬を見つける努力以外のものではない――しかも人間はこの状態をみずから望んだのだ。健康が回復してくると精神は萎れる。つまり人間とは廃疾者で、さもなければ人間は存在しないのである。あらゆることを考えつくしたあげくに、彼は自分自身のことを考える——というのも、人間はこの宇宙という迂路を通ってようやく、いわば最後の問題として自分のことにたどりつくからである。——そして、相変らず驚愕し呆然としている。にもかかわらず、彼はやはり、健康状態の中に永遠に堕落埋没している自然より己れ自身の失墜の方が好きなのである。

（アダム以来、人間の努力はすべて、人間を変えようとすることにあった。どうにもならぬ本性を踏みつけにして行なわれる改革や教育の狙いは、人間の考えを不自然にし、その動きを狂わせてしまう。認識の最も兇悪な敵は、楽天的な毒を含んだ教育本能というやつで、哲学者といえどもこいつから免れるのは難しい。哲学思想がこの本能に無縁だなどということがあり得ようか。「取り返しのつかぬもの」以外は、すべて嘘っぱちである。それと戦いたがる文明も嘘なら、文明が武器とする真理なるしろものも嘘である。

　古代の疑懐派とフランス・モラリストを除けば、どの思想家の理論を取ってみても、ひそかに、または明らさまに、人間を捏《こ》ねまわしてその形をきめようとする傾向を見せていないものはない。だが人間はやはり変らぬ形で存在する。高貴な教訓が行列を作って人間の好奇心の前にあらわれ、彼を夢中にさせたり錯乱させたりしたにもかかわらず、そうなのである。他の万物が自然の中におのおの所を得ているのに、人間だけは形而上的な放浪者であり、「生命」の中の迷子であり、「天地創造」の鬼子である。歴史の目的を見出した者など一人もいないのに、誰もが歴史の目的を言いたててきた。今では、あまりにもさまざまな荒唐無稽の目的がうじゃうじゃして、そのため目的性という観念そのものが廃れ、取るに足らぬ問題になりさがってしまった。

人間というやつ——この災厄の単位を一人一人がわが身に負っている。時間の意味はただひとつ、この単位を殖やすことにある。取るに足らぬ肉体という物質、名前という自負、どうしようもない孤独の上に立ったこの垂直の苦悩を際限なく増すことにあるのである。)

われわれの忍耐の鍵

誰か人あって、溢れんばかりの同情心に満ちた想像力を駆使してありとあらゆる苦悩を記録し、任意の一瞬間のありとあらゆる苦しみや不安をともにすることができたとしたら、彼は——そんな人間があり得るとしての話だが——愛の怪物であり、心情の歴史における最大の犠牲者であろう。だが、こんな不可能なことを想像しても仕方がない。われわれ自身を検討し、われわれの不安の考古学をやってみれば分ることだ。われわれが日々の責苦の中をともかく歩いて行けるのは、自分の苦痛以外にわれわれの歩みを引きとめるものがないからである。他人の苦痛は、われわれには説明可能で乗り越えることができるもののように思われる。つまり奴らは意志も勇気も頭も足りないから苦しんでいるのだ——われわれはそんなふうに考えるのである。自分自身の苦痛以外の苦痛なら、どれをとっても正当なもの、または滑稽なほど分りきったことのようにみえる。さもなくば、変り易いわれわれの感情の中で、悲嘆だけが不変のものということになるだろう。だがわれわれが悲しむのは、ただ自分の身の上だけである。われわれの周囲にいくらでもある苦悩、隠された死にほかならぬ人々の生を理解し愛することがわれわれにできるなら、われわれは、苦しむ人間と同じ数の心臓を持たねばならないだろう。また、もし過ぎ去った自分の苦痛をすべて覚えておけるような抜群の記憶力を持っていたら、われわれはその重荷に押し潰されてしまうだろう。われわれが生きて行けるのは、ただわれわれの想像力と記憶力が貧弱だからにすぎない。

われわれは、忘却と、時を同じくして起こるいろいろな人間の運命を想像する力がないという無力さから、力を得ているのである。誰の心も一定量の苦悩しか受け入れないようにできているのだから、世界中に満ちみちている苦悩を瞬時に理解する能力があったら、生きていられないだろう。われわれの忍耐力には、いわば肉体的な限界があるのである。それでも、悲しみが溢れてこの限界を越えることが往々ある。そして、それがわれわれの身を蝕むことがあまりにもしばしば起こる。そこから、ひとつひとつの苦悩や悲哀が限りないものだという印象が生まれる。事実それは限りないのだが、ただわれわれにとって、われわれの心の及ぶ範囲にとってそうなのである。それに、心が広大な宇宙の広さを持っていたとしても、ひとつひとつの苦悩が世界と同じ大きさを持ち、それぞれの悲嘆に別の宇宙が必要なのだから、われわれの苦痛はわれわれの心より常に広大であろう。われわれの身に起こる不幸は宇宙にくらべれば取るに足らぬほど小さなものだと、理性が躍起になって証明しようとしても、何にもならない。宇宙論的にひろがって行こうとするわれわれの性癖の前に、理性は無力なのである。かくて真の狂気の原因は、偶然とか、脳味噌に傷害を受けたとかいうことではなく、心がでっちあげる偽りの空間感覚にあるのである……。

解放による消滅

救済の教理は、われわれが存在=苦悩という方程式から出発する時にのみ意味を持っている。われわれをこの方程式に導いて行くのは、ある日急にそのことが分るとか、一連の推論に基くとかいうことではなく、一瞬一瞬が集まって無意識のうちに練り上げ、些細なそれにせよ重大なそれにせよわれわれのすべての経験が力を貸して悟らせてくれることなのである。われわれが絶望の胚種と、それが芽を出すのを見たいという渇きに似たものを内に抱いている時には、現世がわれわれの希望を一歩一歩打ち砕いて行ってほしいという欲望があり、そのため不幸を味わい楽しみながら確かめる場合がしだいに多くなる。論拠はそのあとでやって来るのである。かくて例の教理がたてられる。あとには《叡知》のもたらす危険だけが残る、というわけである。だが、もしわれわれが苦悩から解放されることも矛盾相剋を克服することも望まず、至高の袋小路の単調無味よりも未完なもののニュアンスと感情の弁証法を好むなら、いったいどうなるのか。救済は、何もかもにピリオドを打ってしまう。われわれも終りになるのである。いったん救われたあと、まだ自分は生きているなどと、誰に言えようか。われわれは、苦悩からの解放の拒否と、いわば非宗教性の宗教的誘惑によってのみ、ほんとうに生きているのである。救済の観念に取り憑かれるのは、殺人者と聖者だけ、つまり人間を殺したか超越したかした人々だけで、他の連中は――死ぬほど酔っぱらって――不完全な世界の中でころげ廻っているのである……。

あらゆる救済論の誤謬は、未完なものに適した風土たる詩《ポエジー》を拭い去ることにある。詩人が救いを待望したら、自分を裏切ることになるであろう。なぜなら救いは歌の死であり、芸術と精神《エスプリ》の死であるからである。終末に加担する気になど、どうしてなれようか。われわれは、自分の苦悩を練り上げ耕すことはできるが、われわれ自身であることをやめることなくして苦悩から解放される道など、あろうとは思えない。呪いに従順なわれわれは、苦しむ限りにおいてのみ存在する。――一個の魂が偉大になるのも破滅するのも、ただそれがわが身に引き受ける耐え難いものの量によるのである。

抽象的な毒

われわれの漠然たる悩みや不安にしても、生理学の問題に堕落してしまっているのだから、今度は逆の道をたどってそれを知性の操作に返すことが緊要である。「倦怠」というやつ——世界の同語反覆的知覚、時間の物憂い揺れ——を、もう一度、演繹的悲歌《エレジー》の品位にまで高め、「倦怠」に幻惑的な不毛の魅惑を差し出してみせたら如何であろうか。魂を超えた領域の助力なしには、魂は肉の中に溺れてしまう。——そして生理学が、われわれの哲学面での鈍麻の行きつく先となる。直接に作用する毒を知的交換の価値領域に移し、感覚的頽廃を武器としての働きにまで高めること、あるいは、およそ感情とか感覚とかの持つ不純さを規範で覆い包むこと、それは精神にとって必要な気品《エレガンス》を求めることであり、この精神というものにくらべれば、魂という悲愴なハイエナは、ただ深刻でいまわしいだけである。精神はもともと概念世界の出来事の秩序にのみ関心を払い、それが意味する領域とのかかわりあいには無関心なのだから、精神それ自体というのは表面的なものでしかない。われわれの状態は、置き換えがきく限りにおいてのみ精神を惹きつける。かくて、憂鬱《メランコリア》はわれわれのはらわたから発して宇宙のむなしさにつながって行くのだが、精神は、感覚のはかなさから洗い清められた形でのみそれを受け入れる、精神は憂鬱《メランコリア》を解釈するのである。憂鬱は洗練されると、物の見方になる。つまり範疇《カテゴリー》としてのメランコリアになるのである。理論がわれわれの分泌する毒を狙い、とりこにし、その毒性を薄める。純粋な眩暈を愛好する精神は、強烈さを憎むものだから、これは上方からの堕落なのである。

自然の元素も人の行為も、すべてが一致協力して君を傷つけようとしている。侮蔑で身を鎧い、嫌悪の砦に立てこもり、超人的な無関心を君は夢見ようというのか。君がいくら身を隠しても、時代の反響は君を追跡してきて苦しめるだろう……。君が血を流すことを妨げる何ものもない時には、観念までが赤い血の色を帯びたり、できものの上にできものが重なるようにはびこったりする。薬屋にも、われわれの生存という病にきく特効薬はない。——あるのはただ、ほら吹き連中向きのちょっとした薬だけである。それにしても、明白で、恐ろしくはっきりしていて、自負と確信に満ちた絶望に対する解毒剤が、どこにあるだろうか。あらゆる人間が不幸なのだが、どれだけの人がそれを知っているだろうか。不幸の意識はあまりにも重い病なので、死の苦悶の算術や「癒し難いもの」の登録簿には姿を見せない。不幸の意識にくらべれば、地獄の凄さも物の数ではなく、時間という屠殺場もたわいない田園詩と化してしまう。この世に生まれてきて生きねばならないことは、君はいったいどんな罪を犯したのか。君の苦悩は、君の運命同様、理由がない。真に苦しむとは、まるで狂った自然の恵みのように、マイナスの奇蹟のように、苦痛がわけもなく侵入してくるのを受け入れるということだ……。

人間は「時間」の文脈の中にコンマのように挿しこまれており、一方「時間」の流れをとめるため、君はピリオドのように身動きひとつできなくされたのである。

間投詞的思考

無限という観念は、ある日、漠とした物憂さが幾何学の中に滲みこんで緊張が緩んだ日に、生まれたのに相違ない。それは、反射運動が急に停止し、不吉な身慄いがして、知覚がその対象から引きはがされた時に最初の認識の行為が生まれたのと同様であったろう。われわれが結局、明白で直接的な世界から脱け出て悲劇的に孤立しているのだという事実に目覚めるまでには、何と多くの嫌悪感や郷愁を積み上げてこなければならなかったことか。われわれがすでに忘れてしまったひとつの嘆息が、直接的な世界の外に一歩われわれを踏み出させた。ありふれた疲労が、われわれをひとつの風景や一人の人物から遠ざけた。長たらしい愚痴が、やさしいまたはおどおどした無邪気さからわれわれを引き離した。このような、その時々にできた距離が積もりつもって、われわれとこの世界とをへだてる落差——われわれが過してきた数多い日夜の総評価——となったのであり、精神はそれをわれわれの脆さに釣り合った大きさにまで引きもどそうと努めているのだが、個々の疲労が作り出した結果は蔽うべくもない。われわれは、踏みしめるべき大地をこの上どこに求めたらよいのだろうか。

　われわれが考えごとをするのは、まずものに捉われた状態から逃れ出るためであり、ついで、行きすぎたあげく、この脱出に対する後悔に打ち沈むためである……。かくて、われわれの概念は擬装された嘆息のようにからみ合い、思考はすべて間投詞の代りをし、嘆き節の声調が論理の品位をすっぽりと沈めてしまっている。不吉な色合いが文章段落に墓場のように溢れ出し、戒律の中に腐臭を漂わせ、時間を超越したクリスタル・グラスに晩秋の日射しを投げ、こうして観念の輝く色艶を消している……。精神は不健康な瘴気に襲われると、防ぎようがない。というのも、この瘴気は、天地間に存在する最も腐敗した場所、優しさの底に狂気が横たわる場所、ユートピアの下水溜めであり夢の幼虫飼養所である場所、すなわちわれわれの魂から湧き出るからである。われわれが宇宙の法則を変えたり、その気まぐれを予め察知したりできたとしても、法則はやはりその災厄でもって、破滅に向うその本性でもって、われわれを屈服せしめるだろう。迷わぬ魂などどこにあろうか。もしそんなものがあれば、人々はその調査報告書を作り、科学も宗教も芝居もこぞってそれに飛びつくことだろう。

曖昧なものの崇拝

われわれは、民族の本質を——個々人の本質にもまして——彼らが曖昧なものにいかに関わるか、その関わり方によって理解できるのではあるまいか。彼らが信奉する明証なるものは、彼らの一時的な性格を、その周辺と外貌を示すにすぎない。

一民族が表明し得るものは、単なる歴史的価値しか持たない。すなわち、時間的生成の中で何ものかになることに成功したということである。だが、民族が表明し得ぬもの、永遠におけるその挫折は、自己自身に対する実りなき渇望である。表現に身をすりへらすその努力は、無力の呪いを負っているので、彼らはそれに代えるに僅かな言葉を——筆舌につくせぬものへの暗示をもってする……。

われわれは、知性の世界の外をへめぐる際、憧憬 *Sehnsucht*、熱望 *yearning*、懐しさ *saudade* など、熟れすぎた心のために実る響きも爽やかな果実の木蔭に、幾度疲れを休めたことだろう！　これらの言葉のヴェールを脱がせてみよう。そこには同じ中身が隠されているだろうか。漠たるものの切株から生い茂った言葉の枝の中に、同じ意味が生き死にするなどということがあり得ようか。かくも多種多様な民族が、同じ具合に郷愁《ノスタルジー》を経験するということが考えられようか。

遠きものへの憧れを表現する一定の言い方を見つけようと熱中する者は、不安定な建築物に押し潰されてしまうことになるだろう。漠たるものをあらわすこれらの言葉の源に遡ろうと思えば、そのぎりぎりの本質に向って感情的退行をやり、筆舌につくせぬものの中にどっぷり漬かり、ぼろぼろになった概念を手にしてそこから這い出てくるのでなければならない。理論的確信と知的理解の誇りがいったん失われても、人はあらゆることを、それもわれとわが身で理解しようと試みることができる。かくて遂には、表現し得ぬもののただなかで打ち興じ、理解可能なものの外で日を送り、崇高なるものの縁辺でころげ廻るようになる。不毛を避けるためには、理性の戸口のあたりで自由に嬉戯しなければならないのである……。
期待の中で、まだ存在しないものの中で生きること、それは、未来の観念が孕むぞくぞくするような不均衡を受け入れるということだ。郷愁《ノスタルジー》とはすべて現在を越えるものの謂である。それは、後悔という形を取る時でさえ躍動的《ダイナミック》な性格を帯びている。つまりわれわれは過去の扉をこじあけ、過去に遡って行動し、取り返しのつかぬものを取り返そうと努めるのである。生命は、時間を侵犯することによってはじめて内容を持つ。今ここにないものという観念に憑かれるのは、現在ただいまが不可能だからであり、そしてこの不可能性こそすなわち郷愁そのものなのである。

フランス人が、無限定なものの欠陥を味わうこと、とりわけそれを培うことを拒んできたという事実は、彼らの性質を知るひとつの鍵と言えないこともない。全体として言うと、この病はフランスには存在しないのである。ふさぎの虫という語は形而上学的な意味を持たないし、倦怠の観念は奇妙にも管理が行き届いている。フランス人は「可能性」に賭けるのをまったく拒否してしまう。フランス語自体がその危険をともにするのを注意深く避けているのだ。およそフランス人ほど、この世界に居心地よく満足し、わが家にいるということを重要視し、自分の穴の中にいることに魅力を感じる国民がいるだろうか。

根っから別なものを欲しいと思うためには、時間も空間も剥奪され、自分が生きる場所や時とのつながりをほとんど失いながら生きる必要がある。フランスの歴史が切れ目というものをあまり見せないのは、己れ自身の本質に貞節なフランス人の性格ゆえであり、これが、完全なものを愛するわれわれの傾向を助長し、悲劇的な眼が見ずにおかぬあの未完なものへの欲求をはぐらかしてしまう。フランスで、人から人へ伝播しやすいものといえば、ただ明晰さ、だまされることへの恐れ、何かの犠牲になることへの恐れ、それだけである。フランス人が冒険を受け入れる時にも完全に意識的でなければ気がすまないのは、そのせいである。彼はだまされることを欲し、自分で自分の目隠しをする。無意識のヒロイズムというのは、彼にはまさしく下品であり、不粋な犠牲なのである。ただ、生命は無残なまでに曖昧模糊たるしろものだから、死体になりたい、形而上学的にだまされたいと思っても、そういう意志がいつも圧倒的に支配しているのでなく、やはり衝動に駆られてそう思うのである。

　フランス人は郷愁という観念をあまりにも明晰化し、その内部にひそむある種の危険な魅惑を洗い流してしまったが、逆にドイツ語の憧憬 Sehnsucht の方は、故郷《ハイマート》と無限との間で今なお去就に迷っているドイツ人の魂の相剋の中にある混沌から、たっぷりと栄養を吸い上げている。

　憧憬が満たされ静められるなどということが、どうしてあり得ようか。一方では、心情と大地との不可分性の中に飛びこもうという意志があり、他方では癒し難い欲望の傷を負って絶えずひろい宇宙を踏破したいという意志がある。そして宇宙には限界がなく、宇宙がひろがるとともに新たな彷徨の願いも強くなるのだから、歩を進めるに従って目標は次第に後じさりして行くわけである。異国趣味、旅への情熱、風景のための風景への惑溺、内的形式の欠如、曲折に富み、誘惑的でもあれば厭わしくもある深遠さなどが、そこに由来する。故郷《ハイマート》と無限との間の緊張関係に解決はない。それは根を下すと同時に根こぎになること、郷里と異国の間に妥協点を見出せなかったということなのである。ドイツ人の本性に抜き難くわだかまるいまわしい帝国主義は、この憧憬の情が政治的平面に、俗な具体の形としてあらわれたものではあるまいか。

　ある種の内的な漠たる傾向が歴史上どんな影響を及ぼすか、それはいくら強調してもしすぎることがない。郷愁もそのひとつである。郷愁は、われわれが生活の中で憩うことも絶対の中で憩うことも許さない。われわれは漠たるものの中を漂い、台座を失い、時間の中で無防備のまま生きて行くほかないのである。

　大地から根こぎにされ、時間の流れの中に追放され、己れの直接の根から断ち切られること、それは訣別と断絶以前の源泉にもう一度帰りたいという願いである。郷愁とは、まさしく家郷から永遠に離れているという感情にほかならない。そして、「倦怠」の華麗にも均衡の取れた姿態や、無限と故郷《ハイマート》との相対立する願望と違って、郷愁は有限なるもの、直接のもの、大地と母の呼ぶ声に返ろうとする形を取る。精神と同じく、心情もユートピアを作るのである。そしてあらゆるユートピア中、最も奇態なしろものは、人が自己自分から解放されて休らう生まれ故郷というそれ——われわれのすべての疲労の宇宙的な枕たる故郷というユートピアなのである。

郷愁に満ちた憧れに駆られている時、人は何か手に触れ得る具体的なものを求めているのでなく、いわば抽象的な熱を追い求めているのであって、それは時間とは異質な、むしろ楽園の予感に近いものである。ありのままの存在を受け入れることのできないものは、すべて神学に境を接している。郷愁とは感情の神学にほかならず、そこでは「絶対」は欲望の諸要素で形成され、神は物憂さの情で練り上げられた「無限定なる者」なのである。

孤独——心の離反

生命がひとつの奇蹟と見えなくなる時、瞬間が超自然の戦慄のもとにもはや呻きを発しなくなる時、そのたびにわれわれは破滅に身を委ねているのである。あの充実感、狂気のごとき刻々、火山が爆発するような閃き、神さえもわれわれの肉体の原料たるつまらぬ粘土でこね上げられた偶然の作品にすぎぬと思われるような、あの奇蹟的な激情、それらをどうして蘇らせればよいのだろうか。音楽でさえわれわれには皮相浅薄、いわばわれわれの内部にあるオルガンの廃物と見えるような、あの燦《きらめ》く輝きをもう一度生きるには、どんな手だてをめぐらせばよいのだろうか。

運動がはじまる最初の合図とともにわれわれを目覚めさせ、流れはじめた最初の時間の支配者たらしめ、「世界創造」のいっときの工匠たらしめた鮮烈きわまる感銘――あれをふたたび蘇らせることは、われわれの力にあまる。今のわれわれにできるのは、創造された世界の貧困さ、現実の陰鬱さを知ることしかない。つまり、われわれは陶酔を忘れるために生きているのである。そして、われわれの伝統や実質を形づくるのは奇蹟ではなく、固有の焔を奪われて己れ自身の不在の中に呑みこまれ、ひたすらわれわれの反芻の対象となった宇宙の空虚さなのである。孤独な宇宙と孤独な心が、面と向き合い、合体できず、反目しつついがみ合う運命に置かれている。孤独が強められて、われわれの基本的条件というよりむしろ唯一の信仰にまでなると、われわれはあらゆるものとの連帯感を捨ててしまう。存在の異端者たるわれわれは、生きた人々の共同体から追放されている。彼らのたったひとつの美徳は、死にあらざる何かを喘ぎながら待つということなのだ。だが、この期待の念から解放され、あらゆる人々にひろく行きわたっている幻影を持つことを拒まれたわれわれは、最も異端的な教派《セクト》である。なぜなら、われわれの魂そのものが異端のただなかで生まれたからである。

《魂が恩寵の状態にある時は、その美しさはきわめて気高いみごとなものなので、自然の中の最も美しいものさえ比べものにならず、神と天使たちの眼を奪うのです》（イグナチウス・デ・ロヨラ（一四九一頃―一五五六。スペインの聖人。イエズス会の創立者。））。

私も何らかの恩寵の中に身を置こうと努めた。小うるさい疑問を厄介払いし、無知の光の中に、何でも構わないから知性などというしろものを軽蔑する光の中に消え去りたいと願った。しかし、何らの《美》もお前を照らさず、神も天使たちもめくらであれば、あらゆる疑問を超越した至福の嘆息に近づくことなど、どうしてできようか。

かつてスペインの守護聖者であり、お前の魂の守護聖者でもあった聖女テレサが、一連の誘惑と眩暈の道をくぐるようお前に命じた時、超越界の深淵が天界への墜落のようにお前を驚嘆させた。しかし、この天界も——誘惑や眩暈と同様に——消滅し、そうして冷えきった心の中で、アビラの宗教的情熱も永遠に消え去ってしまったのだ。

ひとつの信仰に到達しようというまさにその地点まで来て、しりごみし、ただ自分自身にだけ通じている——したがってどこにも通じていない道をたどるようになる人々がいるというのは、何たる運命の皮肉であろうか。彼らは、恩寵に包まれたら自分自身の固有の能力を失ってしまうと心配するのだろうか。人は誰もみな、自分の深さを犠牲にして進歩を重ねる——人はみな自己自身を拒む神秘家なのだ。この世は失敗した恩寵と、踏みにじられた神秘でいっぱいなのである」。

黄昏の思想家

アテネは死に瀕し、アテネとともに、認識への信仰もまた死にかけていた。偉大な思想体系はすでに生命を終えていた。思想は概念の領域に限定され、苦悩がそこに介入することも、解放を模索することも、苦痛に関する混乱した瞑想をさぐることも拒んでいた。かつて人間界に起こる出来事をすべて理論に変えることを可能ならしめた都市は、今や終らんとし、任意のもの――くさめだろうと死だろうと――が昔の古い問題に取ってかわりつつあった。救いの妙薬のことが念頭を離れなくなるのはひとつの文明が終末に達した徴しだし、救済を探し求めるのはひとつの哲学が終ろうとしている徴しなのである。プラトンやアリストテレスもそんなものに心をわずらわさなかったわけではないが、それはただバランスを取る必要のある時に限られていた。しかし彼らのあとでは、どの領域でもそういう関心ばかりがめだって盛んになったのである。

頽唐期にさしかかったローマがアテネから受け取ったのは、単にそのデカダンスの反響と、涸渇の反映のみであった。ギリシア人がローマ帝国の全版図に懐疑主義をばらまいていた時、ローマと哲学との動揺は実質上すでにその極に達していたのである。ありとあらゆる疑問が正当なものとみえ、厳格な形式上の限界に対する盲信も、もはや勝手気ままな好奇心に身を委ねる人々を抑えることができなかった。享楽主義《エピキュリズム》と厳格主義《ストイシズム》はやすやすと滲透した。道徳《モラル》が抽象的思想体系に取ってかわり、退化した理性は実用の道具になりつつあったからである。ローマの巷には、《幸福》を授けるさまざまな手だてをかかえた享楽派や厳格派が満ちみちていた。彼らは知恵の専門家であり、人々の間にひろく行き渡った癒し難い倦怠を治療するため、哲学の周辺に簇生した高貴なぺてん師であった。しかし彼らの治療法には、神話と奇蹟の挿話《エピソード》が欠けていた。実はこの神話とエピソードこそ、世界中を覆う無気力の中で、やがて彼らよりさらに遠方からやって来てニュアンスのことなど見向きもしない一宗教の活力をなすものだったのである。知恵というのは、息を引き取ろうとする間際の文明が発する最後の言葉であり、歴史の暮方が冠る栄光の輝きであり、人々の幻想《ヴイジヨン》と化した疲労であり、もっと新鮮で活力ある異邦の神々が——そしてまた蛮族が到来する前の、最後の寛容なのである。知恵というのは、また、到るところで吐かれる臨終の苦しい息の下から歌をうたおうとするむなしい試みでもある。なぜなら、かの「賢者」（ソクラテスを指す。）——明晰な死の理論家、無関心派の英雄、哲学の最後の段階とその退化・空疎化の象徴——は、己れ自身の死でもって死という問題に決着をつけ……以後あらゆる問題を封じこめてしまったからである。人並み外れて馬鹿々々しいところのある賢者とは、一種の極限状況であり、時代のどんづまりでよくお目にかかる、いわば一般病理学を裏付ける例外的存在ともいうべきものなのである。

われわれも、古代の断末魔の苦しみとちょうど相対応する地点に到達し、同じ苦痛に捉えられ、同じように避け難い魅惑に屈して、大いなる思想体系が、限度に達したその完璧さ自体によって倒れるのを眼のあたり見てきた。われわれにとっても、すべてが品格も厳密度もなくした哲学の材料となる。……思想の超個人的な運命は数限りない魂の中に散乱し、「イデア」に対する侮蔑を満身に浴びて砕け去る。……ライプニッツもカントもヘーゲルも、もうわれわれの助けにならない。われわれは、自分自身の死を携えて哲学の扉の前までやって来たのだ。その扉も腐蝕し、もはや守るべき何ものも内部にないので、自分から開いてくれる。……こうして、哲学の主題にならないものは何ひとつない有様だ。文章は叫びに取ってかわられる。そこから由来するのが魂の領分 *fundus animae* の哲学で、その内実がどんなものかは、歴史の外観や時代の外貌を見れば分るであろう。

　われわれもまた、《幸福》に対する熾烈な願望からにせよ、軽蔑からにせよ、《幸福》を追い求める。《幸福》を軽蔑するのもまた、《幸福》を忘れられないということ、《幸福》を思いつつこれを拒絶することなのである。われわれもやはり《救い》を求める。《救い》を拒否するという形で《救い》を求めることもあり得るのである。そして、われわれが成熟しすぎた「時代」の負《ネガティヴ》の主人公であるならば、その事実自体によってわれわれは時代の子なのである。自己の時代を裏切るのも時代にのめりこむのも――見かけの条件こそ違え――同じ参加の行為である。高級な衰弱、得もいわぬ老化現象、時を超越した栄光への憧れ、――みな知恵に通じている道だ――それらを自分自身の内部に認め得ない者がいるだろうか。ある絶対者ないし新たな否定が幕を開ける前に、自分を取り巻く空虚の中ですべてを肯定する権利がないと、誰が思うだろうか。一個の神が常に地平でわれわれを脅かしている。われわれは、哲学が終末に達したと判断する以上、哲学の垣根の外にいるのである。新たな神がわれわれの思想の中に居坐らないよう注意しようではないか。何によらず、気ままで幻想的な憧憬の方が一徹な真理より好ましいのだから、われわれの懐疑と見かけの均衡、われわれの内なる運命の誘いを見失わぬようにしようではないか。効験あらたかな薬の見あたらぬわれわれとしては、別の薬に切りかえるわけだ。というのもわれわれは、自分が求めている慰めをも快楽をも信じていないからである。移り気な賢者たるわれわれは、現代のローマにおける享楽派《エピキュリアン》であり厳格派《ストイシアン》である……。

自己破壊の手段

両肩と心の中に重荷を負い、牢獄の中で生まれたわれわれは、人生にけりをつけようと思えばつけられるのだからもう一日だけ生きてみようという気になるのであって、それでなければ一日たりとも生き長らえることはできないだろう……。この世界の鉄鎖と汚れた空気は、われわれから一切合財を奪い去り、残ったのはただ自殺する自由だけである。この自由が力と誇りを吹きこんでくれるので、われわれはのしかかってくる重荷を辛うじてはね返すことができるのである。

自分をわれとわが手で始末することもできるし、しないこともできるということ——これ以上に神秘的な能力があるだろうか。自殺ができると思えばこそ、われわれは心和み、この息も詰まる棲家をひろびろとした無限の世界にひろげることができるのである。自己破壊という観念――それを決行する手段がいくらでも手近にあって、いつでも楽にやってのけられると思うと、われわれは喜びと恐怖に心おののく。なぜなら、自分で自分を決定的に始末する行為ほど単純で恐ろしいものはないからである。ただ一瞬で、われわれはあらゆる瞬間を抹殺することができる。神さえもそんなことはやれっこあるまい。だが、空威張り屋の悪魔であるわれわれは、自分自身に引導を渡すのを先へ延ばす。己れの自由の羽根をのばすのを、己れの誇りを賭けるのを、どうして諦めることができようか……。

己れ自身を抹殺することを一度も考えたことのない人間、首くくりの縄や弾丸や毒薬や海に飛びこむことや、そんな手だてにいつかは頼ろうと思ったことのない人間は、卑しむべき徒刑囚というか、あるいは宇宙という死体の上を這いずりまわる蛆虫である。この世界はわれわれからすべてを奪い、すべてを禁じることができるが、われわれが自分を抹殺するのを阻むことだけは誰にもできない。あらゆる道具がそのためわれわれに力を貸してくれるし、われわれの内部のあらゆる深淵が自殺の誘惑をしかけてくる。ただ、われわれの本能が挙げてそれに逆うのである。この矛盾は、心の中にさばきようのない相剋の根をひろげる。われわれが人生について物思いにふけり、その果てしないむなしさに気づくようになった時には、すでに本能が確乎として抜き難く居坐り、われわれは本能の言うまま命ずるままに動くほかないのである。天翔けようとするわれわれの霊感、地上から逃れて自由になろうとするしなやかな動きを、本能が抑えてしまう。もしわれわれが、生まれた時すでに青春期の終り頃と同じほど物思う力があったなら、五歳児の自殺は珍しくない現象となるであろう。というより、自殺しなければ不名誉にもなりかねないであろう。だが、われわれの目覚めは遅すぎるのだ。気がついた時、われわれの目の前に積み重ねられた年月は、本能が存在するというただそれだけの事実によってそこまで殖えてきたもので、この本能というやつは、われわれが物思い失望することで達した結論に仰天するのみである。そこで本能は反撥する。とはいえ、いったん自由を意識した以上、決断を下すのはやはりわれわれの自由で、この決断はわれわれの利益のためでないゆえにかえって誘惑的である。これあればこそ、われわれは昼に耐え、ましてや夜に耐えることができる。われわれはもはや貧しくなく、不幸に打ちひしがれもしない。なぜなら、われわれはこの上ない富を自由に使うことができるからである。たとえわれわれがそれを活用せず、あたり前にベッドの上で息を引き取ろうと、われわれはその諦めの中でひとつの宝を所有したとも言えるのだ。なぜなら、各人が自分の中に抱いている自殺ほど大きな富はないからである。

　宗教がいずれも自殺を禁じているのは、自殺が寺院と神々とを冒瀆する不服従の好例とみなしたせいである。オルレアンの宗教会議は、自殺を犯罪以上に重大な罪と見たが、その理由は、人殺しがいつでもその罪を悔いて救われる可能性があるのに対し、われとわが手で生命を断った者は救いの手の届く範囲を踏み越えてしまったからである。だが、自殺行為は救いの過激な方式から出てくるのではあるまいか。虚無は永遠と同じ価値を持つのではあるまいか。ひとりぽっちの人間は宇宙に対して戦いを挑むことを必要としない。彼は自分自分に向って最後通牒を送るのである。彼は、くらべもののないほど決然たる行為によって絶対的に己れ自身になれるのなら、それ以上永遠に生きようなどは願わない。彼は自分自身を拒むのと同様に、天国も地上世界も拒むのである。少なくとも彼は、未来の中に漠然と自由をさぐる者には近づくことのできぬ充実した自由を手に入れたことにはなるであろう……。

　これまで、いかなる教会も役場も、自殺を非とする十分な理由を見出したことがない。人生にもはや耐えられなくなった人間に、どう答えればよいのだろうか。誰しも他人の重荷をわが背に荷うことはできない。襲いくるさまざまの憂悶を避けるすべもなく、あまりにも明白で慰めようのない事実が多すぎる時、弁証法など何の力になるだろうか。自殺は人間の明確な特質のひとつであり、その発明品のひとつである。自殺のできる動物はいず、天使たちも自殺についてあまりはっきりした観念は持たなかったのだ。自殺が存在しなかったら、人間の在りようはもっと単調で生彩がなくなっていただろう。不思議な味わいに欠け、一連の不吉な可能性を奪われていただろう。この可能性は、たとえ悲劇の中に新たな解決とさまざまな結末を持ちこむにすぎないにせよ、それなりの美的価値を持っているのである。

　己れが成熟した証拠として自殺を選んだ古代の賢者たちは、現代人が忘れてしまった自殺の倫理を創造したのである。精神の閃きも何もない死に委ねられたわれわれは、己れの臨終をわが手で作るのでもなく、最後の訣《わか》れの決定を下すのでもない。最期はもはやわれわれの最期ではないのである。あの比類なき主導権《イニシアチヴ》の卓越性――それによってわれわれは無味乾燥で平凡な人生に償いをつけられるはずなのだが――が、われわれには欠けている。ちょうどあの崇高な犬儒主義《シニスム》、死の技法という古代の豪奢さが欠けているように。絶望の保守派、死体たることをみずから認める死体であるわれわれは、みな、べんべんと生き長らえているのみ、死ぬのもただ無駄な形式を守るためでしかない。われわれの人生は、まるで、人生を厄介払いできる時を先へ延ばすことにばかり熱中しているかのようである。

反動的な天使

天使たちの中で最も非哲学的だった天使の反抗について判断しようとすると、どうしても、同情と驚きと非難の気持がそこに混ってしまう。不正がこの宇宙を支配しているのだ。宇宙の中で生滅するものは、すべてけがらわしい脆さの刻印を打たれている。まるで、物質とは虚無のただなかで起こった恥さらしな出来事の結果として出現したかのようだ。存在するものは、どいつもこいつも、他の存在の死苦を喰って生きている。一刻一刻が、貧血して青ざめた時間めがけて吸血鬼さながらに飛びかかる。――この世は悲嘆のはきだめである。……この屠殺場では、腕をこまぬくのも剣を抜くのも、同じくむなしい業《わざ》でしかない。いかなる崇高な怒りの爆発も、宇宙を揺がせもできねば人々の魂を高貴にもしまい。運命という名の不可解な掟に従って、成功には挫折が、挫折には成功がつづく。われわれは哲学的に無一物となり、この世の宿りというか、まあどこでもいいのだが、生きているのが決着のつかぬ地獄で、理屈もへったくれもない呪詛を耐えねばならぬようなものだと知った時、この運命というやつにすがりつくのである。運命——敗者の用語に好んで出てくる言葉だ。……「取り返しのつかぬもの」を一々数えたてるのに馬鹿に熱心なわれわれ人間は、言葉の上でくふうをこらし、われわれの敗北を見下す超然たる清朗さの中に、慰めを求めようとする。言葉は情ぶかい。それはほのかな手触りでわれわれを欺き、慰めてくれるからである……。

　したがって《運命》は、何ひとつ望むことのできぬものでありながら、実は現にわれわれの身に起こっていることを望んだのである。……ただひとつの説明方法として「非合理」に固執するわれわれは、それがわれわれの運命を秤にのせてくれるのを見る。この秤ときたら、この種のマイナスの要素しか掛からないのである。このような事態を布告した力、ましてやその布告に責任を負わぬ力に向って挑みかかる誇りを、どこから引き出してくればよいのか。われわれが肺に吸いこむ空気に、われわれの思考のひろがりに、星々の呆然たる沈黙に、不正がつきまとって離れない時、いったい誰に戦いを挑み、どこへ攻撃の鋒先を向ければよいのか。われわれの反抗は、反抗心をかきたてるこの宇宙と同様、出来損いなのである。死の床に横たわるドン・キホーテよろしく、われわれが——狂態の限りをつくしたあげく疲労困憊して——遍歴をつづけ戦いと敗北を重ねるだけの勇気と幻想を失った時、不正を直《ただ》す気になど、どうしてなれようか。時間の開闢当初、いまわれわれの息を詰まらせているこんな悪臭芬々たる知恵などまだ知らなかったあの反逆天使の英気を、どうやって取りもどせばよいのか。他のおとなしい天使たちの群れに唾を吐きかけるだけの血気とうぬぼれを、どこから汲み取ればよいのか——。この世では、彼らの僚友たる反逆天使に与《くみ》するのはさらにどん底めがけて墜落することに等しく、人間の不正が神の不正を模倣し、あらゆる反逆は魂を無限という壁にぶちあてて粉々に砕くというのに。年齢も知れぬ翼の蔭に身をひそめ、神のもとにおける永遠の勝者であると同時に敗者であり、いまわしい好奇心などには縁がなく、地上の悲哀に対応した夢想家である無名の天使たち——誰が彼らに石を投げ、彼らに挑んでその眠りを破ることができようか。昂然たる失墜としての反抗は、無益なればこそ高貴である。苦悩は反抗を目覚めさせ、それから捨て去る。狂乱は反抗を高揚させ、失望は反抗を否定する……。

（この世界では、世界それ自体を筆頭に、何ひとつ所を得ていない。してみれば、人間の不正を目のあたり見て驚くことは少しもないわけだ。社会秩序を否定するのも肯定するのも、同じようにむなしい業《わざ》である。われわれとしては、たとえば生まれたり愛したり、気候風土のめぐり合わせや死ぬことや、そんなものを運命として耐えるように、やけっぱち、なるようにしかならないさと腹をすえた上で、社会の変化を良きにつけ悪しきにつけ耐えるほかない。崩壊は生命の法則の第一の定めである。われわれは、無生物が塵と化すよりも先に崩壊して塵となり、星々の見守る下で、われわれ自身の運命の定めるところにまっしぐらに駆けて行くのだ。もっとも星々にしたところで、見かけは永劫不滅でも、この宇宙の中でやがてぼろぼろに崩れて行く。宇宙のことを真面目に考えるのはただわれわれの心だけで、やがてそれも、皮肉《イロニー》を欠いて硬化した報いとして、ずたずたに引き裂かれてしまうのである……。

なんぴとも神と人間の不正を正すことはできない。あらゆる行為は、宇宙の根源にある「混沌《カオス》」の、見かけだけ秩序だてられた特殊例にすぎないのである。われわれは、時間の明け初《そ》めに向って遡る旋風に巻きこまれ運ばれて行く。そしてこの旋風が秩序の形を取っているのは、われわれを一層やすやすと運んで行くためなのである……）

礼節への配慮

苦痛という刺戟に突き刺されて肉体は目覚める。明快で抒情的な物質である肉体は、己れの分解を歌う。肉体は、自然と分ち難く融合している限り、諸元素の忘却の懐で眠っていた。自我がまだ肉体を捉えていなかったからである。だが苦痛に悩むこの物質は、重力から解放され、爾余の宇宙と折り合わず、なおまどろんでいる全体から離れ、孤立する。というのも、分離を促進する要因であり個別化の積極的原動力である苦痛が、十把ひとからげの運命の至福を否定するからである。

ほんとうに孤独な人間とは、他の人々から見捨てられた者ではなく、彼らの中にあって苦しむ者、賑やかな市を己れの荒寥たる沙漠とともに歩む者、ほほえむ癩《らい》病やみ、取り返しのつかぬものを演じる俳優としての才能を披露してみせる者のことである。古えの偉大なる孤独者たちは幸福で、わが身を二つに裂かれる苦痛を知らず、人眼から隠すべきものを何ひとつ持たなかった。彼らは己れ自身の孤独とだけ語り合っていればよかったのである……。

われわれをものと結びつけてくれる絆のうち、苦悩の影響を受けて緩み、やがて断ち切れないようなものはひとつもない。この影響は、かくてわれわれを万物から解放し自由にしてくれるわけだが、ただわれわれ自身という固定観念、どうしようもなく個別化されているという感覚だけは別である。それは実体化されてしまった孤独なのである。してみれば、嘘という手練手管による以外、他人と交わる手段があろうとは思えない。なぜなら、われわれが軽業師なみの手口を弄し、巧者な香具師の術策を習いおぼえない限り、また恥知らずなまでにというか、悲劇的なまでに大真面目である限り——われわれの内部に深くひそむ地下世界が憎悪の大海を吐き出し、われわれとしては姿をくらますのが面目を保つ唯一の方法ということになるだろう。そうすることで、われわれは、多くのグロテスクさや崇高さが持つ趣味の悪い不作法を避けることができるだろう。不幸が一定限度に達したら、卒直な態度というのはすべて不作法なのである。ヨブ（旧約聖書『ヨブ記』の主人公。財産・地位・子供を失い、自分も業病にかかって信仰を失い、神を呪咀したが、やがて神の正義を悟り、苦難の身を神に委ねて救われ、安楽な生活に帰った。）は頃合いの時に呪詛をやめた。もう一歩やりすぎていたら、神もヨブの友人たちも、もはや彼に答えようとは思わなかったであろう。

（人は、自分の癩病やみの苦痛を大声あげて他人に訴えず、長い時代かかって鍛えあげられた粋なよそゆき顔を重んじる、その限りにおいて《文明人》である。自分の時間の重荷に屈する権利は誰にもない。……あらゆる人間が終末《アポカリプス》を語りはじめる可能性を蔵しているのだが、誰も自分自身の深淵を人に分って地ならしすることを遠慮しているだけである。もしめいめい勝手に孤独を訴えはじめたら、神はこの世界をもう一度創り直さねばならなくなるだろう。この世が存在できるのは、ひとえにわれわれの受けた教化と、自己自身に抱いているこの恐れとによるのである……。——混沌とは？——それはわれわれが学んだことを一切合財放りだすこと、自分自身になることである……）

空虚の音階

私は、ある者がある目的を追い、他の者が他の目的を追うのを見てきた。ひとしなみにさもしくて得体の知れぬ計画や夢の魅力のとりことなり、種々雑多な対象に心を奪われるのを見てきた。情熱がこんなに濫費される理由を突きとめようと一々の場合を検討してみた私は、あらゆる行為も努力も無意味であることを悟った。誤りが滲みこんでいればこそ生きているのだといった風でない人間が、いったい一人でもいるのだろうか。恥辱の根を生やさず、ことさら作り出した理由を構えず、欲望から芽生えた神話もかかえこんでいない、それほど明澄な精神の人間が一人でもいるのだろうか。実用という染《し》みにまったくそまない行為がどこにあるだろうか——灼熱をいとう太陽、信なき宇宙の天使、不死に委ねられた世界の中に棲む無為の虫けらであるそんな行為が……。

私はあらゆる人間からわが身を守り、彼らの愚行に反撥し、その源をさぐりたいと思った。私は耳を傾け、見た。そして恐しくなった——人と同じ動機から、いやそもそも何かの動機というものから行動するのが。人と同じ幻影あるいは何かまったく別の幻影を信じるのが。人と同じあるいは別の陶酔にのみこまれてしまうのが。そして最後には他人と一緒に錯乱し、熱中のあまり失神状態に陥った群集に混って死ぬのが、こわくなったのだ。——私には分っていた、一人の人間から遠ざかれば私には錯覚がひとつだけ減り、彼に幻想をまかせることで私の方は幻想がなくなることを……。彼の狂気じみた話を聞くと、彼があることを確信してそのとりこになっていることが分るのだった。それはその男にとっては絶対明白な確信だが、私には馬鹿馬鹿しいことだった。他人の馬鹿さ加減を見て、私はいわばわが振りを直すことができた……。自分を欺いていると感じて赤面することなしに、誰かに肩入れすることができるであろうか。正しいと認め得る相手は、ただ、およそ行為というものに必要な不条理を十分に意識して、自分が飛びこんで行く虚構《フイクシヨン》を夢で美化したりしない人間だけである。それは、何らの確信なくして死に、わが身を犠牲にするその底を垣間見てしまっただけにかえって欣然と死に臨む、そんな英雄しか讃美できないのと同じことである。恋人どうしについて言うなら、顔をひきつらせた愛欲の戯れのさなかで死の予感が彼らをかすめないとすれば、醜悪なことであろう。われわれが自分の秘密を――自分の幻想を――抱いたままで墓に入ること、われわれの吐く息吸う息に生命を通わせてくれたひそかな誤謬なしには結局生きられなかったこと、売春婦と懐疑論者を除けばみな欺瞞の海に沈没して行くこと――なぜならこの両者以外は肉欲も真理もそのむなしさにおいて同じだということを見ぬけないのだから――そんなことを思うと、心乱れてくる。

人々が生きそして行動するために必要とするあれこれの理屈を、私は私の中で抹殺したいと思った。私は言いようもないほど尋常《ノーマル》になりたいと願った。――さて今や、私はもうろく加減もいいところ、阿呆どもと何ら変ることなく、連中と同じほどからっぽな人間にすぎない。

ある日の朝に

われわれがアトラス神（ギリシア神話のティーターン族の一人。反逆の罰として、肩に天空を負って支えることを命じられた。）でなく、肩をゆすってこの地球という笑うべきしろものを粉微塵にしてやれないとは、何と口惜しいことか……。憤怒のあまり、われわれは宇宙創成論と逆の道をたどる。いかなる不可思議によって、われわれはある朝、この無力でしかもなお生きている全世界を打ち壊したいという渇望を抱いて目覚めるのか。悪魔がわれわれの血液に入りこみ、われわれの想念がひきつけを起こし、欲望が光をまっぷたつにたち割る時、元素は燃え上り、燃えつき、そしてわれわれはその灰をすくって指の間からさらさらとこぼすのである。

朝、太陽を憎みながら起き出すとは、いったいわれわれは夜の間にどんな悪夢を養ったのだろうか。一切のものと手を切るには、まず自分自身を厄介払いしなければならないのだろうか。どんな共犯意識、どんな絆があって、われわれは流れ行く時間と親しげにつきあいながら生き長らえているのだろうか。人生は、人生を否定するだけの力がなければ耐えられまい。ともかくも出口があって、逃げ出そうと思えばいつでも逃げ出せるのだから、われわれは簡単に自分を抹殺し、逆上のあげくこの宇宙に痰を吐きかけてやることもできるのだ。

……でなければ、お祈りをして別の日の朝を待つことである。

（駄々をこねる子供やヒステリー女のまねをして、われわれも思いのたけに泣くことができるのなら、およそものを書くのはつまらぬ余計な仕業であろう。……われわれを捏ねあげる材料となった物質は、その穢れた奥底に苦悩の根源を蔵していて、それを和らげることのできるのは涙だけなのである。もし、悲哀に襲われるたびにわれわれが涙によってそれから解放され得るなら、憂鬱病も詩も消えてなくなるだろう。しかし、持って生まれた口数少ない遠慮深さが教育によって倍加されたり、涙腺の働きがうまく行かなかったりして、われわれは乾いた眼のままじっと苦痛に耐えるほかない。それに、叫び、呪詛の嵐、自虐、あるいは体に爪をたてたりといったことは、血の海を眺めて心慰めるのと同様、もはやわれわれの治療法には入っていないのだ。したがって、われわれはみな病人であり、われわれ一人一人にとって、思いのままに喚くことのできるサハラ沙漠が必要なのだ。あるいは怒り狂う悲哀の海の岸辺でもいい。そこに立って、われわれは、海の狂おしい嘆きにさらに烈しいわれわれの嘆きを加えるのだ。病の発作が絶頂に達すると、われわれには、漫画風の崇高さとか卒中性の無限とかいう額縁が、あるいは、大空が絞首台となってわれわれの骸骨と宇宙の諸元素がそこに吊るされるような、首くりの幻《ヴイジヨン》が必要になるのである。)

忙しい服喪

あらゆる真理はわれわれに敵意を示している。にもかかわらずわれわれがやはり生きているのは、真理をそれ自体として受け入れ、そこから結論を引き出すのを避けているせいである。天文学や生物学の教えるところから出てくる結論をひとつでも見つめてどうすべきか考えたあげく、星々の遠さや自然界の現象に直面して腹立たしくなり、あるいは惨めになって、もう二度とベッドから起き出すまいと決心した人間がいただろうか。われわれの存在が虚妄だという明白な事実に誇りを打ち砕かれた者が、かつていただろうか。無限のただなかでは何をやっても無駄だからもう何もしない、というほど図太い人間がいただろうか。科学はわれわれが無であることを証明する。しかし、そこから決定的な教訓を誰が汲み取っただろうか。誰が全面的怠惰の英雄になっただろうか。誰も腕をこまぬく者はいず、われわれは蟻や蜜蜂よりもせっせと立ち働いている。しかし、かりに一匹の蟻または蜜蜂が——奇蹟的にものを考えはじめるとか、変ったことをしてやろうという気になるとかして——蟻塚または巣箱の中で孤立し、営々と働いてきた己が世界の有様を外から眺めたとすれば、彼はそれでもまだ頑張って働こうとするであろうか。

理性的動物たる人間だけが、自分の哲学から何ひとつ学び取ることができなかった。彼は一歩離れて身を持しながら、にもかかわらず、外見だけは立派だがその実まったくむなしい同じ誤ちに、孜々といそしんでいるのである。外側から、どこかアルキメデスの支点（梃子の正確な原理を発見したアルキメデスは、「地球の外に支点を与えてくれれば、私は地球を動かしてみせよう」と言ったという。）に立って見るなら、生きることは——それに伴うすべての信念・信仰も含めて——もはや不可能だし、考えることさえできない。行

動することは、ただ真理に背いてのみなし得ることである。人間は、自分が知っているこ
とにもかかわらず、知っているすべてのことに背いて毎日を生きはじめる。彼はこの曖昧
さを悪癖にまで押し進めてしまった。明知は今や喪に服しているが――奇妙な感染現象と
言うべきか――この服喪自体がえらく忙しがっているのだ。かくてわれわれは、最後の審
判の日にたどりつくまで、葬列を作って歩いて行く。われわれは、最後の休息そのもの、
歴史の最後の沈黙を、ひとつの活動に仕立てた。つまりいまわのきわの苦しみを舞台仕立
てにしたわけで、われわれは最後の苦しい息を吐く中にもダイナミズムを必要としている
のである……。

(忙しさに息せききった文明は、永遠の中でのんびり過す文明よりも早死にする。中国は、
己れの老境の開花を数千年にわたって楽しんできたが、これこそ見ならうべきただひとつ
の手本である。中国文明だけが、ずっと前から、哲学以上の洗練された叡知に到達した。
老荘道家の思想は、解脱の道にかけては前人未踏の域に達している。――ところが、われ
われの方は世代単位で数える。急速な歩調で歩いたために超時間的な精神を失ってしまう
のは、僅か数百年そこそこしかたっていない文明の不幸な呪いなのである。
　どう見ても、われわれは何ひとつしないためにこの世にいるのだ。だのにわれわれは、
腐肉をひきずって呑気に生きるどころか、汗を流しながら濁った空気の中で息せききって

いる。「歴史」全体が腐敗し、その悪臭が未来に漂って行く。われわれは、すべて朽ち崩れて行くものが生まれつき大好きなのか、悪臭の中を未来めがけて駆けずりまわる始末である。

人類が行動のむなしさから解放されようとしても、もう遅い。まして、無為の聖性に到達するには、もう遅すぎるのである。）

諦めへの免疫

永遠性にかかわるものはすべて、否応なく月並文句に転落する。人々は、どんな啓示でも戦慄すべき真理でも、それをあらわす一定の文句が見つかりさえすれば、平気で受け入れるようになるのだ。この世は無価値だという考えは――本来ならいかなる災厄より危険な思想なのに――当り前のことに堕してしまった。誰もがそれを認めながら、誰一人としてそれに則った行動をしようとはしない。窮極の真理が持つ恐しさは飼い馴らされてしまった。それはきまり文句《リフレイン》となり、人間はもうそのことを考えようともしない。なぜなら彼らは、のぞき見ただけで彼らを深淵の底に突き落すか宗教的救済の方に走らせるかすることを、暗誦してしまったからである。かつて「時」のむなしさというイメージが数多くの聖者や詩人を生み、さらには教会からの破門につきまとわれた単独者たちの絶望を生み出したのに……。

このむなしさというイメージは、大衆にも無縁なものではない。彼らはしょっちゅう言うではないか、《そんなことが何になる》、《そんなことをしてどうなるのか》、《何が起こるか分らないのに》、《変れば変るほど同じことさ》などと——。だのに何ひとつ起こらず、世の中はあっけらかんとしている。一人の聖人も詩人もあらわれるわけではないのだ……。もし大衆がこんなきまり文句にふさわしい行動をしたならば、世の中の顔つきはすっかり変ってしまっただろう。それにしても——反生命的な思考から姿をあらわした——永遠というやつは、人間が行動するための安全な反射運動ではあり得ないはずなのに、今や平凡なきまり文句となり、人々はそれを機械的に繰り返すことによって忘れてしまうようになった。聖性は詩と同じく、ひとつの冒険である。人々は言う、《すべては過ぎ去る》と。

——だが、この言い古された恐ろしい真理の力が及ぶ範囲を、どれだけの人がはっきりわきまえているだろうか。どれだけの人々が、人生を逃れ、人生を歌い、あるいは人生に泣くだろうか。すべてはむなしいという確信に浸されていない者はいまいが、その結果を恐れずに見すえる者が果しているのだろうか。形而上学的使命を担って生まれた人間は怪物よりも珍しい存在だ——にもかかわらず、誰もが潜在的にはこの使命の芽を内に持っているのである。インドの王子（悉達多、すなわち釈迦牟尼。）にとって、すべてを理解するためには病人と老人と死人を見るだけで十分だった。われわれもそういう人々を見ているのに、何ひとつ理解しない。なぜって、われわれの人生の中では何ひとつ変らないではないか。われわれは、何によらず諦めるということができない。しかし、すべてがむなしいというのはわれわれにも分る明白な事実なのだ。希望を病む病人であるわれわれは、いつも期待している。生きるとは、実体となった期待にほかならない。われわれはあらゆるものを――「無」をさえも待っている。その方が、永遠の宙ぶらりんを余儀なくされ、冷やかな神か死体のような状態に陥るよりは、まだましなのである。かくて「取り返しのつかぬこと」を公理とした心も、なお不意打ちを期待する。人類は、自分を否定してくれる出来事をほれぼれといつくしみながら生きているのである……。

この世の釣合い

悦びと苦しみが一見うまく釣合っているようにみえるのは、両者が人々の間に公平に配分されているからでは断じてない。それは、ある種の人々が生来不公平な運命を背負わされていて、他の人たちが呑気に暮すためには彼らが苦しみをなめねばならぬようにできている、という事実にもとづくのである。他人の行為の報いをわが身に蒙るか、蒙らないか、そこが人間の回《めぐ》り合わせというものである。この区別は、何の基準にもとづいてなされるのでもない。一種の宿命であり、理屈もへちまもない割り当てであり、気まぐれな選定である。誰にせよ、持って生まれた幸運または不運の回り合わせを避けることはできず、生まれながらに下された判決、精子から墓場までその裁決が行き渡っている奇妙な法廷を免れるわけには行かないのである。

自分が味わった悦びにはことごとく支払いをし、快楽はひとつ残らず償いをし、忘却に溺れたことをすべて釈明しなければならない、そんな人間がいるものだ。彼らは、ただ一瞬の幸福たりとも、借りたままではいられないだろう。逸楽の戦きをひとつ味わったあとでは、千の苦痛がそれを仕上げにやって来たのだ。まるで彼らには公認の楽しみを味わう権利がなく、彼らがのほほんとしていたらこの世の愚劣な釣合いが危うくなるとでもいうかのようだ。美しい景色を眺めて彼らが幸福になったとする――だが彼らはすぐ数々の悲哀をなめながら、それを悔むことになるだろう。いろいろな計画や夢で意気あがったとする――だが彼らはあまりにも現実的な苦悩に叩きのめされ、ユートピアから覚めるようにたちまち目覚めることだろう。

このように、他人の無意識の代償を支払ってやり、自分の幸福は言わずもがな、見知らぬ他人の幸福まで償ってやる犠牲者がいるのである。釣合いはこうして回復する。悦びと苦しみがうまく調和を保つようになる。何かよく分らぬ普遍的な掟があって、君を犠牲者の側の人間だときめたのなら、君はもう一生涯、自分の中に秘めていた僅かばかりの楽園さえも足もとに踏みにじることになるだろう。そして、君のまなざしや夢想を貫いて輝いていた僅かばかりのきらめきも、時間と物質と人間の不純さで汚されてしまうだろう。君は糞土を台座とし、拷問道具を演壇とするだろう。君にふさわしいのは、ただ癲者の栄誉と唖の王冠、それだけだろう。すべてを受け取る権利があり、あらゆる道が自由に開かれている人々と並んで、君も一緒に歩きたいというのか。だが、埃が舞い、灰までも立ちこめて君の行く手をふさぎ、時間の出口も夢の出口も見えなくしてしまうだろう。君がどの方向に歩んで行こうとも、君の足は泥沼にはまりこみ、君の声は泥の讃歌を大声で歌うほかないだろう。そして、自己憐憫しか住んでいない胸の上に垂れた君の頭の上を、幸運な連中の息吹がかすかに過ぎて行くことだろう。ただ彼らにしても、得体の知れぬ皮肉《イロニー》に祝福された玩具というわけで、君同様べつだん罪はないのである。

哲学への訣別

カントの中に一片の人間的な弱さも、正真正銘の悲哀の口調も見出せなくなった時、私は哲学から背を向けた。カントにせよ、他の哲学者にせよ、みな同じことだ。音楽や神秘思想や詩にくらべると、哲学の活動には生気が足りなかったり、まやかしの深さがつきまとっていたりして、結局、小心者や生ぬるい連中に有難がられるのがおちなのだ。のみならず哲学——この非人称的な不安、貧血症の観念のもとへの逃避——は、生命の腐蝕的な旺溢を避けるあらゆる人々が逃げこむ場所なのである。ほとんどすべての哲学者が平穏にその生涯を終った——これが哲学に対する何よりの反論である。ソクラテスの最後さえも、何ら悲劇的なところはない。それはひとつの誤解であり、一人の教育家の死なのである。

——ニーチェが没落したのは詩人および幻視者としてである。つまり彼は己れの陶酔を償ったので、推論を償ったのではないのである。

われわれは説明などでもって生存をごまかすわけに行かない。うっとりする喜びとぞっとする嫌悪感とがこもごも交替する中で、ひたすら生存を耐え忍び、愛しあるいは憎み、崇拝しあるいは恐れるしかないのだ。そして、この喜びと嫌悪の交替こそ、存在のリズムそのものであり、その揺れと不協和音であり、苦いないしは快活な烈しさなのである。

不意打でか必然でか、論駁できぬ敗北に直面して祈りのさまに両手を挙げ、それから、哲学の答えよりもからっぽなままに力なく手をおろさない者がいるだろうか。まるで哲学の役割は、運命がわれわれを眼こぼししてくれて、辛いいざこざがまだ起こらない間はわれわれを守ってくれるが、いったん窮地に陥ったらたちまちわれわれを見捨ててしまうことにあるようだ。そもそも、人類の苦悩のうち哲学に取り入れられた分がいかに少ないかを考えれば、それも当然のことと言うべきではあるまいか。哲学の勉強は実り豊かなものではない。まあ外聞がいいというだけの話だ。人は哲学者になったからといって、べつに罪咎《ざいきゅう》を受けるわけではない。つまり哲学とは、やり場のない時間、『旧約聖書』もバッハもシェークスピアも受けつけないそんな空虚な時間を夥しい思考で埋めるための、天命なき業《わざ》なのである。それに、こうした思考は、ヨブ（既出。八一ページを参照。）の叫びとかマクベスの恐怖とか、何かあるカンタータの崇高さとかに匹敵する一ページにでも、具体化されたことがあったろうか。人は宇宙と議論することはできず、ただ表現するだけだが、哲学は表現しない。哲学を隈なく渉猟し究めつくし、「未知なるもの」の前に兜を脱いだ徴しに最後のピリオドを打った大冊の最終章に至って、やっと真の問題が始まるのである。この「未知なるもの」にこそ、われわれのあらゆる瞬間が深く根をおろしているのである。われわれはこの「未知なるもの」と戦わなくてはならない。なぜならそれは、言わずもがなのことだが、日々のパンより直接的で重要なものだからである。この地点で、哲学者はわれわれを見捨てる。災厄を好まぬ彼は、理性のごとく分別があり、理性のごとく慎重である。そこでわれわれとしては、老いぼれたペスト患者、ありとあらゆる錯乱に通暁した詩人、心情圏をはるかにぬきん出た高みに到達した音楽家を友とせざるを得ない。われわれは、哲学の恐るべき無価値さを知り、哲学に頼っても何にもならぬ、哲学は何の救いにもならぬということを悟って、哲学の臨終に立ち合い、その廃墟を足もとに踏みしめて、さてそこでようやく、ほんとうに生きるということが始まるのである。

（大がかりな哲学体系も、要するに外見華やかな同語反覆以外のものではない。生物の本性が《生きる意志》にあるとか、《観念《イデー》》にあるとか、神の、ないしは「化学」の気まぐれにあるとか、そんなことを知ったとて何になろうか。単なる言葉の増殖にすぎず、意味を微妙にずらしてみただけではないか。存在するものは言葉に搦め取られるのを嫌うし、われわれの内的経験も、特権的で曰く言い難い一瞬以上のものを存在について明かしてくれるわけではない。だいいち、存在それ自体が「無」のひとつの主張にすぎないのだ。

人が定義を下すのは、ただ絶望からである。ともかくひとつの定義が必要なのだ。いや、夥しい定義がと言ってもいい。それが単に、精神に対して正当化の楯を、虚無を蔽う壁を提供するためにすぎなくとも、やはりそうなのである。

概念も恍惚たる脱我も、何ら効能がない。音楽がわれわれを存在の《内奥》に投じてくれても、われわれはまた速かに表面へ浮かび上ってくる。幻想の効果は雲散霧消し、知識は無能をさらけ出す。

われわれが手に触れるものも、頭で考えるものも、われわれの感覚や理性と同様、不確かなものである。われわれが確信を持てるのは、ただ、思いのままにあやつれる——そして実際には役に立たない言葉の世界の中にいる時だけである。存在は沈黙し、精神はしゃべりすぎる。認識するということの、これが正体なのである。

哲学者の独創性とは、結局、術語の発明力如何に帰着する。この世界を前にして取るべき態度は三つか四つしかない——死に方にしてもほぼ同様——から、それをいろいろに変奏して殖やして行くのは、単なる言葉の問題で、それも形而上学的な意味合いはまったく含んでいないのである。

われわれは冗語法の宇宙に呑みこまれている。そこでは問いも答えも同じことなのである)。

聖者から犬儒派へ

嘲弄はあらゆるものを口実の域にまで貶めてしまったが、生命の二つの条件たる「太陽」と「希望」だけは別である。宇宙の天体と内面世界の天体。一方は眼に眩く輝き、他方は眼に見えない。骨と皮ばかりの人でも、太陽の暖い光を浴び心に希望を抱いていたら、絶望して光に倦《う》んだヘラクレスより強かろう。「希望」を全身で受け入れることのできる人間なら、神よりも強力で、「生命」よりも生き生きとしていることだろう。《太陽を恐れる》マクベスは、あらゆる人間のうち最も悲惨な人間である。なぜなら、真の死とは腐敗ではなく、すべて光り輝くものに対する嫌悪、すべて生命の芽生えであるものに対する反撥、すべて熱烈な幻想のもとで花開くものに対する拒絶であるからである。

人は、太陽のもとで生まれて死ぬ万物を軽蔑しながら、太陽だけは別扱いにしてきた。希望の中で生まれて死ぬものを軽蔑しながら、希望だけには唾をかけなかった。もう一歩を進める勇気がないので、皮肉《シニスム》もほどほどにして歯止めをかけたわけだ。というのも、首尾一貫していると思っている犬儒派も言葉の上だけの皮肉屋でしかないからである。彼のやることは、皮肉屋というものが世にも矛盾した人間であることを示している。なぜなら、己れの迷信を抹殺したあとでなお生きて行ける人間など、一人もいないはずだからである。

全面的なシニスムの域に達するためには、聖性への努力をちょうど裏返しにした、少なくとも同じくらいの努力が必要であろう。あるいは、純化の極に達して、あげくのはて、自分が経てきた苦行は無意味だ——神はお笑い草だ——と悟った聖者を想像してみればいい……。

このような明知の怪物は、生の根本条件を変えてしまうだろう。なぜなら、彼は自己の生存の条件そのものを疑問視する力と権威を持っているはずだから。彼にはもう自己矛盾を犯す危険はないだろう。どのような人間的弱気も、彼の大胆さを阻むことがないだろう。われわれが最後に残された幻想に対して無意識に持っている宗教的敬虔を失った彼は、自分の心と太陽とを愚弄することができるだろう……。

元素への回帰

前ソクラテス学派以来、哲学がいっこうに進歩してこなかったとしても、嘆く筋合いはいささかもあるまい。概念のがらくたの山にうんざりしたわれわれは、遂に悟ったのである——われわれの生命が、ソクラテス前派の学者たちが世界構成の単位とみたあの元素の中を相も変らず動いており、われわれの基本的条件をなしているのは地・水・火・風で、この原初的物理学こそわれわれが受けている試煉の枠組と、われわれの苦悩の根源を明らかにしてくれるのだ、ということを。この基本となる若干の与件を組み合わせてこみいったものに仕立てたわれわれは——理論の書割りと構造に心奪われて——「運命」を理解し把握するすべを見失ってしまった。にもかかわらず「運命」は変ることなく、世界開闢の日と同じそれなのである。われわれの生存は、固有な本質にまでつきつめてみれば、今もなお変らぬ元素との戦いにほかならない。この戦いは、われわれの知識といえども、いささかも緩和し得ないのである。各時代の英雄はホメロスのそれと同じく不幸で、それが小説の登場人物になり下ったのは、彼らの生命の息吹と偉大さが減じたせいである。科学や学問がいかに進んだからとて、その結果が人間の形而上的位置を変え得ようか。それに、物質の秘密を探ったり、分析して何かの認識や結論に達したからとて、かの『ヴェーダ』（インドのバラモン教の根本聖典の総称。インドの宗教・哲学・文学の根源をなす。）の讃歌や、無記名の詩にひそむ歴史の曙の哀しみにくらべれば、そんなものが何だというのか。

こうした世にも饒舌な数々の頽廃《デカダンス》が、一介の羊飼いのたわごとほどにも不幸について教えてくれないなら、また要するに、研究室の中で行なわれる研究よりも白痴のあざ笑いの方により多くの知恵があるのなら——時代をたどって——あるいは書物の中で——真理を追求するというのは馬鹿げたことではあるまいか。老子は僅かな書物しか読めなかったが、あらゆるものを読みつくしたわれわれ以上に単純素朴なわけではない。深さは知識とは無関係なのだ。われわれは、過ぎ去った時代の知恵のひらめきを別の次元で解釈したり、本来の直観を最新の思想的獲得物で搾りあげたりしている。かくて、ヘーゲルはカントを読んだヘラクレイトス（前六－五世紀頃のギリシアの哲学者。万物のもとを火の流動・変化性にあるとし、それが対立するものの矛盾抗争に移行しつつ、さらに深い統一の中に含まれると考えた。またロゴスと批判精神を重視した。）というわけだ。そしてわれわれの「倦怠」は、一種の情緒的なエレア思想（前六世紀、南イタリアの町エレアに興った哲学。パルメニデスを祖とする一元論で、多数のものの存在を否定し、物質的な一つの球状のもののみ真に存在すると考えた。）であり、つまるところ多様性という虚構《フィクション》が心の中で仮面を剝がれあばかれたのである。

逃げみち

最後の結論を引っぱり出すのは、芸術の外側で生きている連中だけである。自殺、聖性、悪行——どれをとっても、才能の欠如の形式だ。言葉、音あるいは色彩による告白は、直接的なそれにしろ擬装されたそれにしろ、内部の力がひとかたまりになるのを防いで外部世界に放出し、それによって鬱屈した力を緩和する。あらゆる創造行為は、この健康的な緩和力のせいで逃避の一要因となっているのである。これに反して、エネルギーを内部に蓄積する人間は、己れ自身の過剰の奴隷となって、抑圧されつつ生きる。何ものも、彼が絶対の中で難破するのを妨げることはできない……。

人を疲労困憊させる隠れた内部の力をうまくあやつるすべてを知っている連中の間では、概して真の悲劇的生存にはお目にかかれないものだ。作品をつくることで自分の魂の力を殺《そ》いでしまえば、極端な行為に走るエネルギーをどこで汲むことができようか。かくかくの英雄が、崇高きわまる死に方で英雄としての己れを貫いたのは、詩句を書きつつ徐々に消耗してゆく能力を欠いていたためである。すべて英雄行為なるものは、才能の欠如を――天成の心情によって――償う。英雄とはみな才能なき人間なのである。この欠陥こそが彼を遮二無二前進せしめ、豊かならしめるが、一方、筆舌につくせぬものの宝庫を創作行為によって使い果した人々は、その精神こそ他のあらゆる人々にぬきん出ることができたにせよ、生存という面に関して言えば舞台の奥に引っこんでしまったのである。

何かひとつ表現の形式さえあれば救われたかもしれないものを、修道院に入ったり、そのほかの手管、たとえばモルヒネだとかオナニスムだとか食前酒《アペリチフ》だとかに淫して同類の人間の列から孤立してしまう者がいる。だが、彼はいつも己れ自身と鼻をつきあわせ、自分の中に蓄積したものは誤算も含めていっかな手放さず、わが生命の総量を芸術という抜け道で軽くするすべもなく、自我に喰い荒らされて、その行為においても決断においても全的であるほかなく、自己自身に全面的にショックを与えるただひとつの結論しか引き出すことができない。彼は極端を楽しみ味わうすべを知らず、そこに溺れこむしかない。表現という怯懦の方便で、崇高なるものの前からしりごみすることもできたのに、彼ときたら本気で悪徳の中に、神の中に、また己れ自身の血の中に溺れるのである。自己を表現する人間は、自分自身に逆うような行動はやらない。彼はぎりぎりの決着が持つ誘惑だけしか知らない。したがって人生からの逃亡者とは、最後の結論を引き出してくる者の謂ではなく、自分自身と顔つきあわせて惑乱し崩壊するのを恐れるあまり、己れをばらまき、己れの秘密を人に明かしてしまう者の謂なのである。

夜への無抵抗

はじめ、われわれは光を目当てに歩んでいると思う。それから、目的のない歩行に倦み疲れ、成り行きにまかせてすべって行く。大地はだんだん固さを失って、もはやわれわれを支えてくれなくなり、ぱっくりと口をあける。陽の照りはえる目的地への道をたどろうと努めても無駄で、暗闇がわれわれの内部にも足もとにもひろがる。ままよとばかりすべって行くわれわれを照らしてくれる一筋の光だにない。深淵がわれわれを呼び、われわれはその声を聞く。頭上には、われわれがそうなりたかったもの、それでいてわれわれをそこまで高める力のなかったものが、まだ残っている。そして、かっては絶頂に惹かれながら、今はかえってその冠絶した高さにがっくりきたわれわれは、遂にはわれとわが身の堕落を熱愛するようになる。奇っ怪な死刑執行の道具となり、暗黒の境界、己れ自身の暗い運命の辺境に手を触れる幻惑に魅せられて、すみやかに自身の堕落を成就したいと願う。空虚への恐怖が逸楽に変ったのであってみれば、これはまた、太陽と正反対の進化をたどる何たるチャンスであろうか。逆立ちした無限、われわれの足もとから始まる神、存在の亀裂を前にした恍惚感、そして暗黒の夜明けへの渇望である「空虚」は、われわれが呑みこまれて行く顚倒した夢なのである。

眩暈こそわれらの定めなら、われわれはさかしまに堕ちつつ、頭に地獄の輪光を、ひとつの王冠を戴こうではないか。この世の王座から追われたわれわれは、王笏だけは手放すことなく、やがて夜を新たな豪奢で飾ろうではないか。

（とはいえ、この堕落は——僅かなてらいの時を除けば——荘厳で抒情的どころのさわぎではない。われわれは、平生は夜の泥沼にのめりこみ、光と同じほど退屈きわまりない闇の中に溺れ入るのだ……。生とは、うすやみの中でのまどろみ、ほの明りと闇にはさまれた無気力、あの内部の太陽なるものの戯画《カリカチュア》にすぎない。われわれはこの太陽を内部に抱いているという錯覚のお蔭で、万物にぬきん出た存在だと信じこんでいるのだが、その実、われわれが無より以上のものだと証明してくれるものは何もないのである。こんな誇大妄想を信じて、神々と肩を並べ、みずから熱狂を煽って恐怖心を抑えておこうと思えば、いつも高熱で燃え立った状態になければならず、それではわれわれは日ならずして燃えつきてしまうであろう。だが、われわれのきらめきは束の間で、失墜こそわれわれの常態なのである。生命とは、刻々に解体・崩壊して行くものの謂である。それは芸もなく光を失って行くこと、王笏も持たず、背光も光輪もなしに夜の中で味気なく腐り果てて行くことなのである。）

時間に背を向けて

昨日、今日、明日——これは召使いどもが用いるのに適した範疇だ。「悲嘆」の中にどっしりと棲みつき、一刻一刻が苦の種であるのらくら者にとっては、過去とか現在とか未来とかいっても、本質は同じひとつの苦痛の種々相にすぎぬ。この苦痛ときたら、容赦なく巧みに人の心に忍びこむくせに、いったん取りついたとなったら挺子でも動かない冷酷無惨なしろものである。しかもこの苦痛は生きる限りついて廻る、というか、生きることそのものなのである。

私はあった、私はある、私はあるだろう——などというのは文法の問題で、存在の問題ではない。運命は——時間の謝肉祭《カルナヴァル》である限り——動詞の変化の種ともなるが、ひと皮剝いでみれば、墓碑銘同様に不動でむき出しなしろものである。過去の時間、ないし未来の時間よりも現在の時間を重視するようなことが、どうしてできようか。召使いたち——そもそも時間に汲々としがみついている人間はみな召使いである——が生きているのは錯覚のたまもので、この錯覚たるや、まことの恩寵の状態と言うべく、魔法の力で眼を眩まされたも同然である。そしてこの錯覚は——超自然のヴェールのように——およそ願望から生み出されたすべての行為がさらされている破滅を覆いかくしてくれる。——だが、あらゆる迷妄から醒めたのらくら者にとっては、単に生きるということ、あらゆる行為を免れて純粋に生きるということは、うんざりするような苦役なので、あるがままの生存に耐えるのは、彼には困難な仕事ともやりきれぬ行程ともみえ——あらゆる身振りは付け足しの、実行不可能の、無効なものと思えるのである。

自由の二つの顔

自由の問題はまことに解きがたい——それは事実だが、われわれは不断にこの問題で長広舌を振るい、偶然性の肩を持ったり必然性の味方をしたりする……。気質や偏見からして、われわれは問題を解くより一刀両断にさばいてしまう態度を取りがちなのだ。いくら理論をたててみても、それは問題自体をわれわれに実感させ、その複雑怪奇な実態を味わわせてはくれないが、一方われわれには特別な直観というものがあって、自由を認めない議論がいくら唱えられても、自由のまんなかに腰を据えてしまう。そしてぞっとする——可能なもののあまりにも広漠たるひろがりにぞっとするのだ。そんな広大な自由がいきなり眼の前にあらわれてきても、われわれの方に準備ができていないからで、この危険な富を渇仰していたくせに、いざその前に出るとしりごみしてしまうのである。鎖につながれ掟に屈服することに馴れたわれわれは、無際限の自主権、ふんだんな決定権を前にして、なすところを知らない。どちらにするも意のままという誘惑は、われわれをたじたじとさせる。どんな行為をはじめることもできるし、感興に乗るにも気まぐれに従うにももはや限度なし、ということになったら、われわれは、それほど多量な力の陶酔の中で身を滅ぼすことをどうして避け得ようか。

われわれの心は、こうした事実を悟って動揺し、自問し、慄えあがる。何もかも自分の自由になる世界で、眩暈に捉えられなかった者がいるだろうか。人殺しは己れの自由を無限に用い、己れの力の強大さという観念に抵抗することができない。他人の生命を奪うのは、われわれの誰にでも可能なのである。もし、われわれが心中で抹殺し去る連中がみなほんとうに死んでしまうのなら、地上にはもう住む人間がなくなるだろう。われわれは自分の内部に、暗黙の死刑執行人を、実現されなかった犯罪者を抱いているのである。自分が人殺しの性癖を持っていることを認めるだけの勇気のない者は、夢の中で人を殺し、悪夢を死体だらけにする。神の法廷に出た時、無罪放免になるのは天使たちだけであろう。なぜなら——少なくとも無意識のうちに——他人の死を望んだことのない人間など、いないからである。誰もが友人やら敵やらの墓地を自分のうしろに曳きずっているのだ。この墓地が心の奥底にひたかくしにされたままか、願望の表面に躍り出るか、それはたいした問題ではない。

自由の包含する矛盾をぎりぎりまでつきつめて考えると、結局、生きのびるのは自分か他人かという問題に帰着する。自分が助かるか破滅するか、ふたつにひとつの可能性になってくるのである。だがわれわれは、自分を自由だと感じたり、自分に好機《チャンス》があるかないかを理解したりするのも、突発的にでしかない。この突発事がほんの時たま、稀にしか起こらないからこそ、この世は屠殺場としても凡庸、楽園としても虚構にとどまっているわけである。自由についていくら論じたところで、その結果は善くも悪くもならない。ただわれわれは、すべてが自分の一存で左右されるのだと悟るための時間を、僅か数瞬しか持たないのだ……。

自由とは、本質的に悪魔の性格を帯びた倫理的原理である。

夢による過労

夜の間に見る延々たる夢の中でわれわれが浪費するエネルギーを大事に貯えることができたら、精神の深さと巧緻さは思いもよらぬ程度にまで達するだろう。悪夢を組みあげるに必要な神経の浪費は、世にも精巧な理論体系を組み立てるより以上に人を疲れさせるのである。無意識の中で、グロテスクだが驚嘆すべき劇にまきこまれ、詩も何もない「因果律」の軛《くびき》を受けずに世界中を渡り歩いたのに、目が覚めてからまたいろいろな考えをうまく按配する仕事になど、どうして取りかかることができようか。何時間ものあいだ、われわれは陶酔した神々さながらだった。――そして、にわかに眼を開いて夜の無限を消し去り、昼の凡庸な光のもとで、夜の幻影の助けをまったく受けることなく、退屈な問題のむし返しをまたはじめねばならない。あの輝かしくも不吉な夢幻は、つまるところ無駄だったのだ。夢がわれわれの力を何の益もなく喰いつくしてしまったわけである。目覚めれば、別種の疲労が待ち構えている。昨夜の悩みをやっと忘れかけたところで、今度は夜明けの悩みに取っつかまるのである。横になってじっと動かず、何時間も何時間もあくせくしたのに、頭の方はその信じ難いまでの活動から何ら得るところがなかったのだ。どんな阿呆でも、こういう濫費の犠牲になることなく、自分の力を夢に使い果したりしないで蓄積できたら、理想的な目覚めの所有者として、形而上学の嘘八百の襞をときほぐしたり、誰にも解けない数学上の難問に精通したりできるであろう。

一晩が一晩と過ごすに従って、われわれはますますからっぽになって行く。われわれの神秘も悲嘆も、夢の中でむなしく流れ去ってしまうからである。かくて、夢の作用はわれわれの頭脳の力を弱めるばかりか、われわれの秘密の力をも弱めるのである……。

裏切者の亀鑑

生命が実現されるのは、ただ個別化——この孤独の窮極的基盤——によるのだから、人はみな個人だというそれだけの事実からして、否応なしに孤独である。とはいえ、各個人の孤独のありようや程度がみな同じなわけではない。孤独の階層組織の中で、めいめいが違った地位を占めるのである。そして、その頂点にくるのが裏切者なのである。つまり彼は個人という資格を極端まで押しつめたのだ。この意味で、ユダはキリスト教の歴史の中で最も孤独な人間であるが、孤独そのものの歴史の中では断じてそうではない。彼が裏切ったのは一人の神にすぎなかった。また自分が何を裏切ったのかを知っていた。彼は一人の人物を売り渡したのだ。ちょうど多くの者が、何かあるもの、たとえば祖国とか、そのほか多かれ少なかれ集団的な義理を売り渡すように。ある特定の対象を持った裏切りは、不名誉や死を招くことになろうとも、謎めいたところはまったくない。何をぶちこわそうと欲したのか、それをいつもありありと眼に浮かべることができるからである。その罪は、当人が認めようが認めまいが、明々白々である。他人は彼を見捨て、彼は諦めて徒刑場に行くかギロチン台に登るか、それだけの話である……。

ところで、その性格がもっとこみ入っていて、直接の対象を持たず、特定の事物とか人物とかにかかわるのでない、そういう裏切りが存在する。たとえば、何もかもを、その何もかもというのが何を意味するのか分らぬままに放棄すること。自分の境遇のただなかで孤立すること。自分を作り、自分を取り巻き支えてくれている実質を――形而上的離反によって――拒否すること。

どんな挑戦の理由を構えるにせよ、存在そのものに刃向って罰を受けない者があるだろうか。いかに努力したとて、己れ自身の呼吸の原理そのものをことごとく清算してしまえる者があるだろうか。にもかかわらず、存在するものの基盤を何によらず掘っくり返してやりたいという意志は、効き目はないけれども強力で捉えようのないひとつの欲望を生む。それはちょうど、希望の若々しい生命力を蝕む悔恨の悪臭のごときものである……。

存在を裏切った時、人が己れの内部にかかえこむのは漠たる不安で、この汚辱感をかきたてる対象をそれとはっきり示すイメージは全然湧いてこない。誰も君に石を投げるわけではない。君は依然として立派な市民である。君は社会の栄誉を、同胞の尊敬を享受できる。法律が君を保護してくれる。君は、誰かれと同じくひとかどの人物である。——にもかかわらず、誰も気がつく者はいないのだが、君はすでにして生きながら埋葬されたも同然で、その死も、もとに戻すすべもなく決定された君の社会的地位に何ひとつ付け加えるものではないのである。というのも、存在を裏切った人間が責任を持たねばならぬのは、ただ自分自身に対してだけであるからだ。他の誰が、彼に責任を取れなどと言えるだろうか。君が特定の個人や社会制度を攻撃するのでない限り、君には何の危険も降りかかりはしない。抽象的な「現実」を守るどんな法律もないのである。ただし、「現実」の具体的なあれこれの外観に少しでも害を加えれば、あらゆる法律が君を処罰する。君には存在そのものを土台から掘り崩す権利はあるが、特定の具体的存在に対してはその権利がない。在るものすべての基盤をぶちこわしても法には触れないが、個々の力を少しでも犯せば、牢獄かしからずんば死が君を待っているのだ。「存在」の観念を保護するものは何もない。形而上学的な裏切者や、魂の救いを拒む仏陀たちは、自身の生命に対してのみ裏切ったと考えられるので、裁判にはかけられない。が、実を言うと、あらゆる悪人のうち最も危険なのは彼らなのである。なぜなら、彼らが毒するのは果実ではなく、生の樹液、宇宙の精気そのものなのだから。彼らにどんな刑苦が下されるか、それを知るのは彼らのみである……。

あらゆる裏切者には汚辱への渇きがあり、またどういう裏切り方を選ぶかは彼が望む孤独の程度如何にかかっている、というのは、考えられないことではない。自分を人間仲間からはじき出してくれる比類なき大罪をやってのけてやろうという欲望を覚えなかった者が、果しているだろうか。己れを他人に縛りつけている絆を永遠に断ち切り、控訴なき断罪を受けて遂に深淵の安らぎに達するために、わが身に屈辱を引っかぶりたいと願わなかった者がいるだろうか。世界ときっぱり縁を切るのは、許し難い罪過がもたらす平安を味わうためではあるまいか。仏陀の魂を持ったユダとは、くたばりつつある未来の人類にとって何たる亀鑑であろうか！

地球の屋根裏部屋のひとつで

《俺は夢見た、遠いとおい春を。海の水泡と俺の生誕の忘却のみを照らす太陽を。大地を呪い、どこを見てもよそへ行きたいという願いしか見出せぬこの苦痛に唾棄する太陽を。地上の運命という刑苦をわれわれに与えたのは誰なのか。大地というこの陰鬱きわまる物質、時間から生まれたわれわれの涙がぶつかっては砕け散るこの大いなる悲嘆のかたまりである地球は、記憶にもない大昔、神の劫初の身慄いから落ち来たったものだが、いったい誰がそこにわれわれを固く縛りつけたのか。

俺はこの惑星の真昼と真夜中を嫌いぬいた。風土もなく、時間もなく、時間が孕むあの恐怖もない世界に、身もやつれ果てるまで恋いこがれた。降り積む歳月のもとに押しひしがれる人間どもの吐息を憎んだ。終りなく欲望もない瞬間、失墜の予感にも生の予感にもわれ関せずのあの劫初の空虚は、どこにあるのだろう。俺はさぐった、「無」と未知なる大洋の地理学を。多産な光のスキャンダルに染まぬ別の太陽を。——俺は求めた、数々の公理と島々とが溺没する懐疑の海のゆったりとした蕩揺を。知識に倦《う》み、やさしく眠りに誘ってくれるあの広漠たる大洋を。

地球こそは——造物主の犯した罪だ。しかし俺には、もう他人の誤ちを尻拭いする気などない。大陸という大陸から逃亡して死苦を迎え、流動する沙漠に入り、非人称の破滅の中で、わが生誕から癒されたいと願うのみだ。》

漠然たる嫌悪感

われわれが脆い生き物であることを思い出させてくれるのは、明確な苦痛の闖入ではない。もっと漠然たる、だが不安を唆る予感みたいなものがあって、われわれが時間の懐から今にも追放されようとしていることを告げ知らせるのである。嘔気を催すような嫌悪の念、われわれを生理的にこの世から断ち切るあの感覚が迫ってくると、われわれの堅固な本能とか常住変らぬ愛着とか言われているものがどんなにはかないか、はっきり分る。健全な時には、われわれの肉体は宇宙の鼓動の共鳴函となり、血はそのリズムのとおりに打つ。だが、ひそかな地獄のようにわれわれを狙っていて、いきなり鷲掴みにしてしまうこの嫌悪感に襲われると、われわれは、まるで孤独の畸型学が想像裏に生み落した怪物さながら、宇宙の中で孤立してしまうのである。

　生命力にとっての危機点は病ではなく――病とは戦いなのだから――あらゆるものを受けつけず、新しい誤ちを重ねて行く力を欲望から剝奪する、あの漠然たる嫌悪の念である。感覚はみずみずしい生気を失い、血管は乾き、五官はもはや自己と自己の働きとの間の乖離感しか知らない。万事が色褪せ、味気なくなる。食物も夢もだ。物には香りなく、夢からは謎が失せる。食道楽も形而上学も、等しくこの食欲不振の犠牲になるのである。われわれは、何時間もぼんやりと別の時間を待ちつづけ、もはや時間から逃れることのない刻々を待ち望む。健康の凡庸さの中に……そしてそこにひそむ暗礁の忘却の中にふたたびわれわれを返してくれる、律気な刻々を待ちわびるのである。

　（空間を貪欲にほしがり、未来の時間を無意識裏に渇仰する健全さというやつは、ありのままの生命の水準がいかに皮相浅薄なものであるか、また、肉体上の平衡が内面の深さといかに両立し難いものであるかを、われわれに教えてくれる。

躍動する生きいきとした精神は、危機に瀕したわれわれの身体上の機能から生じる。すなわち、われわれの五官に空虚がひろがればひろがるほど、精神も翼をひろげるのである。われわれの中にある健全なものとは、ただ、そのためにわれわれが特定の個人でなくなるものにすぎない。われわれを特定の個人たらしめるのは、われわれの嫌悪感である。われわれにひとつの名前をつけてくれるのは、われわれの悲哀であり、己れ自身を所有させてくれるのはわれわれの挫折である。われわれは、自分の失敗の総和によってのみ、己れ自身たり得るのである。)

無意識の教義《ドグマ》

われわれは、人の謬見を見ぬき、彼のもくろみや企てが甲斐なきことをあばいてみせることはできる。だが、彼が本能に劣らず頑固な、偏見に劣らず古くから根を張った狂信を心に秘めているのなら、彼が時間の中で何かに依怙地にしがみつくのをどうして妨げることができようか。われわれは、やくたいもない信念やら確信やらをひとやま——文句のつけようがない宝物よろしく——抱きかかえている。そんながらくたを投げ捨てて克服し得た人でさえ、彼なりに——明視の沙漠の中で——やはり狂信者なのである。つまり己れ自身を、己れ自身の存在を、盲目的に信じているのである。彼は自分のあらゆる妄執を根絶やしにしたが、妄執が芽を出す土地そのものは残っている。自分の固定した視点をすべて捨てたが、その拠り所たる固定性自体は手つかずのままである。生命は神学以上に確固たる教義《ドグマ》を有しているが、それというのも、一人一人の生存が、頑迷固陋な狂気ないし信仰も顔まけの自信満々たる無謬性の中に、がっちり錨をおろしているからである。懐疑派の人間さえも、自分自身の懐疑を偏愛する点で、懐疑主義の狂信家たることを暴露する。人間とは、とりわけ独断的《ドグマチック》な存在なのだ。その独断的信念《ドグマ》は、定式化されず、彼が独断たるを知らず、ただそれに従うだけなので、なおのこと根深いのである。

われわれはみな、考えるよりはるかに多く信じ、数々の不寛容を心に蔵し、血なまぐさい偏見を育て、手段を問わずに己れの考えを死守して、あたかも難攻不落の移動要塞さながらに、この世を駆けめぐるのである。めいめいが己れ自身にとっては最高の教義《ドグマ》である。いかなる神学といえども、われわれが自分の「我れ」を死守するほど頑なに己れの神を守りはしない。たとえこの「我れ」を懐疑で包囲して攻めたてるにせよ、それは、われわれの自負心から出た見せかけの粋ぶりにすぎない。勝負ははじめから勝ちときまっているのである。

己れ自身の絶対至上権から逃れるすべがあるだろうか。それには、本能なるものをまったく欠いた人間、いかなる名前も持たず、己れ自身の姿かたちさえ知らぬ人間を思い描いてみなければなるまい。だが、この世のすべてのものが、われわれの顔かたちを映し出して見せるのだ。夜の帷《とばり》さえも、われわれが自分の姿を写し見るのを妨げるほど厚くはない。

われわれはあまりにも己れ自身の現在に捉われているので、生まれる前とか死後の生存とかがわれわれに影響を及ぼすにしても、単なる観念として、それも僅かな間でしかない。われわれは、生きつづけようと欲する「我れ」への熱狂を、時とともに劣化しては行くものの根源では依然として涸れることなきひとつの永遠として感じているのである。

己れを崇めることなき人間が生まれるのは、まだ先の話である。生きとし生けるものは自分が可愛くて仕方がないのである。――でなければ、生の深みや表面を引っかきまわすあの烈しい不安は、いったいどこから来るのだろうか。誰にとっても、己れ自身この宇宙の中のただひとつの定点なのである。そして、何かの観念のために死ぬ者があるとすれば、それはその観念が自分の観念であり、自分の観念が自分の生命であるからである。

どのような理知が下すどんな批判も、人間をその《独断的な眠り》から醒ますことはできないだろう。哲学にはびこる無自覚な確信を揺がせ、硬化した断定に代えるにより柔軟な命題をもってするくらいのことはできようが、己れの独断的信念の中で眠りこんでいる人間を理性的手段でゆさぶり起こせば、彼を破滅させずにおかないのではあるまいか。

二元性

この世にあるものを何ごとにもよらずわれわれに認めさせながら、この世界自体を認めさせるほどの力はない、といった風な卑俗さがある。さればこそわれわれは、「生」を拒みながらも生が与えるありとあらゆる苦痛を甘受し、「欲望」を放棄しつつも欲望の噴き出るままに流されて行くのである。生存への同意には、一種の低俗さが混っており、われわれがそれから逃れ得るのは自尊心とか後悔とかのせいでもあるが、実はむしろ憂愁《メランコリア》のお蔭であって、これあるがゆえにわれわれは、自身の怯懦から仕方なしに最後の諾《ウイ》をもぎ取られてしまうことを免れるわけである。いったい、この世に諾を言うほど下劣なことがあろうか。にもかかわらず、われわれはこの同意を、この低劣無用な贅言を、生への忠誠誓言を、絶えず繰り返している。下劣さを拒否するわれわれ内部の心のみは、この誓言を挙げて否認しようとしているのだが。

われわれは、他の人々が生きているのと同じ流儀で生きて行きながら、その実、この世界よりもっと大きな否をひそかに隠し持っていることがある。それこそが憂愁《メランコリア》の無限さなのである……。

（われわれは、生きるために必要な最少限度の卑俗さを越えぬ人間しか好きになれない。ただし、いかなる行為といえどもこの卑俗さなしにはすまされない以上、必要最少限とはどこまでを言うのか、確定することが難しい。生から見捨てられた人々は、みな、その品性下劣の度が足りなかったことを証明している。……同胞と争って勝った人間は、汚穢の中から立ちあらわれる。負けた人間は、純潔を汚すまいとした代償を支払うのである。およそ人間において、彼自身の下劣さ以上に切実かつ真実なものはない。それこそは、基本的に生あるものすべての源泉なのである。が、一方、人は生の中にどっしり腰を据えれば据えるほど、蔑むべき存在となる。自分の身のまわりに茫漠たる不吉な光を放つことなく、通って行くあとに遥かな世界から来た一抹の憂愁《メランコリア》さえも残さぬ者――かくのごときは動物学以下の存在であり、さらに言えば、これこそ人類史にふさわしい存在なのである。

俗悪と憂愁との対立はどうにも解消できぬ根強いものなので、それにくらべれば、他のあらゆる対立は頭で勝手に考え出した冗談のようなものである。いちばん尖鋭な部類の矛盾対立も、われわれの堕落と思案に暮れた不満とが――予めきまった一定の割合で――顔つき合わせていがみあっているこの対立の前に出ると、色褪せてしまうほどである。)

背教者

彼は思い出す、自分がどこかの土地で生まれたことを。生まれながらに与えられた謬説を信じ、さまざまの主張をし、燃え上る愚行を奨励してきたことを。彼は恥じ……過去をかなぐり捨て、現実のまたは夢想の故国を、自分の骨の髄から滲み出た真理を、否認しようと躍起になる。彼は自分の内部で、市民としての反射運動を根絶やしにし、遺産として受けついだ熱狂を踏みにじってしまわねば、安心できないであろう。系図から解放されたいと願い、あらゆる都市《シテ》を侮蔑した古代の賢者の理想さえひとつの妥協と見える時、どうして心情の慣習がなお彼を縛りつけておくことができようか。すべての人間は必ず正しいと同時に間違っており、万事は正当であると同時に不当であるがゆえに一方に与することのもはやかなわぬ者は、己れ自身の名前を捨て、己れの身もとを保証するものを足下に踏みにじり、不感無覚か絶望のうちに新たな生をはじめるほかない。それとも別種の孤独を発明し、故国を逃れて空虚の中に足を踏み入れ——亡命に亡命を重ねて——生まれ故郷との絶縁の階梯をたどり行くか……。ありとあらゆる偏見から解放された彼は、とりわけ無用な人間となる。彼には誰からもお呼びがかからず、誰ひとり彼を恐れる者もいない。なぜなら彼は、万事につけて同じ無関心さで容認すると同時に否認するからである。行き迷った昆虫よりも無害な彼ではあるが、にもかかわらず「生」に対する大いなる災厄である。というのも、「生」という言葉は、「天地創造」の七日間とともに彼の語彙から消え去ったのだから。「生」が芽生えてきた劫初の「混沌《カオス》」を好むというのなら、まだしも「生」は許してくれよう。ところが彼は、己れ自身の始源をはじめとして、熱に浮かされた始源をすべて認めず、この世界からただ、冷やかな記憶と慇懃な後悔だけを取っておくのである。

（否認に否認を重ねて、彼の存在は薄く小さくなって行く。嘆息の三段論法よりも漠として非現実的な彼が、どうしてなお肉をそなえた存在たり得ようか。血の気の失せた彼は、その点で「イデア」と好勝負である。彼は先祖から、友人から、ありとあらゆる魂と自己自身から遊離した抽象的存在になってしまった。かつて熱く沸《たぎ》る血の騒いだ彼の血管には、今や他界の光がひとすじ憩っている。これまでの生活から解放され、これからの生活に無関心な彼は、自分が通るあらゆる道の里程標をぶち壊し、あらゆる時間の標識からわが身をもぎ離す。《俺はもう俺自身に出会うことは決してあるまい》と彼は呟く、最後の憎しみをわれとわが身に向けることで嬉しくなり、人間とものたちを——許してやって——消滅させることでなお一層嬉しくなりながら。）

未来の亡霊

われわれには、自分があらゆるものを、音楽や詩さえも乗り越えてしまった場合を想像してみる権利がある。その時、伝統をも己れ自身の情熱をも冷笑しつつ、われわれは己れ自身を否認するのに急なあまり、万人周知の墓場に憩うことにさえ倦み果て、ぼろぼろに擦り切れた屍衣を着たまま日々をやり過して行くだろう。十四行詩《ソンネ》というのは、その厳格な形式によって、言葉の世界を荘麗な想像界の宙天高く屹立せしめるのだが、この十四行詩さえわれわれの涙を誘い出すことをやめ、奏鳴曲《ソナタ》の途中で大あくびが出てげんなりするようになると——墓場ももうわれわれを迎え入れてはくれない。墓場が欲しがるのは、体にまだ温みが残り生の記憶がまだ完全に失せていない新仏だけなのである。

老いぼれるより前に、われわれは昔の情熱を取り消し、肉体の変説のもとに身をかがめ、半ば死骸、半ば亡霊となって這いずり廻る……そんな時が来るだろう。われわれは——幻影と共犯関係を結ぶのを恐れて——自分の中のありとあらゆる脈動を押えつけてしまうだろう。己れの生命を一篇の十四行詩に移しかえるすべを知らなかったわれわれは、ぼろぼろの腐肉を引きずり、そして、音楽あるいは死よりも遠くへ行ったばかりに、盲目となって、いまわしい不死の方へよろめき歩いて行くことだろう……。

固定観念から咲き出る花

人間は狂気に守られている限り、行動し繁栄する。だが、いったん固定観念の実り豊かな専制から逃れるや、道を失い破滅する。彼はすべてを受け入れ、小さな誤ちのみならず、犯罪も非道も、悪徳も逸脱も、大目に見るようになる。何もかも彼にとっては同じことだからである。彼の寛容ぶりたるや、それ自体破壊的なもので、罪人にも犠牲者にも死刑執行人にも、あまねく行き渡るのである。どんな意見に与しようが彼には同じことなので、どの党派の肩をも持つ。無限なるものに汚染されてゼラチン状になってしまい、目印となる標点が、つまりは執着がなくなったため、自分の《性格》を失ってしまったのである。すべてを視野のうちに収めると、事物は何もかも溶け合って相互の境目が曖昧になり、境目をまだ識別できる者も、それら事物の友でもなければ敵でもないので、その心たるやまさに蠟さながらで、どんな事物であれ人であれ区別なく、相手通りの型になるのである。彼の憐憫は存在そのものに向けられ、彼の思いやりは懐疑のそれであって愛のそれではない。すなわち、認識の落し子たる懐疑的思いやりで、ありとあらゆる異常なものを許してしまうわけである。――だが、特定の態度を取る人間、決定やら選択やらの狂気の中に生きる人間は、かつて思いやりのあったためしがない。あらゆる観点を理解する能力がなく、己れの願望や主義の地平線内に閉じこめられて、彼は有限なるものの催眠状態の中に溺れこむ。というのも、人間は普遍的なものに背を向けてこそ繁栄するからである。……何ものかであるということ――無条件で――は常に錯乱の一形式で、生命――すなわち固定観念から咲き出る花――がそこから解放されようとすれば、枯れしぼむほかないのである。

《天上界の犬》

人がこの世のありとあらゆる約束事を無視する勇気を出したら、何を失わねばならないか測り知れないし、かのディオゲネスが、何ものをも恐れず、淫蕩であると同時に純潔な認識の神さながら、超自然なほど無遠慮な態度で心に思うがまま振舞う男になるため、何を失ったかも、測り知れない。彼ほど率直無類だった人間はいないのである。真摯さと明晰さの極限値を示すケースであり、同時にまた、教育と猫被り《イポクリジー》とがわれわれの欲望や振舞にブレーキをかけなかったらどうなるか、そのモデルケースでもある。

《ある日、さる男が豪華な家具で飾った家にディオゲネスを招き、こう言った、「とくに、床に唾を吐かないようにしてくれまえ」と。ちょうど唾を吐きたくなっていたディオゲネスは、相手の顔にかーっと唾を吐きかけ、「こいつが唾を吐くのに都合のいいたったひとつ汚い場所だ」と叫んだ》（ディオゲネス・ラエルティオス（三世紀前半頃の人。古代哲学者達の伝記・逸話・学説を織りまぜた『哲人伝』を残した。）。）

金持から招かれたあと、およそ世間の金持ども全部に吐きかけてやるため、いくつもの海の水を寄せ集めたほどの唾を出せないことを口惜しく思わなかった者がいるだろうか。しかもまた、世間の尊敬を集めている腹の突き出た泥棒の顔に吐きかけたくなるのを恐れて、自分の僅かばかりの唾をそっと呑み下さなかった者がいるだろうか。

われわれはみな、滑稽なほど用心深くて臆病だ。犬儒主義《シニスム》は学校で習うわけに行かず、自尊心もまた同じだからである。

《メニッポス（前三世紀のキニク学派の哲学者。）がその著『ディオゲネスの美徳』で語るところによると、捕虜となり売りに出されたディオゲネスが、いったいお前は何ができるのかと聞かれた。彼は答えた、「命令することさ」。そして触れこみ屋に叫んだ、「主人を買いたいやつはいないか、聞いてみろ」と。》

アレクサンドロス大王もプラトンも鼻であしらったこの男、広場のまんなかで自瀆をやってのけた男（《こんな具合に、腹を撫でたら空きっ腹がおさまるといいのだが！》）、かの万人周知の樽とランプで暮した男、若い頃には贋金造りだった男（犬儒派にとってこれ以上立派な肩書があるだろうか）――彼はいったい、身近な人間たちからどんな経験を得たのだろうか。――まさしく、われわれみなが味わう経験と同じものなのだが、ただひとつ違うのは、彼がひたすら人間だけを考察と軽蔑との対象にしたということである。いかなる道徳、いかなる形而上学の手からも歪められることなく、彼は営々として人間を裸にし、喜劇や黙示録文学以上に、その赤裸な恐ろしい姿をわれわれに剝き出しにしてみせたのである。

《気の狂ったソクラテス》——プラトンはディオゲネスをそう呼んだ。《率直になったソクラテス》——むしろそんな風に呼ぶべきだったろう。つまり彼は、「善」を諦め、公式と「社会」を捨て、遂にはもっぱら心理学者となったソクラテスなのである。ただソクラテスは——崇高は崇高でも——やはり社会の慣習に従う人間である。彼は依然として師であり、人の模範となる人物である。ディオゲネスだけが何ひとつ提議しない。彼の態度——本質的な犬儒主義——の根本は、人間であることの滑稽さに対する腹の底からの嫌悪に規定されているのである。

ありのままの人間の姿を何の幻想も交えずに観察する思想家にして、なおこの世の内部にとどまることを欲し、神秘思想を逃避として退けるならば、彼は遂には、叡知と苦渋と茶番が入り混ったひとつの光景を見るに至るだろう。もし彼が、自分の孤独の場所として町の広場を選ぶなら、彼は《同類》を嘲弄するか、または己れの嫌悪を誰かれ構わず浴びせかけるかするのに情熱を燃やすが、この嫌悪も、キリスト教と警察のもとに押えられている今では、あえてぶちまけるわけにも行かないのだ。二千年にわたる説教と法規が、われわれの苦々しい憎悪を色褪せたものにしてしまった。だいいち、この忙しい世の中では、誰が立ちどまってわれわれの侮辱に答えたり、われわれが吠えたてるのを見て面白がったりする暇があろうか。

人間というものを一番よく知りぬいていた思想家（むろんディオゲネスを指す。キニク学派という名は、彼が模範的に示した「犬のような生活」（キュニコス・ビオス）に由来するという説がある。）が犬と渾名された事実は、人間がいかに自分の赤裸の姿を受け入れる勇気がなく、いつも真実を容赦なく押えつけてきたかをまざまざと示している。ディオゲネスは恰好《ポーズ》をつけなかったのだ。他人の眼には、これは何たる不快な怪物であろう。哲学の中に名誉ある席を占めようと思ったら、俳優となり、観念の遊戯を尊重し、偽りの問題に熱中しなければならない。いずれにせよ、ありのままの人間というものにかかわってはならないのだ。同じくディオゲネス・ラエルティオスによれば——

《オリンピック競技で、審判が「ディオクシッポスが他の人間に勝った」と触れた時、ディオゲネスは答えた、「奴は奴隷に勝っただけだ。人間を相手にするのは私の仕事だ」と。》

事実、彼はあらゆる征服者の持つ武器にもまさる恐しい武器をもって、誰もなし得なかったほど人間を打ち負かしたのだ。持ちものとしては頭陀袋ひとつだった彼、ありとあらゆる乞食の中で最も無一物だった彼、冷笑の真の聖者だった彼ディオゲネスは……。

彼が「十字架」の到来以前の世に生まれ合わせた偶然を、われわれは祝福しなければならない。浮世ばなれした彼の態度に、何か碌でもない非人間的な冒険の誘惑でも加わったなら、彼が禁欲修行者みたいになり、死後に聖別され、福者の群れと暦の中に埋没しようという気にならなかったか否か、誰が知ろうか。その時こそ、あらゆる教訓と教義から離れていたがゆえに最も深い意味で正常人だった彼が、気違いになったと言えるだろう。人間のぞっとする真相をわれわれに見せつけてくれる、彼こそはたったひとりの人であった。犬儒主義の功績《メリット》は、事実を白日のもとに曝すのを恐れる宗教によって傷つけられ、踏みにじられた。それにしても、「神の子」の真理に、ディオゲネスと同時代の詩人が名づけた《天上界の犬》の真理を真向からぶっつけるべき時が来たのである。

天才の二面性

すべて霊感なるものは誇張の才能から生まれる。抒情は——そして暗喩全体も——語を膨れ上らせ破裂させるほどの激情がなければ、単に憐れな神経の興奮たるにとどまるであろう。宇宙の諸元素ないし大空間さえ、われわれの状態をあらわす比喩の用語たるには狭すぎると思われる時、詩《ポエジー》は——その潜在と内的衡迫の段階を越えるのに——、詩の予告となりかつ詩を出現せしめる源ともなる烈しい情緒に、少しばかりの光が投じられるのを待つばかりである。真の霊感は、必ずやこの世界よりも広大な魂の異常さから生じるのである。……シェークスピアとかシェリーのような詩人の言葉の焰の中に、われわれは、途方もない世界創造作業の失敗でもありその名残の臭気でもある言葉の灰のにおいを嗅ぐ。単語が単語に積み重なって押しあいへしあいし、そのどれも内面世界の拡大に見合った大きさに達し得ないかのようである。それは影像のヘルニアであり、日常の使用から生まれながら奇蹟的にも心情の高みにまで引張りあげられた憐れな言葉が起こす、超越的な崩壊現象である。美の真実を養うのは誇張であり、この誇張は少しでも分析してみれば、醜怪で滑稽なものであることがただちに分る。詩とは、語彙の宇宙発生論的彷徨なのである。……ぺてんと陶酔とをかくも有効に結びつけた例が、どこにあるだろうか。嘘——これが涙の源であり、天才と詩の秘密との欺瞞はかくのごときものである。要するに、つまらぬものを天上まで誇張して膨れ上がらせるわけで、まことらしからざるものこそ宇宙の生みの親である。というのも、あらゆる天才の中にはマルセイユ人（アルフォンス・ドーデが創造した人物タルタランで知られるように、南仏人は一般におしゃべりな法螺吹きとみなされている。）と神とが共存しているからなのである。

不幸の偶像崇拝

生《なま》のままの生存の彼方にわれわれが築き上げるもの、この世界に特定の相貌を与えるさまざまな力、それをわれわれはすべて「不幸」に負っている。——「不幸」こそは、多様性の建築家であり、われわれの行為の明らかな要因である。「不幸」の圏内に入らぬものは、そもそもわれわれの理解を越えているのだ。たとえば、われわれを押しつぶさないような出来事は、われわれにとってどんな意味があるだろうか。未来はわれわれを破滅させようとして、われわれが来るのを待ち構えている。だからこそ、精神はもう存在の破砕しか記録せず、感覚がなお打ち慄えるのはただ苦痛を期待する時のみなのである……。そうなれば、リュシル・ド・シャトーブリアン（フランス・ロマン主義の原動力となったシャトーブリアン（一七六八―一八四八）の四歳上の姉。ブルターニュの暗い古城で二年を弟とともに過す。メランコリックな情熱の持主で、その死は弟の精神生活に深い影響を与えた。）やギュンダーローデ（一七八〇―一八〇六。ドイツの女流詩人。卓抜な才能を持ちながら、不幸な恋のため自殺した。）の運命に入れ上げて、前者とともに《私は私の運命の上で死の睡りを眠ろう》と繰り返し、また、後者の心臓に短剣を突き通したあの絶望に酔うのも、当然ではあるまいか。人間とは、あます所なき徹底した憂鬱《メランコリア》や類例なき自殺の若干例を除けば、すべて歴史とそのしかめっ面とを生み出すべくあやつられる、赤血球の詰まった人形にすぎないのである。

われわれは、不幸の偶像崇拝者として、不幸をあらゆる生成の動因とも本質ともしている限り、予定された運命の透きとおった光の中に、大いなる不幸の曙の中に、豊かな地獄《ゲヘナ》の中に浸りきっているのだが……不幸を嘗めつくしたと信じて、そのあとまで生きのびるのを恐れるようになると、生存は輝きを失い、生々発展をやめてしまう。われわれが恐れるのは、「希望」にふたたび順応し、われわれの不幸を裏切り、われわれ自身を裏切ることなのである……。

悪魔《デモン》

奴は、それそこにいる、燃えさかる血の燠の中、ひとつひとつの細胞の苦さの中に。ざわめく無数の神経繊維、憎悪を吐き出すさかしまの祈りの中に。恐怖から独自の慰安を作り出すところなら、どこでも奴の領分だ。私は、われとわが身を破壊する仕事の細心な共犯者として、己が希望を嘔吐しつくし、己れ自身を捨て去ることができるのだから、悪魔が私の時間を根っこから掘り崩すのを腕をつかねて見ていることなど、できはしない。奴は——人殺しの同居人よろしく——私の寝床を、私の忘却と不眠を分ちあう。奴をぶち殺そうと思えば、私自身も死ななければならない。それに、人が一個の肉体とひとつの魂しか持たないにせよ、肉体はあまりに重く、魂は暗すぎるのだから、その上まだ余分の重量や暗黒をどうして負担できようか。真暗な未来へと、どうして足を引きずりながら入って行けようか。私は夢見る、生成の外にある黄金の瞬間を。肉体のもろもろの器官が蒙る苦痛にもその腐敗の旋律にも超然たる、晴れやかな一瞬を。

　君の頭の中にとぐろを巻いている「悪」、そいつが苦しんだり悦んだりして涙を流すのを聞きながら、しかも君はその闖入者を絞め殺しもしないのか。だが、君が奴を襲うにしても、それは君自身に対する無益なうぬぼれからにすぎないだろう、「悪」とはすでに君の別名である。君が奴に暴力をふるえば、君自身も傷つかずにはすむまい。最後に加えるべき一撃が近づいているのに、なぜ迂廻作戦を取るのか。なぜ君自身の名前を攻撃しないのか。

〈悪魔が本体をあらわすこの《啓示》が、われわれの時間的持続と不可分な存在だと信じるのは、完全な誤りであろう。——それにしても、われわれはこの《啓示》に鷲摑みされるや、それまで厖大な量の瞬間をのほほんと生きてきたことが考えられなくなる。悪魔を呼びおろすとは、自尊心からして単なる曖昧な神経の興奮と思いたくない激情を、神学の名残でいろどることである。だが、「暗黒の王者」の顔をまともに見るあの恐怖を知らない人間がいるだろうか。苦悩が単なる生理的排泄物にすぎないならあまりにも惨めなので、われわれはそれにひとつの名前を、大いなる名前をどうしてもかぶせなければならないのだ。悪魔という伝統的な説明の方が、われわれには気に入るように思われる。形而上学の残り滓がわれわれの精神にふさわしいのである……。

こうしてわれわれは——生《なま》にすぎる自分の苦痛を覆い隠そうと——時代遅れだが優雅なもろもろの実在に頼るわけである。われわれの不可思議きわまる眩暈が単なる神経性の障碍から来るものだなどと、どうして認めることができようか。自分の中に、あるいは自分の外に「悪魔」がいるのだと考えるだけで、われわれはすぐ眩暈から立ち直れるではないか。自分の中の個人的な病を外部のせいにしようとするこの傾向は、先祖伝来のものである。神話がわれわれの血の中に浸みこみ、そうして文学が効果への嗜好をわれわれの内部で養い育ててきたのだ……）

《新しい生活》の滑稽さ

己れ自身に釘づけされているわれわれは、自分の天性となった絶望の中に刻みこまれている既定の道から離れる能力を持たない。生きるのはもともとわれわれの性に合わないからといって、生きるのを免除してもらえるだろうか。存在しなくてもいいという許可証など、誰も発行してくれはしない。じっと我慢して呼吸をつづけ、空気が唇を灼くのを感じ、思い通りに行かぬ現実のただなかで数々の悔恨を積み重ね、そうして、われわれの破滅の鍵を握っている「悪」を説明することを諦めなければならないのだ。時間の一刻一刻が短剣さながらわれわれの頭上に降りかかり、われわれの肉体がさまざまな欲望に唆かされて、凝然と化石することを拒む時——われわれの運命にさらに一刻が付け足されるのに、どうして我慢できようか。どのような策略を用いれば、われわれは別の生を、新しい生を探しに行く幻想の力を見出せるのだろうか。

というのも、己れの過去の廃墟に眼を投じる人々が、すべて——来たるべき破滅を避けるべく——根本から新しくやり直すことができると考えているからなのである。彼らは、自分自身に対して勿体ぶった誓いをたて、運命の手で投げこまれたこの凡庸な奈落の底から自分たちを救い出してくれる何かの奇蹟を待っている。だが、何事も起こりはしない。

誰も彼も依然として同じ人間で、ただ、彼らの特徴たる堕落への傾向が次第に激化するために変って行くだけである。われわれのまわりに見られるのは、霊感やら熱意やらのなれの果てばかり。あらゆる人間があらゆることを約束しながら、その実、自分の情熱の火花のはかなさと、生きる天分の欠如とを思い知るために生きているだけだ。ほんものの生き方は、生きることそれ自体が破滅するところにある。われわれの生命の華やかな展開は、見かけこそ立派だが袋小路に通ずる道なのである。われわれの天分の開花とは、われわれがかかっている壊疽《えそ》をカムフラージュするものである。……太陽のもとに勝ち誇るのは死体の春だ。「美」の女神さえ、芽ばえの中をしゃなりしゃなりと歩く死なのである……。

私がかつてお目にかかったいかなる《新しい》生も、根の腐った夢まぼろしでなかったものはない。私が見たのは、誰もが時間の中を歩みながら結局ひとりぼっちになって己が苦悩を反芻し、生を新たにするというより、不意にしかめっ面する己れ自身の希望を抱いて、自分の内部に転落する姿だけだったのである。

三重の袋小路

精神は「同一性」を発見し、魂は「倦怠」を、肉体は「怠惰」を発見する。いずれも同じ不変性の原理で、それが宇宙的あくびの三つの形をとって、違った姿を見せるだけである。

生きることの単調さは、合理主義の命題が正しいことを示している。それは、何もかもが予見され調整されたひとつの合法的な宇宙をわれわれに見せてくれる。いかなる荒々しい不意打ちもその調和を乱しにやっては来ない。

この同じ精神が一方で「矛盾」を、魂が「錯乱」を、肉体が「狂乱」を発見するのは、新たな非現実を生むため、あまりにも変りばえのしない宇宙から逃げ出すためである。この場合、優勢なのは反合理主義の命題だ。数々の不条理が花開けば、明確な視像《ヴィジョン》が笑うべき貧困さと見えるような存在があることが明らかになる。「予見されぬもの」の絶えざる攻撃なのである。

以上二つの傾向の間で、人間はどっちつかずに動きまわる。すなわち、生の中にも「イデア」の中にも自分の場所を発見できず、人間は自分が「自由意志」を持って生まれたものと信じているが、その実、彼の運命の形も十四行詩や天体の形に劣らず法則に規定されたものだから、自分は自由だと思う人間の陶酔にしても、一定の宿命の中でじたばたしているだけなのである。

欲望の宇宙創成論

ありとあらゆる生命否定論を身をもって生き、検討したあげく、私は生からその味わいを剝ぎ取って、生のどん底の澱《おり》の中でのたうちまわり、その赤裸々な姿を感じた。私は知った、性の営みのあとの形而上学、無駄に生み落されたこの宇宙の虚しさを。そしてまた、物質の狂乱に先立つ太初の冷たい世界に人を投げこむ、あの汗水垂らす快楽のほどを。私は私の知識に殉じて、もろもろの本能を無理にも眠りこませようとした。虚無の武器は、己れ自身に向けるのでなければ、いかに打ち振ったとて役にたたぬことも悟った。なぜなら、われわれが欲望を弱める認識をいかに深めても、欲望はそのただなかで容赦なく噴出し、「天地創造」の敵たるわれわれの精神と、創造された世界にわれわれをつなぐ非合理な心情との間に、恐るべき矛盾葛藤を現出するからである。

ひとつひとつの欲望が、われわれの得た真理の総体を辱め、われわれの否定論を再検討すべく迫ってくる。われわれは、実際に生きて行く上で敗北を蒙りながら、信奉する主義の方はいっかな変らない。……われわれはこの世界の子であることをやめることができると思っていたのに、今や怪しげな禁欲行者のように食い気に屈服し、時間の主人となり、腺に封じこめられてしまっている。だが、この遊戯には果てがない。つまり、われわれの欲望のひとつひとつが世界を再創造し、思考のひとつひとつがそれをぶちこわすというわけだ……。日々の生活の中で、世界の創造と終末とが交互にあらわれる。日々に創造と破壊を繰り返すわれわれは、永遠の神話を微小な規模で演じているのである。われわれの一刻一刻が、本来「無限」のものである胚種と死灰の運命を再現し、予告しているのである。

行為の解釈

人が何かをする時、その行為が唯一無二の現実だという思いがなかったら、どんな些細なことにせよできなくなるだろう。この盲目性こそ、生きとし生けるものの絶対的根拠であり、明白な原理である。それについてとやかく論ずる者は、ただ自分の存在が人より稀薄なこと、懐疑に生気を吸い取られてしまったことを証明するのが関の山である。……それにしても、懐疑にどっぷり浸っている時でさえ、彼には、否定へ向う自分の歩みの重大さを感じる必要がある。何もやる甲斐がないことを知ると、そのこと自体がいつのまにかひとつの信念となり、したがって行為の可能性となる。というのも、ほんの僅かにせよ生きるということは、暗々裡の信仰を前提とせずにはあり得ないからである。ただ一歩を踏み出すこと――たとえそれが見せかけの現実に向ってであろうと――も、虚無に対する背信行為なのである。息をすることさえ、およそ体を動かすことがそうであるように、狂信の萌芽なしにはできないのだ……。

あてのない散歩から人肉嗜食に至るまで、人間がありとあらゆる行為の階梯を駆けぬけることができるのは、その無意味さに気づかないせいにすぎない。地上でなされることすべては、空虚の中でのまやかしの充実感、「無」の神秘から流れ出るのである……。

世界の「創造」と「破壊」以外、あらゆる企てはどれも等しく無価値である。

めあてのない生活

乾いた眼のような生気のない観念。ものからその凹凸を消して平べったくしてしまう陰気なまなざし。感情を注意力の事象に還元してしまう自己聴診。涙もなければ笑いもない、ぼんやりとかすんだ生活。——そこに生気を、春の俗っぽい活力を注ぎこむことがどうしてできようか。辞表を出したこの心、己れ自身のへめぐる四季になお成長と解体の酵母を仕込むには鈍磨しすぎたこの時間を、どうして耐えることができようか。

君があらゆる確信の中に穢れを、あらゆる精励の中に瀆聖を見るようになったら、君はもはや、この世でにせよ他界でにせよ、希望によって運命が変わるのを待つ資格をなくしたのだ。君は、滑稽なほど孤立した理想の岬の突端か、それとも星座から逸脱した茶番劇の星《スター》かを選ばなければならない。悲哀のあまり無責任となった君の生命は、その一刻一刻を愚弄してきた。ところで、生きるとは持続への敬虔さであり、舞踏する永遠についての感情であり、己れ自身を超越して太陽と光を競う時間なのである……。

不きげん

この五官の停滞、もろもろの能力の澱み、凍りついたような薄笑いは、しばしば、僧院の陰鬱さを、神のいない乾ききった心を、マスターベーションの法悦の中で憎みあう修道僧たちの涸渇と阿呆ぶりを、君に連想させないだろうか。君は、神の仮説も孤独な悪徳の誇りも持たぬ修道僧にすぎない。

大地と空が君の独房の壁、そしてそよ吹く風もない大気の中でひとりわがもの顔なのは、祈りの不在のみだ。永遠の空虚な時間、戦慄の周辺、そして救いに近づくにつれて腐って行く黴のはえた欲望に委ねられるべく約束された君は、天使のラッパも鳴らぬお粗末な審判に向って、よろめきながら歩みだす。一方、君の頭ときたら、せいぜいのお飾りとして、埒もない希望の行列を夢見たくらいがおちなのだ。

昔は、人々の霊魂は苦悩を通じて天上世界にひたすら進んで行った。だが君は天国にぶちあたって、信仰なきトラピスト修道院のような下界に逆もどりし、大通りをうろついている。まるで売春婦たちの「教団」——そして君自身の破滅の「教団」の中をうろつくように。

勇気と恐怖の害毒

恐《こわ》がるというのは、いつも自分のことばかり頭にこびりつき、物ごとの客観的な運行を思い描く力がないということだ。恐怖の感情、何もかも自分の敵だという感覚は、この世の危険で自分に無関係なものはないと思いこむところから出てくるのである。気の小さい人間——行きすぎた主観性の犠牲者——は、自分が不利な出来事に狙い打ちされていると、他の人々よりはるかに強く信じてしまう。錯覚という点では、勇敢な人間も同じことだが、こちらの方は対蹠的に、どこへ行こうと不死身の体だと思っている。両方とも、うぬぼれ意識の最たるものである。なぜなら、一方は万事が自分に刃向うと信じ、他方は万事が自分に味方してくれると信じているのだから（勇気ある人というのは、危険なぞやって来ても平気だと広言しながら、いざ危険に出会うと逃げてしまう空威張り屋にすぎない）。一方はこの世の中心に否定的に腰を拠え、他方は肯定的に立ちはだかる。しかし両者の抱く錯覚は同じもので、彼らの認識は同じ出発点から出ている。すなわち、危険こそ唯一無二の現実と思いこむことである。一方はそれを恐れ、他方はそれを求める。つまり彼らは、物ごとに対する明察力ある蔑視というものを考えることができず、何でもかんでも自分自身に関係づけてしまう。彼らはあまりにも感情屋なのである（そしてこの世のあらゆる苦痛は、過度な激情から、勇気と臆病の活潑きわまる虚構《フィクション》から生じるのである）。かくて、この対蹠的だが相似た両例は、ありとあらゆる騒ぎの原因であり、時間の歩みを乱すもとである。彼らはほんの些細な出来事も已れの感情の色眼鏡で見、静かな嫌悪の念で諦めるほかどうしようもない惨めな宇宙に、熱に浮かされた已れの意図を押しつける。勇気と恐れ——これは同じひとつの病の両極端で、その特徴は、人生にむやみやたらに意味と重味を賦与しようとするところにある。……人間を派閥《セクト》第一の阿呆な野獣にするのは、まさに無頓着な苦さともいうべきものを欠いた彼らの態度なのである。なぜなら、うんと微妙なニュアンスのあるそれにせよ、うんとがさつなそれにせよ、およそ犯罪をおかすのは、物ごとを真面目腐って考える奴なのだから。流血を好まず、悪漢でもないのは、ただディレッタントのみである……。

覚醒

人々の抱くありふれた気苦労は、このページの紙の輪廓のようにはっきりと描き出される。……そこに書きこまれるのは、三段論法の不毛な宿命の中に繋がれた命題さながらに繋がって登場する、各世代の嫌悪以外の何であろうか。

人間のやる冒険は、疑いもなく、いつか終末に到るだろう。それは終末に立ち会わずとも考え得る光景なのだ。己れ自身の心の中で歴史との離別をしおおせたなら、もはや歴史の幕が下りるのに立ち合う必要はまったくない。人間を凝視しさえすれば、われわれは歴史に背を向け、そのぺてんをもう嘆く気もしなくなる。石をも動かしたかもしれぬ苦悩の幾千年が、このはかなさと頑固さの模範的な化け物、つまらぬ狂気とわけの分らぬ破廉恥な存在への意志にあやつられるこの鋼鉄製のかげろうを、無感覚にすることにしか役立たなかったのだ。いかなる人間的動機も無限なるものとは両立せず、いかなる行為も始めるに値しないということに気づいた時、鼓動するわれわれの心臓は、もう自分のむなしさのほどを隠しておけなくなる。人々はみな、無関心な眼が眺める星のように、あるいは陸軍墓地の十字架のように、平板でつまらぬ運命の中にまぎれこんでしまう。生きている人間に差し出されるあらゆる目的のうち、厳密な検討に付されれば、通俗喜劇《ヴォードヴィル》（十九世紀末から二十世紀初頭のベル・エポックに流行した喜劇様式。モリエール以来の性格描写から離れて、通俗軽妙なアクションが心理的真実味に先行した。）と化したり死体置場行きになったりしないものがあるだろうか。われわれがはかない存在でもいまわしい存在でもないことを証明する、そんな生の目的があるだろうか。まだわれわれを欺き通してくれるような妖術が、ひとつでもあるのだろうか。

（予めきめられた眼に見える軌道から追放されると、人はちょうど悪魔がそうであるように、形而上学的に非合法な存在となる。この世の秩序からはみ出すのである。自分の場所が見つからないので、彼はこの世界を眺めてもわけの分らぬ思いをするだけである。その茫然たる心も、やがて当り前の反射運動となり、他方、嘆きをこめた驚きは対象がないため、永遠に「空虚」に釘づけされる。彼が味わう感覚は、外部にもはや対応物を持たない。なぜなら、それを刺戟するものが何ひとつないのだから。かくて彼は、かの「メランコリア」の天使の夢さえ及ばぬ彼方に迷い出る。デューラー（一四七一―一五二八。ドイツの画家・版画家。「メランコリア」は彼の手になる銅版画で、憂鬱な瞑想に沈む天使を中心とした寓意的構図で知られる。）がもっとはるかなものを見つめる眼を描こうとしなかったのが、じれったくなろうというものだ……。

この上なく高貴な幻視《ヴィジョン》までも含めて、何もかもがあまりにも具体的、現実的と見える時、そして、生にも死にも属さぬある「無限定」なるものに憧れ、存在とのあらゆる接触が魂への凌辱となる時、魂はこの世の万物が従う審判の手を拒む。そうして、もはや決済すべき勘定もなければ背くべき掟もないため、魂は——悲哀のあまり——全能の神と競おうとするのである。)」

憎悪の道すじ

私は誰をも憎んでいない。——だのに憎悪は私の血を暗くし、長の年月もなめすことのできなかったこの肌を焼く。審《さば》きに手心を加えようが、厳しくしようが、恐ろしい悲哀と生皮を剝がれる者の叫びを抑えることはできまい。

私は天と地を、その功業《いさおし》と熱狂を、愛そうとした——だが私に死のことを思い出させぬものは何ひとつ見出せなかった。花と星、人の顔——すべては萎《しお》れ行くものの象徴であり、ありとある墓にやがて敷きつめられる石であった。この世に生を享け、生を高貴ならしめるものは、不吉なというか、ともかくも死に向って歩んで行く。熱した心は、いかなる悪魔といえども思いつかなかったような災厄をひき起こした。激しく燃える精神を見たならば、よろしいか、覚悟したまえ、君らはやがてその餌食になるのだ。己れの真理を信じる者——人類が記憶にとどめているのは彼らのことのみだ——は、あとに累々たる死骸を残して行く。もろもろの宗教の勘定書の中に書きこまれた殺人件数は、最も血なまぐさい専制の名を高からしめるそれよりも多く、人類が神と崇めた人々は、血に飢えた度合いにおいて、せっせと人殺しに耽った殺人者をはるかに抜いているのである。
新しい信仰を説く者は迫害され、やがて自分自身が迫害者となる。つまり真理は警察との闘争に始まり、警察力に支えられることで終るのである。というのも、人がはじめ苦痛ものかは身を捧げた途方もない考えは、例外なく合法的存在に堕してしまうからで、それは殉教者なるものが、例外なく宗規の一節やらカレンダーの日付やら、町の通りの名前やら、そんなつまらぬものに堕してしまうのと同断なのである。この世では、天国さえも権威と化する。――そうして天国のみに生きた時代を見ても、たとえば中世はどこの国でも、他の放埒きわまる時代よりはるかに戦争に明け暮れたし、十字軍ときたら、見せかけの崇高さでお化粧はしているものの、愚劣残忍もいいところで、それにくらべるとフン族の侵入も、頽唐期に入った遊牧民の無分別な馬鹿騒ぎと見えるほどである。

　無垢の功業《いさおし》も公共企業になりさがり、奉献行為が最も天上的な背光さえ曇らせてしまう。警察力に守られた天使――これが死に行く真理、消え行く情熱の姿なのである。かつては夢見る若干の新信徒にのみ分かち与えられた孤独な戦慄が、売春をこととする存在の中で汚されて行くには、ただ反抗が正当とされ、熱狂的信徒を集め、天啓が人々の間にひろがった果てに、制度がそれをわがものとしさえすればいい。この世で、始めよくして終り悪しくなかったものを、ひとつでもいいから見せてほしいものだ。この上なく昂然たる胸のときめきも下水溝にのみこまれ、おのずからなる終りに到達したかのように鼓動を停止する。この堕落こそ、心情の劇《ドラマ》と歴史の否定的な意味とを形づくるものである。はじめ己が信徒の血で養われていた《理想》は、衆愚がこれをわがものとするや、すり切れて消滅する。聖水盤が痰壺と化すわけで、これが《進歩》なるものの宿命的なリズムなのである……。

事情がこうであってみれば、誰に憎しみを注ぐことができようか。生きているのはその人の責任ではないし、まして彼が彼であるのも当人の責任ではない。誰もが、存在するという事実にやられ、そこから由来する結果にまるで獣のように耐えているのだ。こうして、何もかも憎まずにはおれぬ世界の中で、憎悪が世界よりも広大になり、やがて憎しみの対象を追い越して自滅するのである。

(われわれの活力が最も低下したことを示すものは、どうも疲れやすいとか、感覚の働きがたしかに鈍ったとかいうことではない。また、われわれが途方に暮れてしまうとか、体温計の水銀が昇り降りするとかいうことでもない。——自分の均衡が脅かされていると悟るには、あのいわれなき憎悪や憐憫の発作を感じるだけで十分なのである。残忍きわまる怒りに駆られてすべてを憎み、己れ自身を憎むこと。万人を憐れみ己れ自身を憐れむこと。——これは一見矛盾した心の動きだが、もとはひとつなのである。なぜなら、われわれが同情を寄せ得るのは、ただ消し去りたいと願いたくなるもの、存在する値打がないものに対してだけであるから。そうして、この痙攣的な激情の中で、それを味わう者も、その対象となる世界も、ともに破壊的でかつ涙もろい憤怒の発作に委ねられるのである。われわれが、突如として誰に対するとも分らぬ同情の念にとらえられる時、それは五官の疲労がある危険な地すべりを予告しているのである。そして、この漠然たる博愛的な同情が自己自身に向けられる時、われわれは人間の屑といった状態に追いこまれているのである。憎しみからにせよ憐れみからにせよ、われわれをもの
に結びつけるこの否定的連帯感は、広大な肉体的衰弱に由来する。憎悪と憐憫というこの二つの発作は、同時に起こるにせよ、相いついで起こるにせよ、低下した活力の不確かな徴候というより、その明白な指標であり、輪郭を欠いた存在からわれわれ自身の個としての明確さに至るまで、すべてがこの発作を募らせるのである。

だが、勘違いしてはいけない。この二つの発作は最もはっきりした、最も烈しいものではあるが、けっして他に発作がないわけではない。程度の差こそあれ、「無関心」以外はこれすべて病理現象なのである）

《救いなき人々》

地獄をいくつもの圏に分け、その焔の熱さを区分ごとに変えて責苦の階層制を作ろうとは、また何たる奇怪な考えなのだろう。重大なのは地獄にいるということで、そのほかは

――単なる飾りでなければ……火傷《やけど》にすぎない。天上の都市でも――これも地上の都市と同じ主人《パトロン》に所属する以上、前者は後者のより甘美な予表なのだが――重要なのは、やはりそこで王とかブルジョワとか日雇い労働者とかいう何かであることではなく、ただそこに定着するか、それともそこから逃げ出すかということである。君がしかじかの思想を支持しようと、何かの地位を持とうと、あるいは這いつくばって暮そうと、君の行為および思想が現実のまたは夢想の都市形態に奉仕する限り、君は都市という偶像を崇め、都市の囚人になるのである。小心翼々たる勤め人から最も血気盛んな無政府主義者に至るまで、関わり方は違うにせよ、等しく都市のために生きているのである。一方は自分のスリッパが、他方は自分の爆弾が大事という違いはあれ、両者とも都市の中に生きる市民なのである。地上都市も、地獄の地下都市同様、《圏》に分れているが、これまた人々を呪われた共同体に閉じこめ、同じ苦悩の分列行進をさせるだけである。この場合、苦悩に微妙な程度の差を求めることなど無益であろう。人間界の出来事に同意を与える者は――その立場が革命側だろうが保守側だろうが――くだらぬ快楽の中でわが身を使い減らす。己が高貴さと俗悪さとを、生成の混乱の中にごたまぜに投げこんでしまうのである……。

都市のこちら側またはあちら側にあって、同意せず、大小の出来事の流れに身を投じるのを胸糞悪く思う人にとっては、あらゆる共同生活の様式が等しく唾棄すべきものとみえる。歴史が彼の眼に見せるのは、ただ性懲りもなく繰り返される幻滅に、見えすいた策略という、味気ない光景だけであろう。人々の間に生きてきながら、なおも思いがけぬ出来事がひとつなりとやって来ないかと待ち構えているような人間は、何も見抜けなかったのだし、今後もそうであろう。彼は「都市」のために熟しきった人間である。地位も名誉も、すべてが彼に与えられて然るべきである。およそ人間という人間がかくの如しで――だからこそ、この世の地獄はいつまでもしぶとく生きつづけるのである。

歴史と言葉

腐りかけてやわらかく美味になった文明が持つ秋の叡知を、どうして好きになれないわけがあろうか。北方種族の生きのよさと活潑な動きをギリシア人や後期ローマ人が嫌ったのは、夜の明けそめに対する嫌悪感、前途洋々たる野性と健康人の持つ愚昧さとに対する嫌悪感からなのである。およそ歴史の頽唐期にあらわれる輝かしい腐敗は、身近に迫るスキタイ人（前六世紀から前三世紀まで、黒海北岸の草原地帯に強大な遊牧国家を建設した民族。剣の形のもとに戦の神を崇拝した。）によって暗鬱なものとなる。いかなる文明といえども、臨終の漠たる苦悶の中で消え去ることはできまい。蛮族が周囲をうろつき、妙なる死体の腐臭に鼻をひくつかせる。……かくて日没の熱愛者は、あらゆる洗練が汚され、活力が厚顔にのさばるのを凝視する。彼に残された仕事としては、生成の総体の中から若干の逸話《アネクドート》を拾い上げることしかない……。出来事を系統的に組み立てたところで、もはや何を証明できるわけでもない。大いなる功業《いさおし》も、お伽話や概論書の説明なみになり下ったからである。過去の大事業は、それを推進した人ともども、ただその飾りとなっている立派な言葉のせいで興味を惹くにすぎない。才機《エスプリ》なき征服者に禍あれ！ イエスさえ、二千年にわたって間接的に人々を支配しつづけてきたとはいうものの、その信者や敵対者たちの記憶にとどまったのは、ただあれほど見事に演出された生涯の折々に彼が吐いた断片的な警句のお蔭なのである。誰か殉教者のことを調べようにも、彼自身がその苦しみにぴたりとしたうまい言葉を吐かなかったのなら、調べようがないではないか。過去の、ないし最近の犠牲者のことをわれわれが覚えているのは、彼らの言葉が、はねかかった血を不朽ならしめたためにほかならない。死刑執行人さえ、彼が歴史という舞台の俳優になった程度に応じて、後世まで名を残すのである。ネロにしても、あの血なまぐさい道化師みたいな奇行がなかったら、とうの昔に忘れられていただろう。

死に行く者のかたわらで、人々が言葉にならぬ彼の声に耳傾ける時、それは彼が何を言い残したいのか聞き取ってやるためというより、むしろ何か気の利いた言葉を拾い上げて、のちのち彼の思い出を飾るためそれを引用しようという気持が強いのである。ローマの歴史家たちが、皇帝の臨終の光景をかならず描いているのは、皇帝が死に瀕して言った、ないしは言ったとされている警句または叫びを書きつけるためなのである。このことは、人間の死——それが平凡きわまるものであろうと——について、例外なく真実である。生には何の意味もないことを、人々はみな知っている、ないし予感している。だから、せめてうまい言葉で生を救い取らねばならないのだ。生のそれぞれの曲り角で何か気の利いた文句を――これが、お偉方にせよそうでないにせよ要求されるせいぜいのところなのだが、もし彼らがこの要求、この義務にそむいたが最後、永遠に忘れられてしまう。なぜなら、すべては、犯罪さえも、それがうまい言葉で注釈され――そして過ぎ去る限りにおいて許されるからである。これが、人間が歴史全体に与え得る免罪宣告で、他のいかなる基準も無効・無価値なことを悟り、何もかもむなしいことを再考・三考して、挫折の文学者と血の耽美主義者以外の尊厳を見出すことができない時には、そういう仕儀になるのである。

あらゆる苦悩が入り混り、相殺し合うこの世では、ひとり「格言」のみが幅を利かせるのである。

哲学と売春

体系と迷信の妄想から覚め、しかもなおこの世の道の上で頑張っている哲学者は、一貫した体系に執着すること最も少ない人間――すなわち街頭の娼婦が見せる歩道の懐疑論《ピロニスム》を模倣すべきであろう。街娼は何ものにも執着せず、すべてに向って自分を開く。お客の気分と考えに同化する。その場その場で口調と表情を変える。悲しいふりも嬉しいふりもすぐできる。要するにどちらでもいいのである。商売上の配慮から、溜息をふんだんにばらまく。腹の上にのしかかって一所懸命なお客の喜悦に、熟練した偽りのまなざしを投げる。

——まことに娼婦こそは、賢者の行為にも劣らぬお手本をわれわれに見せてくれるのである。人々にも自分自身にも一定の信念を持たぬということ、これが売春の教える高遠な教訓であり、売者とはまさしく哲学同様、社会からはみ出した明知の巡回アカデミーなのである。《私の知識はすべて娼婦の学校で学んだものだ》と、すべてを受け入れつつすべてを拒む思想家なら言うべきであろう。彼は娼婦にならって、物憂い微笑に熟達し、人間どもは彼にとってお客にすぎなくなり、そうしてこの世の歩道は、娼婦が肉体を売るように彼が己れの苦渋を売る市場でしかなくなったのである。

本質的なものの強迫観念

あらゆる問いが偶発的で中心を外れたものと見える時、精神が常により広大な問題をたずねもとめてやまぬ時、その探求途上で人が出会うのがただ「空虚」の漠たる障碍だけで、ほかには何の対象にも出くわさないということがある。ここまで来れば、もっぱら接近不可能なものへと向う哲学的衝動は破滅に瀕しているのである。哲学的衝動なるものは、この世のものやあれこれの事象をいろいろな角度から検討するために、有益な拘束をわが身に課すのだが、次第に普遍的な原理を求めはじめるに従って足場を失い、「本質」の漠たる中に消え去ってしまうのである。

哲学の世界で羽振りがいいのは、頃合いを見て立ちどまり、不安の限度を心得て、適度なあたりでうまいところぬくぬくとしている連中だけである。問題の底をついたが最後、われわれは破産し、知性はむきだしに曝されてしまう。地平線なきその世界では、もはや問いもなければ答えもない。数々の問いは、それを抱いた精神自体にはね返る。つまり精神が問いの犠牲となるのである。彼自身の孤独、彼自身の大胆さ、見通しのきかぬ絶対、検証不可能な神々、歴然たる虚無など、すべてが彼に敵対する。本質的なもののある潮時に到達しながらそこでやめようとしなかった奴は、呪われるがいい。疑問の梯子を頂点まで登りつめ、最後の横木に足をかけた思想家が、不毛の実例のみを後世に残したのに対し、中途で立ちどまったその同業者の方は、精神史を多産ならしめた。これは歴史がちゃんと証明している。後者は人類に奉仕し、何かしらうまく出来た偶像を、磨き上げた迷信を、主義の仮面をつけた誤謬を、一連の希望を人々に伝えたのだ。もし彼が限度を知らず突き進む危険を冒そうと考えたら、それは慈悲深い勘違いをさげすむこととなり、ひいては他の人々にとっても彼自身にとっても危険人物となったことだろう。――彼は、不健全な思想家、不毛な堕地獄の人間、実りなき眩暈の愛好者、夢みることさえ許されぬ夢想の探求者として、宇宙と思想の果てに己が名を刻みつけたことであろう……。

「本質」を忌避する思想のみが人々に対して力を持つことができる。おのずからなる本性に促されて、あるいは病的な飢渇に駆られてそこに腰を据えようと熱望する人間さえ危殆に瀕するような、そんな思想の領域に、人々は何の用があるだろうか。日常の疑念とは無縁な領分では、息もつけまい。そして、ある種の人々が月並みな問いから逸脱してしまうのは、物質の底深く根を下した本能というか、あるいは宇宙的疾患から立ちあらわれた悪癖が、彼らを魅了し、厳しく広大な思考の領域に彼らを誘いこんだせいで、死さえも彼らには取るに足らぬものとみえ、運命の基礎原理もつまらぬ世迷いごと、形而上学という武器も実用本位でうさんくさくみえるのである。ぎりぎりの限界に向うこの執念、空虚の中への突進は、世にも危険な形式の不毛を招来し、それにくらべれば虚無さえ多産を約束するものとみえるほどである。自分がやっていること――己が仕事や冒険のこと――で気難しい人間が、仕事をも人生をも完結させまいとすれば、宇宙的な次元で最後の仕上げを行なおうと決意しさえすればよいのである。

形而上学的な煩悶というやつは、ひたすら存在のみをめざす極度に慎重な芸術家のものである。彼は分析に分析を重ねたあげく、遂には作品つまり宇宙の縮図《ミニアチュール》を作りあげることができなくなる。語の貧弱さに腹を立てて詩作を中途で投げ出してしまう詩人は、存在するもの総体が不満で仕様がない精神の困惑ぶりと瓜ふたつである。個々の要素――それを構成する語と同様、味もそっけもない無意味な――を順序よく並べることができなくなると、空虚がむき出しにあらわれる。こうして、詩作家は沈黙するか、またはおそろしく難解な技巧に凝る。気難しすぎる精神は、宇宙を前にして、あたかも芸術に直面したマラルメのそれに似た敗北感を味わうのである。それは、もはや手で扱うことのできぬ対象ならざる対象――なぜなら彼は対象なるものの限界を観念の中で越えてしまったのだから――に直面した時の恐慌《パニック》なのである。現実の内部におとなしく棲んでそこを耕すのを潔しとしない人々、存在するという技術《メチエ》を越えようとする人々は、非本質的なことと妥協して、事の運びを逆転させ、永劫の茶番劇の俳優となるか、でなければ孤立状態から生じるあらゆる結果を甘受しなければならない。この孤立状態は、それを見物するかみずから演じるかに従って、余計者の存在ともなれば悲劇ともなるのである。

亜流《エピゴーネン》の幸福

ひとつの神話の崩壊現場に立ち合うこと、それ以上に何とも言いようのないいかがわしさを帯びた悦びがあるだろうか。神話を誕生させるためには何たる心情の浪費が、神話を尊重させるためには何たる過度の不寛容が、それに同意しない人々にとっては何たる恐怖が、そして神話が息を引き取るのを見るためには何たる多くの希望の消費が、必要なことだろう。知恵が花開くのはただ、もろもろの信仰が衰微し、その信仰箇条や戒律がゆるみ、規律がやわらぐ時代においてのみである。およそ一時代の終末期こそは精神の楽園であり、精神とはそもそも解体のさなかにある組織体においてはじめて自由活潑な働きを回復するものなのである。不幸にも創造と多産の時代にめぐりあわせた精神は、時代からの限定を受け、その型にはめこまれる。一方的な物の見方に隷属させられて、狭い地平線の中に封じこめられてしまうのである。歴史上最も多産な時代は、同時に最も息苦しい時代であった。そうした時代は、まるで宿命さながらの重圧となり、それは単純素朴な精神にとってては祝福すべきことだが、知的な広場の好きな者にとってはまさに致命的なのである。自由が思う存分羽根をのばすのは、覚めた不毛な亜流の人々、様式が崩れてもはや皮肉な満足感だけしか人に与えないような、頽唐期に生きる知性の持ち主に限るのである。

かつて火刑と血によって己が神を人々に強制した教会――その教会が己れの神を信じられなくなったあとでそれに所属するということ、これこそ拘束を知らぬ精神の理想とすべきところではあるまいか。ひとつの神話が衰弱して蒼白となり、それを支える制度が寛大で抱擁力に富むようになる時、さまざまな問題が快適な弾力を得て自在に展開される。信仰が衰微し、その活力が弱まる度合に応じて、人々の魂の中にやさしい空虚が生じ、その感受性をこまやかにする。しかも一方、人々を狙い未来の空を暗くするさまざまな迷信の前で魂が盲目になるのを許すわけでもない。およそ夜明けの狂気に先立つこうした歴史の終末だけが、精神をやさしく揺籃でゆするのである……。

極度の大胆さ

ネロが、《プリアモス（トロイア最後の王。ネロが熱愛したという『イーリアス』の登場人物。）、君はしあわせな奴だ、何しろ君の祖国の滅亡をその眼で見たのだからな》と叫んだのがほんとうなら、彼は実に挑戦的言辞の最たるものを吐き、派手な身振りと陰惨な誇張の究極に到達したとも言うべく、この点は正当に認めておこう。皇帝たる者の口にこれほどぴったりと似合った言葉が吐かれた以上、われわれの方では当然、月並みであってもいい、というより月並みでなければならないわけだ。なぜって、ネロのあとでまだ法外な言行を狙ったり誰ができるだろうか。月並みなわれわれの生活の出来事が平凡些末であればこそ、われわれはこの大根役者じみた残忍な皇帝に心服せざるを得ないのだ(それも、書かれた歴史は、そのもとになった出来事と少なくとも同じ程度には非人間的なゆえにこそネロの狂気がその犠牲者たちの吐息より大きな名誉を与えられているのだから、なおさらである)。あらゆる態度は、ネロのそれにくらべれば単なる戯画にみえる。ネロが『イーリアス』を愛好するあまりにローマを焼き払わせたというのが事実なら、芸術作品に対するこれ以上明白な賞讃があり得ようか。いずれにせよ、これは、生きて働く文芸批評、能動的な美的判断の唯一の実例なのである。

書物がわれわれに及ぼす影響がほんものになるのは、われわれがその中味の筋立てをまねたくなり、主人公が人を殺したらわれわれも殺し、主人公が嫉妬する時にはわれわれも嫉妬し、病気になったり死んだりしたらわれわれも病気になったり死にかけたりしたくなる、そんな時だけである。だがわれわれの場合、それは潜在的な状態にとどまるか、または堕落して死文字と化する。ネロだけが、みずから文学を実演したのだ。彼は同時代の人間たちと自分の主都を灰と化すことによって、書評を書いたのである。

こうした言葉、こうした行為が、少なくとも一度は吐かれ、実行されねばならなかった。きわめつきの悪人が一人出て、その役割を引き受けた。それを思うとわれわれは慰められる、いや慰められていいはずである。さもなくば、われわれはこの日常生活や、巧妙にして賢明なわれわれの真理などを、どうして容認できようか。

落伍者の肖像

およそ行為と名のつくものがいとわしいため、彼は内心でぶつぶつ呟く、《動き廻るなんて、愚の骨頂さ》と。彼を苛々させるのは出来事そのものというより、それにかかわりあうという考えなのである。彼は出来事を回避しようと、それだけに腐心する。彼は生の豊かな活力を味わいつくす前に、冷笑でそれを荒廃させてしまったのだ。彼は、何もかも無意味だと説くことで己れの敗北の逃げ口上とする巷の「伝道者」、新しきソロモン（前十世紀頃のイスラエルの王。旧約聖書の『伝道之書』は彼の作で、「空の空なるかな、すべて空なり」を主題とする。）なのである。何によらず無価値だと考えることに汲々たる彼だが、明証が群れをなして彼に力を貸す以上、それは易々たる業なのである。彼は論戦ではいつも勝者である、ちょうど行為の世界でいつも敗者であるように。彼の言い分は《正しく》、彼はすべてを拒否する——そしてすべてのものから拒否される。彼は、生きるためには知ってはならないことをあまりにはやく知りすぎたのだ。——そして彼の才能は己れ自身の働きについて心得すぎていたので、彼は何かをやるという愚劣さの中で才能が次第にすりへって行くのを嫌って、一気に濫費してしまったのだ。聖痕や輪光を頂く聖者たり得たかもしれぬ彼は、しかしそのことを恥じ、己れの卓越した不毛を誇りとする。彼は素朴な誘惑には永遠に乗らぬ人間、「時間」に隷属した賤民の中でただ一人解放された者だ。彼は断じて行為に足を踏み出さぬ、その徹底した頑固さから己れの自由を抽き出す。いかなる創造にもかかわることなく、いかなる被造物からの礼拝も受けず、誰からも赦されることのない、無限にしてしかも憐れむべき神、それが彼だ。彼が他人に浴びせかけた侮蔑を、他人は彼に投げ返す。彼は自分がやりもしなかった行為のみ償うわけだが、それでもその数は傷ついた彼の自尊心が勘定するより多いのである。とはいえ、結局のところ彼は、無名だった生涯のはてに、いわば慰藉として、己れの無用性を冠のごとく頭に戴くのである。

《そんなことが一体何になるか?》——これが「落伍者」の、つまり死に秋波を送る者の口にするきまり文句である……この言葉が心につきまといはじめたら、それは何たる快い刺戟剤になることだろう。なぜなら死は、われわれの重荷になるとはいえ、それに先立ってまずわれわれを豊かならしめる、すなわちわれわれの力は死に触れて増大するからである。ついで死は、われわれに破壊力を振いはじめる。あらゆる努力はあきらかに無意味だと思い、われわれがいずれは死体になるという感覚が現在の中にはやくも幅を利かせて、時間の展望をふさいでしまうと、われわれの理知も希望も筋肉も麻痺し、遂には、死がさし迫っているという固定観念によって一時的に刺戟された生命力の増大は——この固定観念が心の中に決定的に植えつけられてしまうと——活力の停滞に変じる。かくてわれわれは、この固定観念に促されてすべてともなり、無ともなる。通常、死はわれわれをたったひとつ可能な二者択一の前に引き据えるはずである。すなわち、僧院かキャバレーか、だ。だが、永遠によっても快楽によっても死の追跡を逃れることができぬ時、生のさなかで死に悩まされ、天国からも俗界からも見離された時、死はわれわれをかの腐りきった英雄と化する。この英雄たるや、すべてを約束しつつ何ごとをも成就せず、「空無」の中で喘ぎながらのらくらと過ごす。いわば直立した死骸も同然で、そのやることときたら、ただ、自分がいつかは存在するのをやめるだろうと考えることだけなのである……)

悲劇の条件

もしイエスが十字架上で生涯を終え、復活するなどという約束をしなかったなら——何たる見事な悲劇の主人公であったろう。彼の神としての一面が、文学から驚嘆すべき題材をひとつ抹殺し去ったのだ。かくて彼は、他のあらゆる正義の人々と同じく、美的な意味で凡庸きわまる運命を分ち持ったのである。人間の心の中で不朽の存在となるもの、礼拝の対象として永久に死滅しないものがそうであるように、彼は、悲劇的運命の特徴たる決定的な死というイメージにうまく合わないのだ。そのためには、誰一人彼に随《つ》き従ってはならず、変容が彼を奇怪な曙の光の中で高めるなどということがあってはならなかった（「六日の後、イエス、ペテロ、ヤコブ及びヤコブの兄弟ヨハネをひきつれ、人を避けて高き山に登り給う。かくて彼らの前にてその様かわり、その顔は日のごとく輝き、その衣は光のごとく白くなりぬ。」マタイ伝一七・一―二。なお「ルカ伝」九・二八―六三を参照。）。贖罪と救いと不死の観念ほど悲劇に無縁なものはない。――悲劇の主人公は、己れ自身の行為に打ちのめされ、その死は超自然の恩寵の手でごまかされることを許されない。彼は――存在としては――いかなる意味ででも永続することなく、人々の心の中に、いわば苦悩の一情景《スペクタクル》としてくっきりと孤立している。弟子を持たないので、彼の不毛な宿命は他人の想像力以外の何ものをも豊かならしめない。マクベスは贖罪の希望なしに滅び去る。悲劇に終油式（カトリックの秘蹟の一。信者の臨終に際し、その目・鼻・耳・口・手足に聖油で十字架を印し、神のいつくしみを祈念するとともに、信者がこれらの器官をもって犯した罪の赦されることを祈る。）はないのである……。

たとえ失敗に帰する性質のものであろうと、信仰の特質は、「取り返しのつかぬもの」をうまく避けて通るところにある。（さすがのシェークスピアにしても、殉教者は扱いに困ったであろう）。真の英雄は自己の運命の名において戦い死ぬのであって、信仰の名においてではない。英雄という存在は、ありとあらゆる逃げ道の観念を追放してしまうのである。彼を死の方に誘い行くのでない道は、すべて行きどまりになっている。彼は自分の《伝記》を身をもって書き上げることに専念する。その大詰めを慎重に用意し、不吉な事件が組み上げられるよう、知らず知らずのうちに全力を傾ける。宿命が彼の活力源であってみれば、あらゆる逃げ道は彼の破滅に対する裏切りにほかなるまい。かくて、この運命の人はいかなる信仰にも断じて改宗しない。もし改宗すれば、自分の目的〔終焉〕に背くこととなるだろう。彼が十字架につけられたとしても、空に眼を上げるのは彼ではない。彼自身の一生こそ彼の唯一の絶対者である、ちょうど悲劇への意志が彼の唯一の願望であるように……。

内在的な嘘

生きるとは、信じ、希望し――人を欺き、自分を欺くことを意味する。だからこそ、かつて生み出された最も真実な人間像は、かの「憂い顔」の騎士（ドン・キホーテを指す。）、申し分ない賢者の中にさえ見出されるかの騎士なのである。十字架をめぐる痛ましい挿話、あるいは涅槃《ニルヴァーナ》の栄光に飾られたもっと荘重な今ひとつの挿話は、象徴的な意味を認められたとはいえ、ともに同じ非現実性を帯びている。この象徴的な意味は、のち、あの憐れなスペイン貴族の冒険には認められなかったものである。すべての人間が成功を約束されているわけではない。したがって、彼らの嘘が生む結果の度合いも多種多様である。……何かのまやかしが成功を博すると、そこから宗教が、主義主張が、または神話が生まれる。――そうして熱狂的な信者の群れも生じる。逆にまやかしが失敗すると、それは単なる気違いの寝言、単なる理屈ないし虚構《フィクション》にすぎぬということになる。自分の裸の姿をそのままに曝すのは、無生物だけだ。たとえば石は嘘をつかない。石は誰の興味も惹かない——が、一方、生は臆面もなくでっちあげをやる。生とは物質に関する小説《ロマン》なのである。

幻影のとりことなった一介の塵あくた——これがすなわち人間である。人間を最も申し分なく十全な姿で描き出したとしたら、それはアイスキュロス（前五二五—前四五六。ギリシアの悲劇詩人。）の手になるドン・キホーテといったものになるであろう……。

（さまざまな嘘の段階で生が最上位を占めるとすれば、そのすぐ次にくるのは、嘘の中の嘘である愛だということになる。われわれの雑種的な状態の表現である愛は、至福と苦悩の両方の様相をそなえており、この両者のせいでわれわれは他人の中に己れ自身の身代りを見出すのである。いったい、いかなる瞞着によって、双の瞳がわれわれに孤独を忘れさせるのだろうか。精神にとって、これ以上に恥ずべき破産があるだろうか。愛は認識を眠りこませ、目覚めた認識は愛を殺す。非現実というものは、最も刺戟的な虚偽の外観をまとって擬装してさえ、際限なく勝ち誇り得るものではない。それに、自分の中を探しても見つからなかったものが他人の中に見つかると信じるほど確乎たる幻覚を、誰が持つことができようか。宇宙全体が総がかりになってもわれわれに与えることができなかったものを、臓物の温かさがわれわれに与えてくれでもするのだろうか。にもかかわらず、そういう幻覚や信念こそ、このありふれた超自然的異常性の基盤なのである。異常性、とは何か……すなわち、ありとあらゆる謎を二人で解こう——むしろせきとめよう——とすること。詐術の限りをつくして、生が浸っているこの虚構《フィクション》を忘れ去ること。二人の甘えた鼻声でこの宇宙的な空虚を満たすこと。そして——法悦のパロディとして——何か共犯めいた汗の中に二人して没し去ること、である……。

意識の到来

意識がわれわれの行為や観念の全領域にその抑制力を及ぼすまでには、何と各種の本能が鈍磨し、その働きが眠りこまねばならなかったことだろう。自然な反応がはじめて抑制を受けた時、それはやがて生命活動のあらゆる延期を、直接的なものにおけるわれわれの行為の阻害を招くこととなった。人間——おあずけを喰った欲望をかかえた動物——とは、あらゆるものを己れの内に包みこみながら自分は何ものにも包みこまれることなく、あらゆるものに眼をくばりながら何ひとつ自分の自由になし得ぬ、明晰な虚無なのである。

意識の出現にくらべれば、他の出来事はほとんど取るに足りない。ただ、生の諸条件と矛盾するこの出現は、生命界における危険な椿事であり、生物学におけるスキャンダルなのである。意識の出現を予告する徴候は全然なかった。なぜなら、自然の働きや運行は機械的にできているから、たまたま何かの動物が物質界をはるかに越えてその先まで進むなどということはまったく思いもかけなかったからである。体毛を失って、かわりに理想を持つに至ったゴリラ、手袋をし、神々を鋳造し、しかめっ面をいよいよ歪め、天空を礼拝するゴリラ――こんな出来損いを前にして、自然は何とよく耐えてきたことか、またこの先なお耐えて行くことか。それというのも、意識の道は果しなく、その途上何が起こるか分らないからである。動物にとって、生きるということは至上命令である。人間にとっては、それは至上命令であると同時に、ひとつの口実である。あらゆるものを口実と化し、われわれの日々の企てと最終目的とをもてあそび、無上の気まぐれから神と箒を同じ次元に置くことができるという、われわれだけに与えられたこの可能性ほど重大な出来事は、宇宙進化の中にはないのである。

そして、人間が自分の先祖から――また自然から――解放されるのは、彼が「絶対者」のありとあらゆる痕跡を自分の内部で清算し、自分の生命も他人の生命ももはや、この世の終りの暇つぶしにあやつって遊ぶ操り人形の糸としかみえなくなった、その時のみであろう。その時こそ、彼は純粋存在となるであろう。意識は己れの役割を果したことになるであろう……。

祈りの尊大さ

人は独語《モノローグ》の頂点、孤独の極限までくると――他に対話者がいないので――対話《ディアローグ》の最高の口実たる神を発明する。君が神を神と名づける限り、君の狂気はうまくカムフラージユされ、そして……すべてが君に許される。ほんものの信者は気違いとほとんど異るところがないが、ただ彼の狂気は合法的で、承認を受けているのだ。もし彼の錯乱に信仰の影さえないならば、彼は精神病院で一生を終えることになるであろう。しかし、神が彼の錯乱を覆い隠し、合法的なものにしてくれる。「造物主」に訴える信心家の衒《てら》いにくらべれば、戦勝の将軍の得意気なさまさえ顔色なしである。どうしてそんな厚かましいことができるのだろうか。「無限なるもの」が自分の手の届く所にあると信じるよぼよぼの婆さんが、お祈りを上げることで、どんな暴君もあえて考えなかったほど図々しい振舞いに及んでいるのに、謙遜こそお寺の美徳だなどと、どの口で言えるのだろうか。

もし、胸に組んだ私の両手が、われわれのさまざまな謎と凡庸さを生んだ「大いなる責任者」の憐憫の情を動かすような、そんな一瞬でも得られるのなら、私はこの世の支配権さえ喜んで手放すだろう。だのにこうした一瞬が、あらゆる信者のごく普通の資質を――そして公式の時間を――なしているのである。しかし、ほんとうに謙虚な人間なら、こう自分の心に繰り返す、《私は祈るだけの値打のない賤しい人間だし、教会の敷居をまたぐ勇気もない。私は自分の影だけに甘んじる。神が私の祈りに負けて天国の門を開いてくれることなど望みはしない》と。そして、彼に不死の生を得ることをすすめる者に向っては、こう答える、《私の自負心は無尽蔵ではない。その蓄えには限度があるのだ。君らは、信仰の名において君らの自我を克服できると思っている。が、事実は、永遠の中で自我を生かしつづけたいと願っているだけだ。要するに、この世の時間では不足なのである。君らの傲慢さときたら、手のこんでいる点で、今の時代のどんな野心家も顔負けだろう。君らの夢想にくらべれば、どんな栄光の夢も、煙のようにはかない子供だましにすぎまい。君らの信仰とは偉大さを夢みる逆上で、ただそれが擬装されているため、社会から大目に見られているだけである。自分が死んで灰になるということ、君らの頭はその考えで一杯だ。時間を越えたものを貪欲に求める君らは、自分の遺骸を吹き散らす時間を憎み、攻撃する。君らの貪欲さに見合うほどひろびろとした場所は、彼岸だけだ。現世とその刻々の時間は、君らにはあまりにもはかなくみえる。僧院の誇大妄想たるや、かつてもろもろの王宮の豪奢な熱狂が頭に描いたものをはるかに越えてしまう。己れの無価値に同意しない人間は気違いである。そして信者とは、とりわけ自分の無価値を認めたがらない人種なのだ。これほど極端な永生への意志を見ると、私はぎょっとする。私は無限な「自我」の不健全な誘惑に負けるのを拒絶する。私は自分の死すべき運命の中で寝ころがっている方がいい。尋常な人間のままでいたいのだ》。

《主よ、断じてお祈りを上げぬ力を私にお与え下さい。あらゆる礼拝の愚行を免じ、私を永遠にあなたの手へ引き渡してしまうあの愛の誘惑から私をお守り下さい。私の心と天国との間に空隙がひろがらんことを！　私は私の沙漠があなたの存在で満たされ、私の夜々があなたの光で虐げられ、私の凍土《シベリア》があなたの太陽で氷解するのを、少しも望んでおりません。土をこね、この世のことに介入して永遠に手を汚したあなたとは逆に、あなたより孤独なこの私は手を汚したくないのです。私があなたの間抜けな全能にお願いするのは、ただ私の孤独と苦痛をそっとしておいて頂きたいということだけ。あなたのおっしゃる言葉など、私にはどうしようもありません。それに耳傾けさせる狂愚を、私は恐れます。天地創造以前の静かで瞑想的な奇蹟、平和、それらをこそ私に与えてほしかったのに、あなたは平和に我慢できず、虚無に割れ目を穿って、時間というこの馬鹿騒ぎの市《いち》を開き、私を宇宙に委ね——屈辱を、存在するという恥辱を、私に宣告なさったのです）。

憂鬱病

どうして君は、呼吸をしなければならぬという義務から逃げ出す力を持たないのか。君の肺をふさぎ君の体にぶつかって砕けるこの凝固した空気に、なぜまだ我慢するのか。君が岩の孤独を、あるいはこの世の縁《へり》にこびりついて固まった痰の寂しさを、交互にまねる時、このもやもやした希望やら化石した観念やらに打ち克つすべがあるだろうか。君は未知の惑星よりも君自身から遠く隔てられ、君の五官は墓場に片足踏み入れながら、墓場の活力をさえ羨んでいる……。

君の血管を開いて、あたかも四季の循環と同じく君を苛立たせるこの葉っぱに血を注ぎかけようというのか。滑稽な試みだ。不眠の夜々のせいで色あせた君の血は、流れをとめてしまったのだから……。何ものも、君の内部で、生き死にへの渇きをふたたび目覚めさせてはくれないだろう。君の渇きは年月を重ねるうちに消え、人々が喉をうるおすあのざわめきも輝かしさもない泉に口をつけるのを、永久に拒まれたのだ。物言わぬ乾いた唇を持った出来損いである君は、生と死のざわめきの彼方、のみならず涙の流れる音の彼方に、じっとたたずんだままだろう……。

〈聖者の真の偉大さは、「物笑いになるのを恐れる心」を克服するあの力――こいつはとりわけわれわれの及ばぬところだ――に存する。われわれは気恥かしさを覚えずには泣けないのに、聖者の方は《涙を流す天分》に訴えるのである。われわれの涙なき《そっけなさ》の中には、みっともないことはしたくないという配慮があって、これがわれわれを釘づけにし、そのためわれわれは、苦い抑圧された己れの無限を、流れ出ることのない己れの涙を、観客として眺めるほかないのである。しかし、眼の本来の働きは見ることではなく、泣くことにある。そして、ほんとうに見るためには眼を閉じなければならない。それこそ、ものの真の姿をあらわにしてくれるたったひとつの視覚《ヴィジョン》、すなわち法悦の条件なのだ。知覚の方は、すでに見たもの、ずっと前から今さらどうしようもなく知っているものに対する嫌悪感の中で、疲弊して行くのである。

この世の無用な災厄の数々を予感し、知識も単に生来の幻滅感を裏書きしてくれたにすぎない人にとって、泣くことはどうしても憚られ、そのため、もともと悲哀を味わうべく生まれついている彼の宿命は強められるばかりである。そして、彼が聖者たちの功業《いさおし》にいわば嫉妬を覚えるとすれば、それは彼らが外見を気にするのを嫌ったとか、超越的なものを好んだせいではなく、むしろ彼らが物笑いになるのを恐れる気持に打ち克ったからで、彼の方ではこの恐れから免れることができず、またそのため、彼は聖者のように不思議なくらい憚ることなく涙を流すわけに行かないのである。）

まひるの呪詛

《この世で価値あるものは何ひとつない》と、日に千度自分に言い聞かせること。永久に同一地点に立って、独楽《こま》のように愚かしくぐるぐる廻りつづけること……。なぜなら、何もかも虚しいという思いには、進歩もなければ決着もないからである。われわれがこの考えをいかに反芻してみても、知識はいささかも増加するわけではない。それはそのままの姿で、常に出発的にあった時と同じく豊かであり、空無である。その状態は、不治の病における停滞、精神の癩病《レプラ》、感覚の麻痺を通じての啓示である。頭の単純な、間抜けな男が天啓を受け、そこから逃げ出してもとの茫漠たる心地よい状態に帰るすべもなく、腰を据えてしまう——これが、万事は虚しいという思いに知らず知らず捉えられてしまった男の姿なのである。夜に見棄てられ、いうなれば息も詰まる昼の光を真向から浴びながら、彼には終ることないその光をどうするすべもない。存在するものすべてに先立つ夜の世界の思い出を根絶やしにしてしまうこの輝きは、いつになったらやむだろうか。恐ろしい「天地創造」に先立つ静かな慰めの混沌《カオス》、あるいはもっとやさしい知的虚無の混沌《カオス》――それは何と跡形もなく消滅し去ったことか！

堕落の擁護

天秤の一方の皿に、《純粋派》がこの世に浴びせかけた悪を、他方の皿にはだらしのないがさつな連中がばらまいた悪を乗せたら、天秤は前者の方に傾くだろう。この世を救うと称する人間の精神の中には、いつもギロチンがそそり立っているのである。……腐敗堕落した時代の不幸は、熱意に燃えさかる時代が惹き起こす災厄よりも軽い。泥土の方が血よりもまだしもましなのである。悪徳は優しさにおいて美徳にまさり、頽廃は人間味において厳格主義《リゴリスム》にまさる。支配的立場にありながら何ものをも信じない人間、これが堕落の楽園の模範であり、歴史に対する最高の解決の範例である。日和見主義者は民衆を救ったが、英雄は民衆を破滅に導いた。大切なのは、自分を大革命やボナパルトと同時代人でなく、フーシェ（一七五九―一八二〇。フランスの政治家。大革命から王政復古時代までを権謀術数で乗り切った。）やタレイラン（一七五四―一八三八。フランスの政治家・外交官として、やはり大革命から王政復古にかけてのヨーロッパを牛耳った。）と同時代人と観じることで、後者の変り身のはやさに悲哀の薬味でも付け加えれば、彼らこそ身をもって真の「生き方」を示唆してくれるのである。

　生の本質を暴露し、すべては茶番か苦難以外のものではないことを明らかにし、——いかなる出来事にまれ潤色される値打は毛頭なく、必然的にいまわしいものだということをわれわれにさらけ出してくれる、——これが、放埒な時代の良さ《メリット》なのである。偉大な時代、たとえばかくかくの世紀や王侯や法王の、飾りたてられた嘘っぱちときたら……。《真実》が明らかになるのは、人々が建設の狂気を忘れ去り、数々の道徳《モラル》や理想や信仰が解体し崩壊するままに流されて行く、そういう時代にならねば無理である。知るとは見ることで、希望することでも企てることでもない。

　歴史の頂点をなす諸時代の特徴たるあの愚劣さに匹敵するのは、当の時代の推進役をつとめた人々の阿呆ぶりくらいであろう。己れの行為や思想をとことんまで遂行するのは、がさつでなければできない相談である。捉われぬ精神は、悲劇だの神格化だのを唾棄する。失脚も栄光も、凡庸と同じく、彼を苛立たせる。行きすぎは、否応なく悪趣味の証拠を見せつけることである。唯美主義者は血も崇高も英雄も嫌う……。彼が尊重するのは、やはり道化役者だけなのである……。

流行おくれの宇宙

　言葉の世界での老化の過程は、物質界におけるよりも格段にはやいリズムに従って行なわれる。一本調子こそ物質を支配する法則なのに、単語の方はあまりたびたび繰り返して用いられると、衰弱し、死ぬ。精神にとっては、無限に大きな辞書が要るのだが、その手段たるや、日常の使用によって陳腐化した若干の語に限られている始末である。というわけで、新人は言葉の奇妙な結合をやらざるを得ず、語に思いがけぬ働きを強要する。かくて、独創性とは要するに形容詞の酷使と、暗喩の無理な喚起的用法に帰するわけである。おのおのの語を固有の場所に置いてみたまえ。「言葉」を葬る日々の墓場が出来上るだろう。言語における公認のものが、すなわち当の言語の死を呼び寄せる。予想通りの語とは死んだ語なのである。語に新たな活力を注入するのは、ただその技巧的使用のみで、それをやがて一般大衆が取り入れてみずから用い、手垢にまみれさせて行く。精神とは稀少価値のもので——さもなくば存在しないのだが、一方、自然は永久に変りばえしない単純な手段ばかりを用いつつ、泰然自若としているのである。

そのものずばりの生と区別してわれわれの生と呼ばれるものは、人為的に操作される言葉の助けを借りて、絶えず流行を生み出して行くことである。つまりはたわいもない事どもを数限りなく殖やして行くことで、それがなければ、われわれは、歴史も物質も呑みこむ大あくびの中で、退屈のあまり死んでしまうほかないだろう。人間が新しい自然学をつぎつぎと発明するのは、自然を説明する必要からというより、既知の、きまりきった、俗っぽいまでに確乎としてどうしようもないこの宇宙の退屈さから逃げ出すためなのである。

われわれの遠い先祖やすぐ前の時代の人々は、あるがままの無機物の世界を眺めて馬鹿のようにそのくだらなさに耐えてきたわけだが、われわれはもうそれに我慢がならず、いろいろな形容詞を冠せて飾ってみる。——そうすることで、人間は、このきまりきった宇宙にいろいろな拡がりを与えるのである。それが仮面舞踏会であることを知って背を向ける者に禍あれ！　彼は己れの活力の秘密を踏みつけにし、——かの「稀少価値」の泉が涸れて、人為性の欠如のため精神がしぼんでしまった人々の、澱んだ、みもふたもない真理に到達するのがおちであろう。

（生がやがて流行おくれになり、ロマン派が使い古したあとの月とか肺病とかと同じく、使い途がなくなる時がくるかもしれぬと考えるのは、正当すぎるほど正当なことである。そうなれば、生は、赤裸にされた象徴や仮面を剝がれた病などの時代錯誤《アナクロニズム》の頂点を飾るものとなるだろう。生はその本来の姿、つまり生彩なき苦痛、光輝なき宿命という姿に帰るだろう。人々の心の中から、もはやいかなる希望も湧かず、大地がさまざまの被造物と同じく冷えきり、その広漠たる不毛の世界を飾る夢ひとつとてなくなる時は、もう目前に迫っている。人類はやがてもののありのままの姿を見、以後、生むことを恥じるようになるだろう。誤解や錯覚という精気を失った生、流行たることをやめた生は、精神の法廷ではまったく慈悲をかけてもらえないだろう。が、結局のところ、この精神なるものそれ自体が消滅するだろう。なぜなら、生が虚無における偏見にすぎないように、精神は虚無における口実にすぎないからである。

歴史というものは、そのさまざまな過渡的流行――出来事はこの流行の影である――の上に、ひとつのより普遍的な流行が不変数のように支配している限り、維持される。だが、いったんこの不変数が万人の眼に単なる気まぐれとうつり、生きることは間違いだということをみなが悟り、一致して認めるようになった暁には、われわれは生産のための力をどこに求めればよいだろう。いやそれどころか、ひとつの行為の踏み出し、身振りのまねごとさえ、あえてやるだけの力がなくなるだろう。すべてを見とおす己れの本能や明晰すぎる心を抱きながら、なお生きつづけるには、どんな手だてを用いればよいのだろうか。流行おくれになった宇宙の中で、なおこのさき生きて行く誘惑を蘇らせる、どんな奇跡があるだろうか。)

虫に喰われてぼろぼろになった男

私はもう光とともに働きたくない、生のちんぷんかんぷんな文句を使いたくもない。《我れあり》と言う時――私は顔赤らめずにはいられないだろう。息を吸ったり吐いたりするその恥知らず、そのスキャンダルぶりは、ある助動詞（être = to be を指す。）の濫用に密接に関連している……。

人間が夜明けの言葉で自分のことを考える時代は、もう終った。貧血を起こした物質の上に横たわる彼は、今や己れの真の義務、すなわち自己の破滅を見究めてまっしぐらにそこへ駆けこむ義務に目覚めたのである。……人間は、今や新たな時代、「自己憐憫」の時代の入口に立っている。そしてこの「憐憫」こそは、人間の第二の失墜であり、しかも最初のそれよりさらに明確で屈辱的な失墜である。なぜなら、それは贖われることなき失墜なのだから。彼が地平線を注意深くうかがっても何にもならない。無数の救世主たちの横顔がそこに見えるが、みな茶番劇の救世主で、彼ら自身慰められぬ人間なのである。彼は救世主たちに背を向け、熟れて腐りかけた己れの魂の中で、腐敗の甘美さに身を委ねようとする……。己れの秋のまっただなかに到達した彼は、「見せかけ」と「無」、存在の偽りの形とその不在の間で、去就をきめかねて動揺する。二つの非現実の間で激しく揺れ動くのである……。

存在が精神によって蝕みつくされたあとの空虚、そこを占めるものが意識である。《現実》に完全に身を任せきるためには、信者か白痴のような朦朧たる頭でなければならぬ。《現実》などは、ほんの僅かな疑い、そんなものはあり得ないという疑いの影でも射したら、あるいは不安の発作にでも襲われたら、たちどころに消え去ってしまう。こうした疑いや不安は、意識の出現を予告する基本的な心の動きで、それがさらに生長すると意識を生み、その特質を規定し、鋭く磨ぎすまして行くのである。この意識という治癒不能の存在の影響下に、人間は己れの持つ最高の特権、すなわちみずから破滅するというそれに到達する。――自然の名誉ある病人たる彼は、自然の活力を汚染し、また本能を欠いた悪徳たる彼は、本能の精力を破壊してしまう。彼に触れると、宇宙はしぼみ、時間は逃げ出す……。彼が自己を完全に実現し――そして傾斜を駆け下りることができたのは、ただ自然の諸元素の崩壊の過程においてのみであった。なすべきことの終った今、人間には消え去るべき時が熟しているのだ。だのに彼は、なお幾世紀にわたって臨終の苦しい喘ぎの声を響かせようというのだろうか。

発作的な思想家

《観念は悲哀の代用品である。》——マルセル・プルースト私は「観念」の出現を待ちながら生きている。「観念」を予感し、包囲し、つかまえる――が、それを一定の明確な形にあらわすことができないので、「観念」は私の手から逃げ出し、まだ私自身のものにならない。では、それは私が心ここにあらざる時にでも浮かんだというのだろうか。いったいどうすれば、差し迫った混沌たる観念を、表現の及ばぬしかし明晰な苦悩の中で、輝くばかり厳然とした存在たらしめることができるのだろうか。観念が花開き――そして萎れて行くためには、私はどんな状態を期待しなければならないのだろうか。

反哲学者たる私は、およそ冷やかな観念なるものが大嫌いである。私は、いつも悲しんでいるのではない、ゆえに私はいつも考えているのではない（「われ思う、ゆえにわれ在り」というデカルトの有名な命題のもじり。）、というわけだ。もろもろの観念を私が見るに、それはものよりもっと無駄なように思われる。だから、従来私が慈んできたのは、ただ病者の刻苦精励、不眠の中での反芻、癒し難い恐怖の閃き、溜息まじりの懐疑など、それだけである。ひとつの観念が内に秘めている明暗入りまじった不可測性こそ、その深さの唯一の指標で、それは、当の観念の陽気さの中に秘められた絶望の調子がその魅惑の唯一の指標であるのと同断である。君が過ごしてきた夜々には、どれほどの不眠の夜が隠されているか？――と、ざっとこんな具合に、われわれは思想家なるものに近づいて行かねばならないのだ。いつでも考えたい時に考える思想家など、われわれに何ひとつ教えてくれはしない。なぜなら彼は、自分の思想以上のもの――というよりむしろその傍らのもの――に対して責任を負わず、それにほとんどタッチせず、己れ自身を敵に廻さぬ戦いの中に踏みこむのみで、損も得もないからである。「真理」を信じる代償として、彼は何ひとつ支払うわけではない。だが、真と偽とがともに迷信であることをやめた精神にとっては、そうは行かないのである。あらゆる基準の破壊者たる彼は、病者や詩人がやるように自己自身を確かめる。彼は発作的に考える。体が悪いとか気違いになるとかいう名誉だけで、彼には十分なのである。消化不良は、概念の羅列よりも豊かな思想を孕んでいるのではあるまいか。身体器官の障碍は、精神の豊饒を決定する要因である。なぜなら、自分の肉体を感じない人間は、けっして生きた観念を生むことができないのだから。彼は何かの不如意が急にやってきて道を開いてくれるのを待つかもしれないが、それもまったく無駄であろう……。

　感情的な心の動きのないところに、さまざまな観念が浮かび上る。だが、いずれも明確な形を取るに至らない。観念が花開くための風土を作るのは、悲哀の役割なのである。観念が弦のように鳴り響き、光り輝くためには、一種の音調が、一種の色調が要《い》る。いつまでたっても不毛なのは、観念の動きをひそかにうかがい、観念を欲しながら、それをひとつの定式の中にあえて押しこめようとしないということに等しい。精神の《季節》は肉体のリズムに左右されている。犬儒的《シニック》であるか素朴であるかは、《自我》には関係ない。私の真理とは、私の熱狂または私の悲哀が弄する詭弁である。私は存在し、感じ、そして私は瞬間のまにまに――考えようとも思わずに――考える。「時間」が私という人間を決定し、私はそれに逆うが効果はなく――かくて私は存在する。望んだのではない私の現在がつぎつぎとくりひろげられ、私をくりひろげる。それを抹殺する力がないので、私はそれに注釈をつける。私は自己の思想の奴隷として、運命にあやつられる道化師よろしく、己れの思想と戯れる……。

虚弱の利点

持って生まれた良き範例としての資質、完全なモデルとしての性質をあまり越えることなく、その生き方が生物としての彼の宿命と大差ないような人間は、精神とは無縁である。理想的な男性的性格――つまりさまざまのニュアンスを噛みわける力を阻害するもの――は、日常の超自然に対する無感覚を招来する。ところで芸術の源は、実にこの日常の超自然にあるのである。人は、自然である度合が大きければ大きいほど、芸術家でなくなるのだ。一様で変化のない、不透明な精力は、かつて伝説の世界や神話の幻想によって、偶像崇拝的に重視された。ギリシア人が思弁に専念するに至って、白面の青年像への崇拝が巨人崇拝に取ってかわった。そして、ホメロス時代の崇高な阿呆だった英雄たちも、悲劇のお蔭で、その武骨な性質とは相容れぬ苦悩や懐疑の担い手となったのである。

内面の富は、人が自分の心の中に抱えている相剋から生まれる。ところで、己れ自身を十二分に働かせ得る精力というやつは、ただ外部との戦い、目的物への烈しい情熱しか知らない。女性的性格がまじって男性的性格が弱められた場合には、二つの傾向が対立して相せめぐものである。つまり、その受動性からいえば、彼は無為や怠惰のよさを十分心得ているし、一方その強引な能動性から言えば、自分の意志を掟と化しがちである。健全な本能が変らない限り、彼は種としての人類に関係を持つのみだが、いったんそこに不満が忍びこむや、征服者となる。精神が彼の行為を正当化し、解説し、弁明し、そして彼を崇高なる阿呆どもの列に繰り入れて、「歴史」の好奇心に引き渡す。――「歴史」とは生々流転する愚行の探究なのである……。

その存在自体が、頑強でしかも摑みどころのない悩みでないような人間は、とうてい、山積する問題の中心に身を置くことも、またその危険を認識することもできまい。真理や表現の探求に好都合な条件は、男性と女性とのちょうど中間にある。つまり《男らしさ》の欠如した空隙こそ、精神が宿る場所なのである……。性的にも心的にも異常なところが全然ないような純粋の女性は、内面的に獣よりもからっぽであり、一方完全無欠の男性は

《白痴》なる語の申し分ない典型である。――誰でもよい、君の注意を惹いたり情熱をかきたてたりした人間を観察してみたまえ。彼という機構にはどこか調子っぱずれなところがあって、それが彼を引き立たせていたのだ。自分の短所を有利に用いたことのない連中、自分の欠陥を活用したことがなく、失ったものによってかえって豊かになった経験も持たない連中をわれわれが軽蔑するのは、正当なことである。それは、人間であること、あるいは単に存在することに傷つかぬ連中を軽蔑するのが正当であるのと同じことなのだ。だから、《幸福な奴》という呼び名ほど重大な侮辱はなく、《悲哀の心》を秘めているという以上に相手を喜ばせるものもないと言ってよい。……というのも、快活さはいかなる重大行為とも無縁であり、狂人は別として、誰も一人きりでいる時笑ったりはしないからである。

《内部の生活》とは、かの虚弱者、引っくり返りもせず泡も吹かぬ癲癇病みの、繊弱な出来損いに特有な領分である。生理的に完全無欠な人間は《深さ》を警戒し、《深さ》に対して無能力で、そこに行為の自発性を妨げるうさん臭さのみを見る。まさにその通りと言うべきで、なぜなら、己れの内部に鬱屈することから個人の劇《ドラマ》が――その栄光と凋落が始まるからである。彼は、名前を持たぬ満々たる潮、滔々たる生の有用な流れから孤立し、客観的目的から解き放たれる。文明は、かかる繊弱者たちがその主調音を形作る時には《傷つく》が、文明はまさに彼らのお蔭で自然を決定的に征服したのであり――やがて崩壊して行くのである。洗練の極致は、情熱家と詭弁論者《ソフイスト》を一身に兼ねている。彼は自分の情熱にもはや執着せず、信ぜずしてただ耕すのである。それが黄昏の時代の全知のひよわさであり、人間の蝕の予表である。虚弱者こそは、門番が口やかましい審美家となって己れの細心ぶりに疲労困憊する時代、農夫が懐疑の重荷にへとへとになり、鋤とることのかなわなくなる時代、あらゆる人間が明知に蝕まれ、本能を干上らせて、幻の跳梁に好都合だったかつての夜をなつかしむ力もなく、衰え果てて行く時代を、われわれに垣間見させるのである……。

詩人たちの寄生虫

一、詩人の生に結末なるものはあり得まい。詩人に固有の力は、彼が手を着けなかったことの総体、接近不可能なものに養われた瞬間瞬間の総体から生まれる。彼は生きることに支障を感じているのだろうか。しかし、彼の表現力はそれによってかえって強化され、彼の息吹はかえって壮大になるのである。

伝記なるものが正しいのは、それが運命の柔軟さを、運命の孕む変化の総体を、はっきり浮彫りにしている時に限る。だが詩人は、何ものをもってしてもその厳しさを柔らげることのできぬ運命線に従うのである。生の分け前にあずかるのは下種《げす》野郎ばかり。詩人たちの伝記がでっち上げられたのは、彼らが持たなかった生の代用品としてなのである……。

詩は、人が所有しようとしてし得ないものの本質を表現する。詩のぎりぎりの意味は、あらゆる《現実密着《アクチュアリテ》》が不可能だというところにある。歓びは詩的情緒ではないのである。(にもかかわらず、歓びの感情は、偶然が焔と愚行を結びつけて一つの束にする抒情的世界の一区域である。)かつて、ある不快感、どころか嘔吐感を催させなかったような希望の歌があったろうか。可能的現実そのものが俗悪の影に汚されているのに、どうして現存を歌うことができようか。詩と希望とは、まったく相容れないのである。したがって詩人とは、激しい解体作用の犠牲者だということになる。自分がかつて生きたのが死を通じてであるのに、生をどんな具合に感じたか、己れに問うてみようとする者がいるだろうか。彼が幸福の誘惑に負けるなら――彼は喜劇の登場人物である。……が、もし反対に、焔が彼の傷からほとばしり、しかも彼が至福の歌を――あの不幸の官能的な白熱を――歌うなら、彼はあらゆる肯定的な音調が本来帯びている下卑た感じから免れるのである。夢想のギリシアの中に逃れ、浄化された陶酔つまり非現実のそれによって愛を変貌せしめたヘルダーリン(一七七〇―一八四三。ドイツの詩人。古典ギリシアに深い憧憬を抱いた。彼の作品中にあらわれるディオティーマは、ある銀行家夫人への恋が悲劇的精神の高みで理想像に変貌したものである。)が、まさにその好例である……。

詩人が己れの宿命的な不幸を抱いたまま逃亡するのでなければ、彼は単に現実からの唾棄すべき脱走者にすぎないであろう。神秘思想家や賢者とは逆に、詩人は自己自身から逃れることも、己れの固定観念の中心から逃げ出すこともかなわない。彼の陶酔そのものが不治の病であり、破局を先触れする徴しなのである。逃げることのできない彼にとって、すべては可能である、ただひとつ、自分の生を除いては……。

二、ほんものの詩人を見分けるポイントは次のようなことだと、私は思う。すなわち、彼に親しみ、彼の作品と長い間つきあって暮すと、何かが私の内部で変るのである。それも、私の気質や好みより私の血そのものが変るので、あたかも何かデリケートな病が血の中に入りこんで、その流れや濃さや質を変化させたかのような具合である。ヴァレリー（一八七一―一九四五。フランスの詩人・思想家。その詩と散文は、厳密な思惟、明確な用語、堅固な構成と巧妙な技法によって、音楽的・建築的な調和を生み出している。）やシュテファン・ゲオルゲ（一八六八―一九三三。ドイツの詩人。時代の自然主義に抗して芸術至上主義を唱え、言葉の純化と厳格な形式の創造に努めた。）は、その作品を読み始めた地点でわれわれ読者を足踏みさせる、というか、換言すれば、精神の形式的次元でわれわれを一層気むずかしくするだけである。つまり彼らは、われわれが必要としない天才であり、単なる芸術家なのである。ところが、シェリーとかボードレールとかリルケなら、われわれの身体機構の一番奥底まで入りこみ、われわれはまるで悪癖を身につけるように彼らを同化するのである。彼らに親しんでいると、肉体は強化され、ついで衰え、分解する。なぜなら、詩人とは破壊の動因であり、一種の病原体《ヴィールス》であり、仮装した病であり、われわれの赤血球にとって、ひどく不明確ではあるけれどもこの上なく重大な危険物なのである。詩人の身近に生きる、だと？　それは、血が薄くなるのを感じること、貧血性の楽園を夢見ること、そして血管の中に涙が流れる音を聞くことである……。

三、韻文はすべてを許す。君がそこに涙を、恥を、喜悦を――そしてとくに悲嘆を注ぎこもうと、自由である。しかるに散文では、君が思いのたけを吐き出したり、嘆き悲しんだりするのは御法度なのである。散文の因襲的な抽象性からして、そんなものは嫌われるのだ。散文が要求するのは別種の真理――検証可能な、演繹的な、節度ある真理である。それにしても、詩の真理を盗み、その素材を掠奪し、詩人と同じだけ大胆に振舞ってみたらいかがなものだろうか。散文の記述の中に詩人の野放図さを、その屈辱を、そのしかめ面と溜息を、なぜこっそりと持ちこんではいけないのか。この俗衆の言葉の中で、なぜ人は思いきって解体し、腐敗し、死体となり、天使または悪魔にならないのか。あるいは、空を行かんばかりの雀躍を、どす黒い失墜の飛翔を、悲愴なまでにさらけ出してしまわないのか。われわれは、哲学者よりむしろ詩人の学校《エコール》から、理知の勇気や自己自身であろうとする大胆さを学ぶのである。詩人の《断言》にくらべれば、古代の詭弁論者《ソフィスト》たちの恐ろしく歯に衣きせぬ言葉さえ色あせる。それをわがものにし得る人間など、一人もいないのである。かつて思想家にして、ボードレールほど徹底し得た者が、あるいはリア王の憤怒やハムレットの台詞《せりふ》を大胆に体系化した者が、一人でもいたであろうか。死の前のニーチェがそうだったかもしれないが、残念ながら彼は、その時でさえ、例の預言者めいたきまり文句にしがみついていたのだ……。では聖者の中に探してみたらどうだろうか。アビラのテレサとかフォリーニョのアンジェラ（一二四八—一三〇九。イタリアのフランシスコ会修道女、神秘思想家。）とかが見せたある種の宗教的熱狂などは……。だが、そこに見つかるのは、あの慰めのナンセンスたる神である場合があまりに多く、この神は聖者たちの勇気の支えにはなるが、その価値を下落させてしまうのである。もろもろの真理にとりかこまれながら、ただ一人、信仰も持たずに歩むのは、人間の仕事ではなく、聖者の仕事でさえない。ただ詩人には、時としてそういう場合があるのである……。

《一人の詩人が私の思想を己れの運命たらしめてくれたなら！》——そんな風に昂然として叫ぶ思想家のことを、私は夢みる。だが、彼のそうした願望が正当であるためには、彼自身長いこと詩人たちに親しみ、その作品に呪詛の快楽を貪りつくし、詩人たちに固有の頽落と錯乱を、抽象化し完璧化した上で返してやらねばならず、——またとくに、思想家が歌の入口まで来て力つきること、詩的感興《インスピレーション》の手前側の生ける讃歌として、詩人に生まれなかった後悔を知ること、——あの《涙の科学》に、心魂の苦難に、形式の狂宴《オルギア》に、瞬間の不死性に通暁していないのを悔むことが必要であろう……。

……私は幾度夢みたことであろう、あらゆる国々や土地の言葉に精通し、あらゆる詩句と魂とに親しんだ憂鬱で博識な怪物を——。世界中を放浪し、すでに滅び去ったペルシアや中国やインドの国々、また死に瀕したヨーロッパの諸国を歩き廻って、その土地土地の毒を、熱狂と恍惚を味わいつくした怪物を――。幾度私は夢みたことであろう、詩人の友にして、しかもみずから詩人の一員たり得ぬ絶望ゆえにあらゆる詩人たちを知った人間を。

異邦人の悩み

ある不幸な部族の出である彼は、ヨーロッパの大道を大股で歩んで行く。つぎつぎと通過する土地に愛着を覚えながら、彼自身はもう、いかなる祖国を持とうとも思わない。時間を越えた永遠の黄昏の中に凝然と立ちつくし、世界市民と化した彼――しかもいかなる世界にも属していない彼――は、無用の存在であり、名もなく、旺盛な活力もない。天命なき国民は、自分の息子たちにもひとつの天命を与えることができないだろう。彼らの子供たちは、他の土地を渇望し、他の土地に夢中になり、その精髄をしゃぶりつくし、やがては彼ら自身、己れの讃嘆と倦怠との亡霊と化し果ててしまうのだ。自国には愛すべき何ものもないため、彼らは他の土地に愛着し、その熱中ぶりをもって土地の住民を仰天させる。過度の刺激を受けた感情は消耗し、傷つく、とりわけその讃嘆の度の烈しさのせいで……。そして、到るところの路上で己れをまき散らし消費したこの「異邦人」は、こう叫ぶのだ――《俺は数えきれぬ偶像を作り出し、あらゆる土地で過剰なまでの祭壇を築き、無数の神々の前に拝跪した。今や、礼拝に疲れ、俺は分け前として持って生まれただけの錯乱を浪費しつくしたのだ。一般に人々が有する富は、己れの種族の絶対的価値にのみ奉仕する。魂は、国土と同じく、国境の内部でしか開花しないのだ。ところが俺の方は、国境を越えたがために犠牲を払い、「無限」を祖国とし、異国の神々に礼拝を捧げ、俺の先祖たちを追い払った過去の時代に拝跪したがため、それだけの代価を払っているわけだ。俺がどこから来たのか、どこの国の人間なのか、もう俺自身にも分らない。俺は方々の寺院の中に入っても信仰はなく、巷の中でも活気を覚えず、人々のそばにいても興味を感じない。大地を踏んでも、確かなものは何ひとつない。——俺に何か確かな欲望を与えてくれ、そうすれば俺は世界を引っくり返すこともできるだろう。俺を毎朝復活劇の茶番役者にし、夜には埋葬劇の茶番を演じさせる、この行為への屈辱感から解放してくれ。そして、朝と夜との間には、ただ倦怠の屍衣に包まれたこの拷問しかないのだ……。俺は意欲することを夢みる、——しかし俺が意欲することは、何もかも無価値とみえて仕様がない。憂愁にさいなまれる蛮族よろしく、俺は目的もないまま、からっぽの己れ自身をひっさげて、俺にもよく分らない片隅へさまよい歩いて行く。……そして見出すものときたら、打ち棄てられた神、それ自身無神の徒たる神であり、俺はその最後の懐疑、最後の奇蹟の蔭に包まれて眠りこむほかないのだ》。

征服者の倦怠

ナポレオン自身の語るところによれば、パリは《鉛の槌》のごとく彼にのしかかっていた。一千万にのぼる人々の命が失われたのも、そのためなのだ。これが、馬に跨ったルネ（シャトーブリアンの作品の主人公。メランコリックな夢想と孤独な放浪、姉アメリーからの姉弟相姦的な愛情など、「世紀病」の典型的人物として描かれている。）のような人物がその代表者となる時代の、《世紀病》の収支決算である。十八世紀のサロンの無為、明知に蝕まれた貴族階級の無気力から生じたこの病は、やがて遠く田舎の方まで猛威をふるった。つまり、農夫たちは、自分の本性とは何ら関わりのない一感受様式のために自分の血を流し、また彼らと同時に、ひとつの大陸全体までが流血の惨に見舞われなければならなかったのである。「倦怠」の感情は、特異な性格の持主たちの中に忍びこんだのだが、彼らはいかなる特定の場所も嫌い、絶え間なく他処《よそ》を憧れてやまないので、民衆の熱狂的な活力を利用してただその墓を殖やすだけである。ウェルテル（むろん、ゲーテの悲恋小説『若きウェルテルの悩み』の主人公を指す。）やオシアン（三世紀頃のスコットランドの伝説的英雄・詩人。一七六〇年頃からヨーロッパに紹介されはじめたその詩は、ゲーテやロマン派詩人らに大きな影響を与えた。）に涙したあの傭兵隊長、世界に己れの虚無の影を投げかけ、ジョゼフィーヌ（一七六三―一八一四。ナポレオンの皇后。のち離婚。）の言うところでは束の間しかくつろぐことのできなかったあのオーベルマン（フランスのロマン派小説家セナンクールの作品『オーベルマン』の主人公。書簡体から成るこの作品には、幻滅、悲哀、倦怠、社会への不適応など、いわゆる「世紀病」の性格と心理が詳細に分析されている。前出シャトーブリアンのルネに比せられる。）は、地上の人間を根絶やしにすることを己れの秘かな使命と心得ていたのだ。夢想する征服者とは、人類にとって最大の禍である。だのに人々は、彼の奇抜な計画、危険な理想、不健全な野心に魅せられて、喜んで彼を偶像と崇めるのだ。かつて、分別ある人間にして、礼拝の的となり、名を残し、何かの事件に刻印をつけた者は、一人もなかった。明確な概念やあけすけの偶像の前では冷淡な群衆も、検証不能のものや偽りの神秘に出くわすと、これを囲んで興奮状態に陥る。かつて正確さの名において死んだ者がいたであろうか。それぞれの世代が、先立つ世代を抹殺した死刑執行者たちのため、記念碑を建てるのだ。にもかかわらず犠牲者が、あの一将功成って万骨枯る式の栄光を信じるや、わが身が犠牲に捧げられるのを喜んで承知したというのもまた事実なのである……。

人類は己れを破滅させた人々だけしか崇めなかった。民衆が平穏裏に死んで行ったような時代は、ほとんど歴史に残らないし、臣下からいつも軽蔑される賢王もまた然りである。群衆は、犠牲になるのが自分の方だと知りながら、小説風の波瀾を好む。なぜなら、品行上のスキャンダルこそ、人間の好奇心を織りなす横糸であり、あらゆる事件の底を流れる地下水でもあるからである。浮気な女房と、女房を寝取られた亭主は、喜劇や悲劇、のみならず叙事詩さえもの絶好の素材である。『イーリアス』から通俗喜劇《ヴォードヴィル》に至るまで、廉直さという美徳は伝記を持たず、魅惑もないので、ただ恥辱の輝きのみが人々を興がらせ、その好奇心を煽りたてた。してみれば、人類がみずから進んで征服者どもの餌食となって踏みにじられるのを好み、暴君を頂かぬ国民が語り草になることなく、一民族の犯した不正行為の総体こそがその存在と活力との唯一の証であるというのも、ごく当り前なことなのだ。暴虐の鉾を収めた国民は、すでに凋落期にある。一国民が己れの活潑な本能を、己れの洋々たる未来を示すのは、その暴行の数々によってである。当の国民が、いったいどの戦争の頃からこうした種類の犯罪を大規模に行なうことをやめたか、調べてみたまえ。そうすれば君は、彼らの衰退の最初のシンボルをそこに見ることができるだろう。彼らにとって、いつから愛が単なる儀式となり、ベッドが肉欲の痙攣の一条件となったか、調べてみたまえ。そこに、彼らの衰弱の始まりを、野性の血の終焉を見ることができるだろう。

世界史とは「悪」の歴史のことである。人間の生成から災厄を取り除いたら、まるで季節を失った自然みたいなものになってしまう。君はいかなる災禍《カタストロフ》にも力を貸さなかった。だから君は、いずれ跡形もなく消え去るはずだ。われわれが他人の関心を惹くのは、われわれが周囲にばらまく不幸によってなのである。《俺は誰一人苦しめたことがない》——とは、血のかよった人間には永遠に無縁な叫びである。われわれが、誰か現在または過去の人物に熱烈な興味を持つ時、われわれは無意識のうちにこう自問しているのだ、《この人物は、どれほどの数の人々の不幸を生み出したことであろうか》と。われわれの誰しもが、他の人間をみな殺しにする特権を得たいと願っていないかどうか、分ったものではない。ただ、この特権はほんの一握りの人間に与えられているだけで、それとても完全なものではない。だからこそ、地上にはまだ人々が棲んでいられるというわけだ。間接的な人殺したるわれわれは、「時間」の真の主体である人間、とことんまで行った偉大な犯罪者たちの前で、無気力な大衆、一群の客体を形作っているのである。

結論を言えば、われわれの近いあるいは遠い子孫が、われわれの鬱憤を晴らしてくれるかもしれぬということになる。なぜなら、人間どもが自己嫌悪のあまりお互いに殺し合い、「倦怠」が彼らの小心な偏見や慎みに打ち勝ち、彼らが街路に飛び出して流血への渇を癒し、数多い世代をひそかに生きのびてきたあの破壊の夢が万人の現実となる、そんな時代を想像することは難しくないからである……。

音楽と懐疑論

私はありとあらゆる芸術の中に「懐疑」を探したが、見つかったのはただ、猫をかぶった逃げ腰の懐疑、湧き上る霊感の中休みから洩れ出、魂の躍動が弛緩した時にあらわれ出る懐疑であった。しかし私は、音楽には——右のような形のそれにせよ——懐疑を探ることを断念した。音楽の中では懐疑は花開かないのである。反語《イロニー》を知らぬこの芸術は、理知の辛辣さからではなく、「素朴さ」——つまり崇高なるものの愚かさ、無限なるものの無思慮ぶり——が持つ、優しいまたは烈しいニュアンスから生まれるのである。……理知（エスプリ）という語は、音響の領域で等価物を有しないので、ある音楽家を指して知的と呼ぶのは彼をけなすことになる。知的なる形容詞は音楽家の値打を下落させる。音楽家が、盲目の神のようにもろもろの宇宙を感興にまかせて作り出す、その物憂い天地創造行為の中では、こうした形容詞はふさわしくないのである。もし彼が自分の天賦の才に気づいたら、彼は思いあがって自滅してしまうだろう。しかし彼の天才は彼自身の責任ではない。神託の中から生まれた彼は、自分を理解することなどできないのだ。音楽家を解説するのは、不毛な人間のやることである。音楽家は批評家ではない、ちょうど神が神学者ではないように。

非現実と絶対との極限状況、限りなく現実的な虚構《フイクシヨン》、この世界よりも真実らしくみえる嘘――音楽とはまさにかかるものであり、したがって、われわれが心かわき、あるいは心とざされて「天地創造」から離れ、バッハさえも無意味な雑音に聞える時、音楽はただちに魔力を失う。――それはものに対するわれわれの無関心、われわれの不感症と退化との最たる状態なのである。崇高なるもののただなかで冷笑すること――これが主観的原理の冷やかにして邪悪な勝利であり、われわれを悪魔の兄弟分たらしめるものである。音楽を聞いても涙を流さなくなった者、過去に流した涙の思い出のみに生きる者は、すでに破滅した人間である。なぜなら、不毛な明知が歓喜の法悦感――諸世界がそこから出現したのだが――を打ち消してしまったからである……。

自動人形

私が呼吸しているのは偏見のお蔭である。そして私はもろもろの観念の痙攣に眺め入るが、一方「空虚」はひとりでにこやかに微笑んでいる……。宇宙で汗が流されなくなれば、生命も消えてしまう。だがちょっとした卑俗さがあれば、生命はふたたびあらわれるだろう。一瞬待つだけで十分である。

自分が存在していることを意識した時、われわれは、自分の狂気をとつぜん自覚してそれに名前をつけようと努力しながら果さない、そんな驚愕した精神錯乱者に似た感覚を味わう。われわれは習慣に鈍麻しているので、自分が存在しているという驚きを感じないだけである。われわれは存在する——そして、その事実をやりすごし、実存者の避難所の中にいつもの席を占めるのである。

私は順応主義者《コンフォルミスト》として生き、人まねをして、ゲームの規則を尊重して、独創性を嫌うことによって生きようと努める。まるで自動人形《ロボット》の諦めである。すなわち、熱心さを装いながら腹ではそれを嘲笑すること。習慣をひそかに忌避するためにのみ習慣に従うこと。あらゆる帳簿に名前を載せながら、時間の中に住居を持たないこと。面子《メンツ》を失うことこそ緊要なのを知りながら、平然と面子を保つこと……。

万事を軽蔑する者は、わざと申し分ない威儀を正し、他人を、のみならず自分をさえ欺かねばならない。そうすることによって彼は、にせの生活者としての務めを一層容易に果すことだろう。この世で成功したふりができるのに、自分の頽廃ぶりをひけらかしたとて何になろうか。地獄は行儀作法の悪いものだ。つまり地獄とは、率直で無作法な男のイメージを拡大したものであり、気品と礼節という迷信を一切欠いたところに思い描かれる土地なのである。

私は礼儀上、この生を受け入れる。絶え間ない反抗は、自殺の崇高さと同様、一種の悪趣味である。人は二十歳にして、天上界とそれが覆い隠している汚穢とを痛烈に非難する。それから彼は疲れてしまう。悲劇的なポーズは、間のびした滑稽な青春期にしか似合わないのである。とはいえ、道化役者の超然たる生き方に達するまでには、数々の試煉を味わわなければならない。

あらゆる慣習の網の目から解放されながら、喜劇役者の才能を全然持ち合わせない人間は、不運の典型、申し分なく不幸な存在となるであろう。こうした率直さの範型《モデル》を描き出してみても、何にもならない。なぜなら、生はわれわれがそこに混える韜晦の程度如何によって、はじめて我慢できるものとなるからである。右に言ったような率直さのモデルは、ただちにこの社会の崩壊を招くであろう。人々とともに生きる《楽しさ》は、われわれの腹の中に溜ったいろいろな考えを勝手気ままに跳梁させることができない、という一事にかかっているのである。われわれがお互いに我慢しあっているのは、みなぺてん師揃いだからである。嘘をつくことを潔しとしない者は、大地が足もとで揺ぐのを見るであろう。われわれは、嘘をつくべく生物学的に定められているのだ。道徳上の英雄は、きまって幼稚か無力、でなければどこかいかがわしいところがある。なぜなら、ほんとうの正しさとは、嘘で固めたこの世の中、表ではお世辞を言いながら裏では悪口を言うような礼儀正しさの中では、汚点になるのだから。もしわれわれの同類たちが、われわれが彼らのことをどう思っているか書きとめることができたならば、愛・友情・献身などという単語は永久に辞書から抹殺されてしまうであろう。われわれにしても、自分自身に対しておずおずと抱いている懐疑の念を真向から見据える勇気があったら、恥かしさなしに《私は》という言葉を口にはできまい。太古の穴居人から懐疑思想家に至るまで、生きとし生けるものを引っぱって行くのは、こうした仮面舞踏会なのである。われわれと死体とを区別するのは、ただわれわれが外観を重んじるという事実だけなのだから、物ごとや人間の奥底を見つめるのは破滅のもとだ。せいぜい、より快適な虚無に甘んじておこうではないか。われわれ人間の出来は、一定量の真理にしか耐え得ないのだ……。

人生に意味はない、意味を持つことはできない——他のあらゆる確信にまさるこの確信を、われわれは心の奥深くしまっておこう。もし何か思いがけぬ啓示があって、その逆だと教えてくれたら、われわれはたちどころに自殺しなければならなくなるだろう。空気がなくなってもわれわれはまだ呼吸するであろうが、この世はむなしいという悦びを奪われたら、われわれは窒息してしまうのである……。

憂愁《メランコリア》について

われわれは己れ自身から解放されないと、わが身をむさぼり喰うことに楽しみを見出すようになる。的確な呪詛をまき散らすあの「暗黒の主」に訴えたとて、無駄である。なぜなら、われわれは病気を持たぬ病人、悪なき悪人なのだから。憂愁とはエゴイズムの夢想状態である。つまり、己れの外にもはや対象なく、憎しみや愛の理由がなく、ただ物憂い泥沼への埋没、地獄なき呪われ人の輾転反側、破滅への情熱の繰り返しあるのみなのである。……悲哀が一定の運命の枠に甘んじるのに対し、憂愁《メランコリア》にとっては、そのうっとうしくて捉えどころのない魅惑を、漠たる苦痛を、存分にくりひろげるに足るだけのふんだんな場所が、無限の風景がいる。この苦痛は癒されることを恐れ、一定の枠に押しこまれてそれ以上ひろがり波打つことができなくなるのを嫌うのである。憂愁——自愛心の最も奇妙な花——は毒の間で開き、その毒から、己れの精気とあらゆる衰弱のための活力を吸いこむ。己れを腐敗させるものによって養われる憂愁《メランコリア》は、響きも美しいその名の下に、「敗北」を鼻にかける「思い上り」と、自分自身に対する「憐憫」とを隠しているのである……。

優越欲

皇帝《カエサル》は、すぐれて頭脳明晰だが支配本能を欠いた精神の持主よりも、村長の方に近い。肝要なのは支配するということである。大部分の人間が、支配することをこそ熱望しているのだ。君がその手に握っているのが、ひとつの帝国であろうと、部族であろうと、はたまた家族ないし一人の召使いであろうと、君は華々しく、あるいは漫画風に、専制君主としての才腕を発揮する。一世界全体が、または単に一人の人間が、君の意のままになるのだ。こうして、優越欲から一連の大きな災禍が生まれるわけである。……われわれのまわりにいるのは暴逆驕慢な君主ばかりで、どいつもこいつも――間に合う手だて次第だが――一群の奴隷を探している、あるいはせめて一人の奴隷で満足する。自分だけで十分だという人間など、一人もいない。一番控え目な奴でさえ、夢にまで見る権勢欲を満たすため、きまって男または女の友達を見つけるものである。他人に服従する者は、やがて他人を服従させるようになる。すなわち犠牲者変じて死刑執行人となるのである。これこそ、万人が持つ究極の欲望にほかならない。この欲望を感じないのは、乞食と賢者だけである――もっとも、彼らのやり口がもっと手のこんだ優越欲のあらわれでないとすればの話だが……。

権勢欲あればこそ「歴史」は絶えず新たになるのだし、またこれあるがゆえに、基本的に「歴史」は変らないのである。諸宗教は、この欲望と戦おうと試みる。が結局、それを刺戟することにしか成功しない。もしキリスト教がその目的を達していたら、この世は沙漠か楽園と化したであろう。人間がまとい得るさまざまな姿の下には、ひとつの常数、つねに変らぬ根柢が隠されていて、だからこそわれわれは、一見いろいろな変化を蒙りながら、いつも同じ輪の中をぐるぐる廻っているだけなのだし――また、何か超自然的な力の介入によって、われわれが持って生まれた怪物とか操り人形とかの性質を失ったら、歴史はただちに消滅するだろうと考える理由も、そこにある。

自由になろうと努めてみたまえ。君は餓死するだろう。社会が君を生かしておいてくれるのは、君が交互に奴隷になったり暴君になったりする、その限りにおいてである。社会とは番人のいない牢獄なのだ、——ただしそこから逃げ出せば、破滅が待ち構えている。われわれが社会《シテ》の中でしか生きることができないのに、本能はそうなっていない時、乞食をやるほどがむしゃらになれない時、かといって叡知に身を委ねるほどバランスの取れた人間でもない時、いったいわれわれはどこへ行けばよいのか。——とどのつまり、誰もと同様、われわれも忙しげなふりをしながら社会の中で生きて行くほかないのだ。こうした止むを得ない手段に訴えるのも、技巧策略という富があればこそで、つまり生きることよりも生きるふりをすることの方が、まだしも滑稽感が少ないからである。

人間が社会生活への情熱を有する限り、そこでは擬装された人肉嗜食《カニバリスム》が支配的であろう。政治的本能とは「原罪」から生じた直接の結果であり、「楽園失墜」をそのままに有形化したものである。人はみなそれぞれに孤独の運命を担わされているはずなのに、誰もが他人の孤独を監視する。天使も山賊もそれぞれのお頭《かしら》を持っている以上、その中間にある人間たち——つまり人類の厚みをなす部分——が、どうして頭目を持たないでいられようか。彼らから、奴隷か然らずんば暴君でありたいという欲望を取り除いてみたまえ。君は社会《シテ》を一挙に崩壊させることになるだろう。この猿どもが交わす契約の調印は永久的なのだ。

そして歴史は、犯罪と夢想の間で息を切らす漂泊の民さながらに、歩みつづけて行く。何ものもそれを押しとどめることはできない。歴史を憎む人々でさえ、その歩みに参加しているのである……。

貧乏人の位置

資産家と乞食――これが、いかなる変化、いかなる革新の混乱にも反対する二つの部類である。社会階層の両極端を占める彼らは、良きにつけ悪しきにつけ、あらゆる変化を恐れる。資産家は豪奢の中に、乞食は赤貧の中に、ともに腰を据えているからである。両者の間に位置するのがあくせく働き、苦しみ、耐え忍び、そして希望という不条理を営々と耕す人々――かの無名の汗、社会の土台なのである。国家は彼らの貧血を代償として生きている。市民という観念は、彼らなしでは内容も現実性も持たないだろう。奢侈とか施しとかも同じことで、要するに金持と浮浪者は「貧乏人」の寄生虫なのである。

赤貧を救う手だてはたくさんあっても、貧乏を救う手だてはまったくない。餓死しまいと懸命な人々を、どうやって救えばよいのか。神さえも彼らの運命を変えることはできまい。運命の寵児と、ぼろをまとった人間とのあいだを、腹を減らした名誉ある貧乏人たちが動きまわっている。この人々は、華美とぼろとの両方から膏血を絞られ、働くことを嫌ってそれぞれの運や天命に従いつつ客間または街路に坐りこんでいる連中から、一方的に掠奪されるばかりである。人類は、まさしくこうして歩んで行くのだ。つまり少数の富者と少数の乞食——そして大量の貧乏人という構成で……。

頽廃《デカダンス》のさまざまな顔

完全に置き忘れられた群衆の疲労を
私は瞼から消し去ることができないのだ。
フーゴー・フォン・ホフマンスタール

文明は、「生」がそのたったひとつの執念になるや否や、凋落しはじめる。文明の最盛期には、人は価値をただ価値そのもののために耕すのであって、生はそれを実現するための一手段にすぎない。個人は、自分が生きていることを知らない。ただ——彼が生み出し、大事にし、崇めている諸形式の幸福な奴隷として——生きているだけである。感情の働きが彼を支配し、満たしている。《感情》という富がなければ創造行為もないが、この富は局限されている。しかるにその豊かさのみを味わう人にとって、この富は無尽蔵ともみえ、そうした錯覚がすなわち歴史を生むのである。頽唐期《デカダンス》にあっては、感情が枯渇するため、人は感じ理解するのに二つの様式しか許されない。つまり感覚と観念である。ところで、われわれが価値の世界に専念し、さまざまな範疇や規範に活力を吹きこむのは、感情の働きによる。多産期における文明の活動とは、観念をその抽象の虚無から救い出し、概念を神話に変えるところにある。無名の個人から意識的な個人への移り行きは、この段階ではまだ行なわれていない。だが、この移行は避け難いのである。考えてもみたまえ。ギリシアでは、ホメロスから詭弁哲学者《ソフィスト》への移行がそれにあたるし、ローマでは、古い厳格な「共和国」から「帝国」の《知恵》へ、また近代世界では教会伽藍《カテドラル》から十八世紀のレース細工への移り行きがそれにあたるのだ。

一民族は無限に生産しつづけることができるわけではない。彼らは一定量の価値に表現と意味を与える使命を帯びており、この価値は、それを生んだ魂が枯れると同時に枯れしぼむのである。この催眠状態における創造活動のあとで目覚めるのが、すなわち市民である。換言すれば、明知の支配が始まり、民衆の手にはもはや空虚な範疇しか残らなくなる。神話はふたたび概念となる。これが頽唐期《デカダンス》なのである。そして、その結果どうなるかも明白である。たとえば、個人は生きようと欲し、生を窮極目的と化し、かくて自分を眇たりとはいえひとつの例外の地位にまで高める。こうした例外者の総和が、すなわち当の文明の赤字であり、文明の消滅を予告するものなのである。やがて、すべての人間が繊細に洗練されることとなる。——が、偉大な時代の創造行為をなし遂げるのは、むしろ欺かれやすい人々の輝かしい愚直さなのではあるまいか。

ローマ帝国の末期、その軍隊を構成するのは騎兵隊だけになっていた——と、これはモンテスキュー（一六八九—一七五五。フランスの哲学者、『ローマ人盛衰原因論』と『法の精神』を主著とする。）の唱えるところである。但し、彼はその理由は語っていない。まあ想像してみたまえ、無数の国土を転戦し、あまたの寺院と悪徳を見聞して信仰も生気も失ったあげくに、栄光と富と放蕩に飽き足りたローマの兵士が、足で歩く図を！　彼は歩兵として世界を征服した。今度は騎兵として世界を失うのだ。

——およそ柔弱さの中には、都市《シテ》の神話になお忠誠をつくす力が生理的になくなったという事実がある。解放された兵士と明知を抱いた市民とは、蛮族のもとに潰え去る。「生」の発見が生を抹殺するのである。

一民族が、程度の差こそあれ、珍奇な感覚に狙いをつけるようになった時、趣味が磨ぎすまされ洗練されて、自然な反射運動がこみいったものになった時、その民族は宿命的な完成状態にすでに到達したのである。頽廃とは、とりもなおさず、意識の働きの影響で不純になった本能の謂である。したがって、ひとつの集団の存在における美食術《ガストロノミー》の重要性については、いくら強調してもしすぎるということがないであろう。食べる行為が意識的になるというのは、繁瑣主義のあらわれなのである。蛮族なら、ただわが身を養うだけだ。知的・宗教的な折衷論、官能の精緻さ、唯美主義——そして美食に対する手のこんだ執念、これらはみな、同じ精神様式の異なった徴しなのである。ガビウス・アピキウスが伊勢蝦《えび》をもとめてアフリカの海岸各地をへめぐり、しかも自分の好みに合った蝦が見つからぬとて、どの土地にも落ち着くことがなかった時、彼はまさに、異邦の数多い神々を崇めながら満足も休息も見出せなかった不安な魂の持主たちと同じ時代を生きたのだ。珍奇な感覚——さまざまの神、この両者は、同じ涸渇、内的緊張を欠いた同じ好奇心から生まれた双生児的な結果なのである。そこにキリスト教が出現した。唯一の神——そして断食。かくて平俗と荘厳の時代が始まったのである……。

一民族は、別の神々、別の神話、別の不条理を作り出す力がなくなると、もう死期が近づいている。その偶像は青ざめ、消えて行く。彼らは他の土地に偶像を求めようとするが、知られざる異形の像の前で孤独を感じるばかりである。つまり、またしても頽廃なのである。だが、もしこれら異形の神のうちのひとつが勝ちを占めたら、その粗野で無名で不寛容な新しい別世界は揺らぎ、遂には己れの神を使い果たしてそれから解放されたいと望む。なぜなら人間は、神々が死んで行く時代にのみ自由——そして不毛——であり、神々が——暴君として——栄える時代にのみ奴隷——そして創造的であるからである。

自分の感覚について思いめぐらすこと——たとえば自分が食べているのを知ること——これは一種の自意識の目覚めで、そのお蔭で基本的行為は直接に目ざすところを越えてしまう。知的嫌悪とならんで、別の、もっと深くもっと危険な嫌悪が生長する。はらわたから出て来たこの嫌悪感は、やがてニヒリズムの最も重大な形態、すなわち食い過ぎのニヒリズムに到る。どんなに苛烈な考察も、その効果という点では、豪華な饗宴のあとに来る光景に比すべくもない。時間において数分間を、食物において必要量を越える食事は、われわれの確信を例外なく風化させてしまう。ローマ帝国を崩壊させたのは、過剰な料理法と飽食で、その破壊作用の徹底ぶりたるや、ローマにうまく同化されなかったオリエントの諸宗派やギリシア伝来の教義の比ではなかったのである。人が懐疑思想の真の戦慄を味わえるのは、ただ食物がたっぷり並んだテーブルのまわりでである。《天国》は、いわばうまいものを食い過ぎたあとの誘惑として、あるいは、消化作用にのんびり身を委ねている最中の、甘美なまでに倒錯した驚きとして、人々の眼に見えたに違いない。餓えは宗教の中に救済の道を求め、飽食は毒を求める。病菌《ヴィールス》によって己れを《救う》こと、祈りと悪徳との区別のつかぬままに、同じ行為によってこの世を逃れ、またこの世を這いずり廻ること……これこそまさに、爛熟の極に達した文明の頽廃が抱く苦痛の総和なのである。

すべて爛熟しきった文明には、凋落の完全さなるものがある。本能はしなやかになり、快楽は膨脹し、もはや本来の生物学的機能に対応しなくなる。官能がそれ自体目的となり、その持続がひとつの芸術に、性的絶頂感《オルガスム》の遷延がひとつの技術に、性本能がひとつの学になる。欲望の方途を多様ならしめるため読書から得たさまざまな手段とヒント。享楽の準備過程を変化に富んだものにするため酷使される想像力。かてて加えて精神までもが、自分の本性とは無縁な、またほとんど何の力も振えないはずの領域に首を突っこむ。――これらはみな、血の欠乏と、肉の病的な主知主義化との徴候なのである。儀式として考えられた愛欲は、愚劣さが支配すべき領域で知性に至上権を与える。肉体の自律運動が、そのためうまく働かなくなる。それは自然性を妨げられ、あの公然と口にはできぬ肉の痙攣を開始しようという渇きを失ってしまう。神経は、明知を宿した不如意と興奮の芝居となり、感覚もまた、入念な技巧を凝らした官能の限りをつくす両刑吏の至芸のせいで、自然な持続時間を越えて長引くこととなる。つまりは個人が種族を欺き、熱い血が冷えてもはや精神の眼をくらますに足りなくなる。血が観念のために冷えきって薄くなってしまった、つまり理性的な血になってしまったのである……。

会話に蝕まれた本能……。

対話からは、かつて壮大なもの、爆発的なもの、《偉大なもの》が生まれたためしがない。もし人類が、己れ自身の力について論じ合うことに興じなかったら、人類はホメロスの世界観やその作品の登場人物たちの域を越えなかったかもしれない。ただ弁論術は、反射運動の自発性と神話のみずみずしさを台なしにし、英雄をひよわな個人に変えてしまった。今日のアキレウス（ギリシア神話の勇将。幼時、冥府の川ステュクスに浸って不死身となったが、踵だけは水につかなかったため弱点となり、そこを射られて死んだ。）たちは、弱点たる踵をひとつならず持っているのである……。昔はごく部分的で、取るに足りなかった傷つき易さが、今では呪うべき特権となり、一人一人の人間の本質となった。つまり意識が全身にはびこり、骨の髄まで喰いこんだのである。かくて人間は、もはや存在の中にでなく、存在の理論の中に生きるようになったのである……。

明知をもって己れ自身を認識し、説明し、根拠づけ、己れの行為を支配する者は、断じて後世に残るような仕事をなし得ないであろう。心理学は英雄を葬る墓穴なのである。数千年にわたる宗教と推論が、筋肉を、意志を、冒険への衝動を、骨ぬきにしてしまった。栄光をめざす企てを軽蔑しないことが、今さらどうしてできようか。精神の輝かしい呪詛に司られていないすべての行為は、昔の愚劣さの名残にすぎない。さまざまなイデオロギーが発明されたのも、ただ、何世紀にもわたって維持されてきた野蛮性という生地に見かけの艶を与えるため、すべての人間が共通して持っている人殺しの本性を覆い隠すためなのである。今日、殺人は何かの名目のもとに行なわれる。理由なく人殺しをやる勇気を失ったからである。だから、死刑執行人までがとかくの理由を言いたてねばならず、それに英雄主義はもう時代おくれなので、英雄的行為に惹かれる者も、みずから犠牲を買って出るより、何かの問題を解こうとする。抽象性が生の中にも死の中にも滲みこんでしまった。大物も小物も《コンプレックス》のとりこになっている。『イーリアス』から精神病理学へ――だが人間のたどる道はそれ以外にないのである……。

下り坂にさしかかった文明にあっては、黄昏は高貴な罰の徴しである。数世紀にわたって権力の規範と趣味の基準を確立したあと、自分が今や生成の道からはずされたのを感じる時、文明はいかに皮肉な悦びを覚えることであろうか。ひとつの文明とともに、ひとつの世界が消え去るのだ。ギリシア末期、ローマ末期に人々が味わったこの感覚！　歴史の大いなる暮れ方に、どうして見とれないでおれようか。文明がありとあらゆる問題に手をつけ、その処理を見事に誤ったあと、終末の色に包まれる……その魅惑的な光景は、当の文明の勃興期における無垢な素朴さより、よほどわれわれの関心を惹くのである。

それぞれの文明は、宇宙が投げかける疑問に対するそれなりの答えである。だが、謎は手つかずのまま残る。——他の文明が新たな好奇心を燃やしてその謎に挑戦するが、やはり無益である。どの文明も、要するに誤謬の体系にすぎないからである……。

絶頂期にはもろもろの価値が生み出され、衰退期には、すりへってぼろぼろになった価値が打ち棄てられる。頽廃の魅惑——真理がもはや生命を失い、考えこんで涸渇した魂の中の骸骨、数々の夢想の納骨堂の中の骸骨のように累々と積み重ねられる時代の魅惑とは……。

オリンピウスなる名の、あのアレキサンドリアの哲学者は、何と私に懐かしいことか。彼はセラピス（プトレマイオス朝時代、ギリシアからエジプトにもたらされた神。アレキサンドリアで崇拝された。）神殿の中で誰かがハレルヤを唱えるのを聞いて、故国を永久に棄て去ったのだった。四世紀初頭のことである。「十字架」のまがまがしい気違い沙汰は、はやくもこの頃「精神」に暗雲を投じていたのだ……。

同じ頃、文法学者パラダスは次のように書くことができた、《われわれギリシア人は、もはや死骸にすぎぬ。われわれの希望は、死者のそれと同様、地下に埋葬された》と。このことは、当時の知識人すべてにとって真実だったのである。

ケルソス（二世紀のプラトン派哲学者。キリスト教はギリシアの知恵の歪曲より生ずるとして攻撃した。）、ポルフュリオス（三世紀の新プラトン派哲学者。プロティノスの思想をひろめ、キリスト教を論駁した。）、背教者ユリアヌス（三三二―三六三。ローマ皇帝に即位後、異教に公然と改宗し、その復興を宣言した。ギリシア的教養に富んだ著作家としても知られる。）らが、地下墳墓《カタコンブ》から溢れ出てくるこの曖昧模糊たる宗教を押しとどめようとしたが、無駄であった。使徒たちが人々の魂にすでに烙印をおし、都市という都市に荒廃をひろげていたからである。大いなる「醜悪」の時代が始まり、下劣なヒステリーが世界を蔽った。聖パウロ――あらゆる時代を通じて最大の選挙運動員――は、周知のように各地をめぐり、書簡でもって古代の夕暮れの光輝を暗くした。癲癇やみが五世紀にわたる哲学に打ち勝った。「理性」はキリスト教会の教父たちに没収されたのである。

ところで、歴史上、精神の矜持にとって最も屈辱的な日付を求めるなら、また不寛容の数々の財産目録に眼を通すなら、私は、ユスティニアヌス帝（四八三―五六五。ローマ皇帝。東方教会の信条に従って宗教政策を行なったが、神学になずみすぎて異端に陥った。）の命によってアテネの学校が閉鎖された五二九年に比せられるものはないと思う。この年以降、頽廃への権利が公に抹殺され、信じることがひとつの義務となった。……これは「懐疑」の歴史のうち、最も悲痛な時だったのである。

一民族が血の中にもう何らの偏見も有しない時、彼らに残された手だては崩壊への意志のみである。崩壊の芸術たる音楽を模倣して、彼らは情熱に、抒情の濫費に、感情過多に、理知の曇りに、最後の別れを告げる。以後彼らは、皮肉なしに崇めることができなくなるだろう。なぜなら、距離の感情が永久に彼らの宿命となるからである。

偏見というものは生きた肉体から生じた真理で、それ自体としては間違いだとしても、幾つもの世代を通じて蓄積され、伝えられて行く。それを振り棄ててただですむはずはないのである。己れの偏見を躊躇なく捨て去る民族は、自分をつぎつぎと否定して、遂には何も否定するものがなくなるまでになる。ひとつの集団が、どれほど長く、どれほど堅固につづくかは、当の集団が持つ偏見の持続性と堅固さにかかっているのである。東洋の諸民族が長つづきするのは、自己自身に対する彼ら特有の忠実さによるものである。つまり、彼らはほとんど進化しなかったので、自分を裏切ることもなかったというわけだ。彼らは、テンポのはやい文明——歴史の舞台にあらわれるのはこうした文明だけだが——が生について考えているのと同じ意味で生きたのではない。なぜなら、息せき切って明ける黎明、たちまちのうちに消え行く臨終を貫く原理としての歴史は、厳密さを自負するひとつの物語《ロマン》で、血の古記録から己れの素材を汲み上げるからである……。

文明の爛熟期とは、精緻な否定の時代であり、無益さと拒否との一様式であり、もろもろの価値や信仰の混乱のただなかを行く、学識と皮肉との散策である。その理想的な場は、古代ギリシアと昔のパリが相交わるところ、都市の広場《アゴラ》とサロンとの相会する地点に見出されるであろう。文明は農業から逆説《パラドックス》へと進化する。この両極端の間で、野蛮性と神経症との戦いが展開される。創造的時代の不安定な均衡が、そこから生じるのである。この戦いが終りに近づくと、あらゆる地平線が開かれるが、そのどれひとつとして、疲れ果てたと同時に鋭く目覚めている好奇心をかきたてることができない。そうなれば、迷いから覚めた個人が虚無の中で花開き、知的吸血鬼が文明の腐敗した血を吸い取るのである。

歴史というものを真面目にとるべきであろうか、それとも傍観者として接すべきであろうか。歴史に一定の目的へ向う努力を見るべきであろうか、それとも、必然性も理由もなしに輝き初《そ》めてはまた弱まって行く光の祝祭のごときものを見るべきであろうか。答えは、ひとえに、人間に関してわれわれが抱いている幻想の程度如何、歴史の生成の基礎ともなり刺戟ともなるこの舞踏《ワルツ》と屠殺場との混合がいかに解決されて行くか、そのなりゆきを見きわめようとするわれわれの好奇心如何にかかっているのである。

いわゆる「世界苦《ヴェルトシュメルツ》」、つまり世紀病にも、単なる世代の病にすぎないものもあれば、あらゆる歴史的経験を超越して、未来の時代に対するたったひとつの結論とみなされねばならないものもある。後者は《魂における漠たる虚無》、《世界終末》のメランコリアである。何もかも、太陽に至るまで姿を変える。不幸に至るまで、何もかも年老いるのである……。

美辞麗句に無能なわれわれは、明晰なる絶望を抱いたロマン派である。現代のウェルテルやマンフレッド（バイロンの劇詩『マンフレッド』の主人公。罪と愛と悪と夢想の間に引き裂かれて苦しむ。）やルネ（既出。一八八ページを参照。）は、己れの世紀病を熟知し、言葉の飾りもないままそれを並べたてることであろう。生物学、生理学、心理学――みなグロテスクな名前だが、これらがわれわれの絶望の素朴さを抹殺し、歌の中に分析癖を持ちこむことによって、朗々たる感情吐露を軽蔑する風潮を招いた。「論」の時代を通過したわれわれの苦渋は、博学となって、自分の恥辱を説明し、自分の熱狂を分類するのである。

　意識がわれわれのあらゆる秘密を宰領するようになった時、われわれの不幸から神秘の最後の痕跡まで拭い去られた時、われわれは、存在と詩との崩壊を凝視するだけの熱意と心の高ぶりをまだ残しているであろうか？

　歴史の重さ、生成の重荷を感じること。意識が、過去ないし未来の出来事の総体とそのむなしさを考える時に押しひしがれる、あの苦悩を味わうこと……。郷愁《ノスタルジー》が、いかに過去の総体が与える教訓を知らぬ魂の躍動に訴えようと、無益である。ある種の倦怠にとっては、未来そのものが墓場――存在することを待っているあらゆるものと同じ潜在的な墓場なのだ。時代を重ねるごとに歴史が重荷となり、瞬間の上にずっしりのしかかる。――われわれは、いかなる時代よりも腐り果て、いかなる帝国よりも崩れ果てている。われわれの疲労困憊が歴史を解釈し、われわれの息切れがもろもろの民族の死に際の喘ぎを耳に聞かせる。萎黄病にかかった役者であるわれわれは、疲弊した時代の埋草の役を演じる準備をしているのだ。つまり、宇宙のカーテンが虫に喰われ、その穴の向うには、もう仮面と幻だけしか見えないのである……。

頽廃《デカダンス》を取り押さえる人々の誤りは、それと戦おうとすることで、実際には頽廃を助長することこそ必要なのである。頽廃は、その極に達すれば枯れしぼんで、やがて別の形を生むもとともなるであろう。真の予言的先駆者とは、誰も望んでいない思想体系などを説く人間ではなく、「混沌《カオス》」を促進し、助長し、煽りたてる人間のことである。あらゆる未来の夢が錯乱とも欺瞞ともみえる疲弊した時代のまんなかで、大声あげて教義を説くのは、俗悪なことである。ボタン穴に花を挿して歴史の終末へ歩み行くこと――これこそ、時の流れの中でふさわしいただひとつの態度なのである。「最後の審判」がないとは、大いなる挑戦の機会がないとは、何と残念なことであろうか！　信者とは、永遠を演じる大根役者、信仰とは超時間的な舞台の必要なのだ……。――だが、われわれ不信の徒は己れ自身の舞台書割の中で死んで行く。死体を飾るための飾りつけなどに惑わされるには、われわれは疲れすぎているのだ……。

マイスター・エックハルト（一二六〇頃―一三二八。ドイツ神秘主義者のうちでも最大かつ独自の思想家。）によれば、神性は神に先立って存在する。それは神の本質であり、その測るべからざる根柢である。では、われわれの一番奥底にあって、神の本質に対する人間の本質を規定しているものは何であろうか。それは神経衰弱である。したがって、神経衰弱と人間との関係は、神性と神との関係に等しい。

われわれは疲労困憊の季節に生きている。つまり、創造し、鋳出し、こしらえる作業が、それ自体としてというより、あとにつづくむなしさ、失墜感によって意味あるような、そうした時代なのである。いつも不可避的に危険にさらされているわれわれの努力からみれば、無尽蔵の神的根柢なるものは、われわれ人間の理解を絶する彼方にある。――人間は、そもそも疲労する運命を背負って生まれた。すなわち、人間が垂直に立ち上り、そのため体を支える可能性の数を減じた時、彼は、かつて獣であった時には知らなかった弱点を担うべく定められたのである。これほど多くの物質と、それにくっついたあらゆる嫌悪を、たった二本の足で支えねばならないとは！　疲労は世代から世代へと蓄積され、伝えられる。父祖がわれわれに遺贈してくれるのは、貧血の遺産、失望の蓄え、腐敗の資源、そして生の本能より強くなった死へのエネルギーである。かくて、死に狎《な》れきったわれわれの性情は、疲労という元手に支えられて、このとりとめない肉体の中で、神経衰弱を――つまりわれわれの本質を――成就させてくれるであろう……。

ある真理を主張するのに、それを信じる必要はなく、ある時代を擁護するのに、それを愛する必要もない。なぜなら、すべての原理は証明可能であり、すべての出来事は起こるべくして起こったからである。現象――それが精神から生まれたものであろうと、時代の必然として生まれたものであろうと、関係なく――の総体は、その時々のわれわれの気分に応じて、擁護もされるし否定もされる。あらゆる論議は、われわれの厳正さから出たものであろうと、気まぐれから出たものであろうと、いかなる点でも優劣はない。最も馬鹿げた命題から最も恐ろしい犯罪に至るまで、およそ弁護できないものはない。観念の歴史も、事実の歴史と同様、気違いじみた風土の中で展開される。してみれば、この貧血した、あるいは血の気の多すぎるゴリラどもの争いを一刀両断に解決できるような仲裁人が、率直に言って見つかるはずがあろうか。この地球という場所では、どんなことでも、同じ真実らしさをもって主張することができるのだ。そこでは、公理と妄想とが相互に置換可能であり、生命の飛躍と衰弱との区別もなく、高貴と低俗が同じ動きに等しく関与する。どういう状況にせよ、何かそれを弁護できるような種は見つかるもので、もしそうでないケースがあれば教えていただきたいものだ。地獄を弁護する者も、天国を擁護する人に劣らず、真理に対する権利を持っているのである。――私は、賢者の訴訟も狂人の訴訟も、同じくらい熱心に引き受けて弁論できるだろう。この世にあらわれて行動するものすべては、時間による腐蝕作用を蒙る。つまり、観念にせよ事件にせよ、現実のものとなれば、ただちに形を取り、堕落するわけである。したがって、一群の存在が揺さぶられた時、そこから「歴史」が発生し、と同時に、「歴史」がかきたてたたったひとつの純粋な欲望——すなわち、何らかの形で「歴史」を最後まで完遂させようという欲望が生じたのである。もう一度夜明けを迎えるには爛熟しすぎ、あまりに多くの世紀を理解したのでもう新しい時代を望む気力も失ったわれわれには、諸文明の滓の中で這いずり廻る道しか残されていない。時の歩みに誘惑されるのは、もはや青二才と狂信の徒のみである……。

われわれは、古い夢の数々に悩まされ、ユートピアには永遠に不向き、疲労倦怠のみを精緻に磨きあげ、未来の墓穴を掘り、古きアダムの生まれ変りの連中にぞっとする、まことに大いなる老いぼれである。「生命の樹」は二度と春を迎えることがないだろう。今やそれは枯れてしまったのだ。その枯れ木で、われわれの骨を、われわれの夢と苦悩を葬るための柩をこしらえるがよかろう。われわれの肉体は、数千年にわたってばらまかれた美々しい死屍の悪臭を受けついだのだ。死体たちの栄光がわれわれを魅了し、われわれはその精髄を吸いつくした。「精神」の墓場には、数多い原理や公式が横たわっている。たとえば「美」は定義され、墓穴に葬られた。「真」も「善」も「知」も「神々」も、「美」と同じ運命をたどった。何もかもが、墓場で朽ち果てて行くのである。(歴史とは、そこでこうした括弧つきの概念が腐敗し、それとともに、その概念を考案しいつくしんだ人々も腐って行く、いわば枠組のことである。)

……墓地の中を、私は歩いてみる。この十字架の下には「真」が最後の眠りについているし、その横では「魅惑《シャルム》」が、その先には「厳密」が眠っている。そして、数々の迷妄や仮説の上を覆う墓石を見おろしながら立っているのは、「絶対」の廟墓だ。そこには、偽りの慰めや、魂の欺瞞的な絶頂が、いくつも横たわっている。だが、さらにその上の方には、この沈黙に冠をかぶせるかのように「誤謬」があたりを睥睨し――この陰気な詭弁哲学者《ソフィスト》の足をとめるのである。

人間の存在は、自然がかつて経験した最も重大で最も奇怪な変事《アヴァンチユール》であるから、それがまた最も短いものであることも避け難い。人間存在の終末は予見可能だし、望ましいことでもある。人間の存在を無限に延ばそうとするのは、破廉恥なことであろう。例外的存在としてのさまざまな危険の中に足を踏みこんだこの逆説的動物は、この先まだ数百年どころか数千年もの間、最後の切札で勝負をつづけるだろう。それを嘆く必要があるだろうか。人間に残された可能性が、いつかまたバッハやシェークスピアのような人物を生む予兆は全然ないのだから、人間がもはや過去の栄光に匹敵し得べくもないことは、火を見るよりも明らかである。「頽廃《デカダンス》」はまず芸術にあらわれる。《文明》は、諸芸術の崩壊を越えてなおしばらくは生き残る。人間についても同様であろう。すなわち、人間が過去のめざましい業績を受けついでも、精神的資源はすでに涸渇し、みずみずしい霊感も枯れはてるであろう。権力と支配への渇望が、彼の魂にあまりにもどっしりと根をおろしてしまった。人間がすべてを支配するようになった時にも、自分の終末だけはもはやどうすることもできないだろう。自他を破壊するすべての方法をまだ手に入れたわけではないので、人間はただちに滅び去るというわけにはいくまい。ただ、彼が不老長寿の万能薬を発見するよりはやく、完全絶滅の手段をみずからのために作り出すであろうことは、異論の余地がない。だいいち、この万能薬というやつは、自然の可能性のうちに数えることができるとは思えないのだ。人間は創造者として滅び去るであろう。では、すべての人間が地上から姿を消すと結論しなければならないのだろうか。ものごとを楽観してはいけない。大部分は生き残り、人間以下の種族、世界終末劇《アポカリプス》の無切符入場者として、地上をさまようことであろう……。

滅亡し去るまいとしても、それは人間の力にあまることである。征服と分析に対する本能は人間の支配圏を拡大したが、やがてその圏内にあるものを崩壊させることとなる。人間が生に付け加えるものが、生を阻害するようになるのである。みずから作り出したものの奴隷となった人間は――創造者である限り――「悪」の手先なのである。これは、小さな手仕事に携わる人にも、学者にも、また――絶対の次元では――ちっぽけな虫けらにも神にも、等しくあてはまることである。人類を構成するのが、もし田夫野人と懐疑派だけだったら、人類は長い停滞のうちにとどまって、さらに存続することもできたであろう。

しかし能率第一の人類は、働きすぎと過度の好奇心のゆえに破滅する運命にある、あの息せき切った積極的な群衆の尻をたたいたのだ。己れ自身の灰燼を貪欲に熱望して、人類は己れの終末を準備してきたし、現に毎日、準備しつつある。かくて、発端よりも大詰めに近づいた人類が子孫のために残したのは、ただ、黙示録《アポカプリス》に対する醒めた情熱だけなのである……。

想像力は、全人類が異口同音にこう叫ぶ未来のことをたやすく想像できる。《俺たちは最後の人類なのだ。未来に倦み、まして自分自身に飽きあきした俺たちは、大地の養分をしぼりつくし、天国を赤裸にしてしまった。物質も精神も、もはや俺たちの夢を支えるに足りなくなっている。この宇宙は、俺たちの心と同じほど乾上ってしまったのだ。養分となるものは、もうどこにも残っていない。先祖が俺たちに遺してくれたのは、ぼろぼろになった魂と、虫の喰った骨髄だけだ。冒険は終った。意識は息を引き取ろうとしている。俺たちの歌は消えてなくなった。あそこに輝いているのは、死にかけた人間どもの太陽なのだ！》

偶然によってか奇蹟によってか、もしあらゆる言葉が消え去ってしまったら、われわれは耐え難いほどの苦痛を感じ、茫然自失のていたらくとなるだろう。この突発的に襲い来たった唖の状態は、われわれにとって最も残酷な拷問となるだろう。われわれが恐怖を制御できるのは、概念を使用するからである。たとえば「死」と言う時、われわれはこの語の抽象性のお蔭で、死の無限と恐ろしさを実感せずにすむわけである。事物や出来事に名前をつけることによって、われわれは「説明し難いもの」をうまく回避する。すなわち、精神の働きは一種有益なぺてんであり、手品の手口である。これあればこそ、われわれは、角のとれた心地よい、不正確な現実の中を動きまわることができるのである。概念の操作を学ぶとは――すなわちものを見るのを忘れることである。……内省は、ものから逃走する時に生まれ、そこから言葉の華美が生じた。だが、いったん我れに返り、――言葉の助けもなしに――ひとりぼっちになってしまうと、名前を失ったむき出しの宇宙、生《なま》のままの物体、裸の出来事がふたたびあらわれる。それに直面する勇気をどこから汲み取ったらよいのだろうか。われわれは、もはや死についての思弁を弄しない。われわれ自身が死なのである。生を飾りたて、生の目的をああだこうだと言うかわりに、われわれはその虚飾を剝ぎ取り、生を本来の意味に――つまり「悪」を指す婉曲語法に――還元してしまう。運命・不幸・不運などという大袈裟な言葉は、輝きを失う。その時われわれは人間が、虚脱し途方に暮れた物質の重さに押しひしがれて、言葉という衰弱した手段と争っていることに気づくのだ。人間から「不幸」という嘘を除き去り、この言葉の裏側をのぞきこむ勇気を与えてみたまえ。彼は自分の不幸に一瞬たりとも耐えることができないだろう。彼が参ってしまうのを防いでくれたのは、抽象であり、得意になって大盤振舞いしながらその実内容は空っぽな響きの良さであって、宗教や本能ではないのである。

　アダムは、楽園から追放された時、迫害者たる神に毒づくかわりに、万物に一所懸命名前をつけた。ものと折り合い、ものを忘れる、それがたったひとつの方法だったのである。こうして観念論の基礎が置かれた。そして、最初に片言をしゃべった人祖にあっては、単なる身振り、ひとつの防衛本能だったものが、プラトンやカントやヘーゲルでは理論となったのである。

　自分の不幸な身の上をあまり考えすぎずにすむように、われわれは自分の名前までも実体と化してしまう。われわれがピエール（ペテロ）とかポール（パウロ）とかいう名を持っている以上、どうして死ぬことがあり得ようか。われわれは、みな、己が存在のはかなさよりも、己が名前の一見不動な性質に心奪われ、不死の錯覚にとりつかれるのだ。しかし、いったん言葉が消え去れば、われわれは完全にひとりぼっちになるだろう。沈黙を伴侶とする神秘家は、被造物としての人間の条件を断念したのだ。そこで一歩を進めて、信仰なき神秘家——虚無主義《ニヒリスト》的神秘家——なるものを考えてみたまえ。それこそ、この世における冒険の不幸な頂点を示すものなのである。

　……人間が言葉に倦み疲れ、しつっこい時間の反覆にうんざりしたあげく、やがてものから名前を剝ぎとり、ものの名も自分の名もいっしょくたに、大いなる火刑の火に投げこんで、その劫火に人間のあらゆる希望が呑みこまれて行くであろうと考えるのは、自然すぎるほど自然なことである。われわれは、みな、この最後のモデル、つまり言葉をなくした赤裸の人間に向って急いでいるのである……。

私は「生命」の年齢を、その老いを、老衰ぶりを痛感する。数えきれぬ大昔から、「生命」は、惰性という偽りの不死性の奇蹟のお蔭でどうやら地上に存続してきたのだ。「生命」は、まだ「時間」のリューマチの中でのめのめと生きている。「生命」より古い「時間」、老衰と飽きもせず繰り返される一瞬一瞬のため、その耄碌《もうろく》の年齢のためによぼよぼになった「時間」の中で。

私は人類の重苦しさを痛感し、そのあらゆる孤独をわが身に引き受けている。どうして人類は滅亡してしまわないのだろうか！――その臨終の苦悶は、永遠の腐敗に向っていつまでも引きのばされる。私は、いかなる瞬間に私自身が破壊されようと、文句は言わない。呼吸することを恥じないなど、無頼漢のやることだからだ。もはや生との契約はなく、死との契約もない。存在することを忘れ果てた私は、喜んで消えて行く。「生成すること」――これは何たる大罪であろうか！

あらゆる人々の肺をくぐりぬけた大気は、二度と新しくならない。一日一日が翌《あ》くる日を吐き出し、私はといえば、たったひとつでもよいから何かの欲望を思い描いてみようとするけれども、無駄だ。何もかも、私には重荷で仕様がない。全「物質」につながれた駄馬のように疲れ果てて、私は惑星たちを引張って行く。
誰か私に別の宇宙をくれ——でなきゃ、私は参ってしまう。

私が好きなのは、ものの急激な出現と崩壊、ものを生じさせる火とものを喰いつくす火、それだけだ。持続する世界は、私をぞっとさせる。世界の誕生と消滅こそ私を魅了してやまない。初々しい太陽と老衰した太陽の魅力のもとに生きること。時間の脈搏《みやくはく》を跳び越えて、その最初と最後を一挙に摑むこと、……星々の即興的製作とその精製の光景を夢見ること。存在するという惰性的習慣を軽蔑し、それを脅かす二つの深淵に一散に駆け出すこと。時間の発端と終末に没入すること……。

……かくてわれわれは、自分の内部に、宿命的に対立しながら共存する「未開人」と「頽廃人」を見出す。この両者は、過渡という同じ魅力にひかれる存在である。なぜなら、一方は無からこの世へ、他方はこの世から無へ、移り行かねばならないのだから。すなわち、形而上的規模における二重の激変の必要なのである。この必要は、歴史の規模においては、楽園がかつて追放したアダムと地上世界がやがて追放するアダムという固定観念の中にあらわれる。この両者は、人間の不可能性の両極端なのである。

われわれは、自分の内部にある《深い》もののせいで、ありとあらゆる苦痛に狙いうちされている。われわれが自分の実存との一致を保っている限り、救いはない。われわれを構成している要素から何かが消え去り、ある不吉な源泉が涸れねばならないのだ。してみれば、結論はただひとつ、魂を捨てること、魂の渇望と深淵を捨て去ることしかない。われわれの夢は、この魂のゆえにこそ毒されたのだ。肝要なのは、魂を根こぎにし絶滅させること、そして同時に、《深さ》に対するその欲求、その《内的》豊かさ、その他もろもろの迷妄を根絶することである。精神と感覚だけで、われわれには事足りる。この両者の協力から不毛性の規律が生まれ、それがわれわれを熱狂と苦悩から守ってくれるだろう。いかなる《感情》ももうわれわれをかき乱さず、《魂》は滑稽きわまりないがらくたとなりおおせるであろう……。

聖性と「絶対」のしかめ面

《そうです、ほんとうに、悪魔たちは私の魂で鞠投げをして遊んでいるのだ、私にはそんな気がします……》

アビラのテレサ

生殖の拒否

己れの数々の欲望を使い果して、もうこの世に何の未練もないという境地に達した人間は、永久に生きながらえようという気がなくなる。彼は別な人間の形を取って、自分の死後も生きつづけるのを嫌う。だいいち、彼は子孫に伝えるべきものを何も持たないのだ。種族は彼をぞっとさせる。つまりは一個の怪物で——そして、怪物はもう子供を生まないのである。《愛》はなお彼の心を捉えるが、それは、彼の思想のただなかにまぎれこんだ迷妄である。彼は《愛》の中に、他人と同じ境涯へ立ちかえるための口実を見出そうとする。だが彼にとって、子供というのは、家族や相続権や自然の法則と同じく、考えられないことなのだ。職業もなく子供もなく、彼は——最後の実体として——己れ自身に決着をつける。しかし、彼がいかに生産から遠くへだたっているにせよ、もう一人のはるかに大胆な怪物にはかなわない。この怪物とは、聖者のことである。聖者こそは、魅惑的であると同時にいまわしい存在の典型で、これにくらべれば、他の人間はみな中途半端で曖昧な立場にある。聖者の立場は、少なくともはっきりしている。つまり、もはや遊びもなければディレッタンティズムもないのである。己が嫌悪の黄金色に輝く頂点に達し、「世界創造」の対蹠点に立つ聖者は、己れの虚無を円光として頭に頂く。自然がかつて生み出したものの中で、これほど恐ろしい災厄はない。なぜなら、永続という観点よりすれば、聖者は絶対の終り、決定的な結末だからである。レオン・ブロワ（一八四六—一九一七。フランスのカトリック作家。）のように、われわれが聖者でないからといって悲しむのは、人類の滅亡を望むのに等しい……それも信仰の名においてだ！　逆に悪魔の方は、せいぜいのところわれわれを固有の欠陥に釘づけすることによって——知らず知らず、悪魔の本来の性質を裏切って——われわれ人間を存続させることに貢献しているのだから、何と積極的、肯定的にみえるではないか。罪を根絶やしにしてみたまえ。生命は即座にしぼんでしまう。生殖という愚行は——聖性によってというより、倦怠によって——いつか消え去るだろう。人間は、完成をめざしたからではなく、むしろ己れを濫費したがゆえに涸渇するだろう。その時、人間は空疎な聖者に似、この完成と不毛の典型とまったく同様、自然の多産さから遠ざかることだろう。

人間が子供を生むのは、人類一般の運命に忠実な場合に限る。悪魔または天使の本質に近づけば近づくほど、人間は不毛となる、あるいは怪物を生み落すのである。ラスコーリニコフやイヴァン・カラマーゾフ、スタヴローギンにとって、愛とはもはや、己れの破滅をはやめるためのきっかけにすぎない。キリーロフにとっては、このきっかけさえなくなってしまう。彼は、自分を測る尺度として、人間ではなく神を相手とするからである。ムイシュキンやアリョーシャの場合、前者はキリストを、後者は天使を模倣するのだが、そのため二人とも一挙に不能者の列に伍してしまうのである……。

しかしながら、人間の代々のつながりから離脱し、先祖とか子孫とかいう考えを拒否するにしても、それは聖者にはとうてい太刀打ちできない。聖者の自負ときたら、この世のあらゆる規模を越えているからである。実際、すべてを断念するという決意、あの謙抑という測り知れぬ功業《いさおし》の下には、ある悪魔的な激情が隠されているのである。出発点における聖性の解纜《かいらん》は、やがて人類全体に対する挑戦の様相を帯びる。——それから、聖者は完徳の梯子を登り、愛だの神だのについて語りはじめ、心貧しい人々に向い、群衆を当惑させ——われわれを苛々させる。それにしても、彼はやはり、われわれに手袋を投げつけたのである（「手袋を投げる」は、中世騎士が相手に決闘を申し入れる時の慣習。転じて「挑戦する」意。）……。

人類という《種》とその《天分》に対する憎悪が、君を殺人者や狂人、神々、そしてあらゆる不毛の偉人たちと同類たらしめる。孤独がある程度に達すると、人は愛すること、交接という魅惑満点の汚れを犯すことをやめなければならない。何としてでも永遠に生きたいと望む人間は、犬とあまり変らない。彼はまだ自然そのものなのである。人が本能の強い力に苦しみながら、それに逆うこともできるということ、人間としての種々の利点を享受しつつもそれを軽蔑できるということが、彼には決して分らないだろう。人間という種属の終り——それもろもろの欲望とともに……これこそ、女性を崇めつつ憎悪する者が味わう相剋なのだ。この相剋は、女性がかきたてる魅力と嫌悪との間の、いかにも決着のつけようのない争いである。したがって——人類を全面否定することはできないので——彼は、女の乳房の上で沙漠を夢み、あまりにもなまなましい汗の黴臭さに僧院の芳香をかきまぜることによって、この相剋を解決する。肉の不誠実が、彼を聖者に近づけるのである……。

憎悪の孤独……破壊の衝動に身を委ね、星々を足もとに踏みしだき、蒼穹と星座に唾を吐きかける神……気違いじみた、不潔な、不健全な神の感覚。——宇宙の中に楽園と便所を吐き出す造物主。酒精性譫妄症《デリリウム・トレメンス》の世界創造説。苦い胆汁が諸元素を支配する痙攣的礼拝劇……。人々は醜悪の原型めがけて突き進み、畸型の理想を熱望する……。しかめっ面する宇宙、もぐらの、ハイエナの、虱《しらみ》の大喜び……。怪物と虫けらにとって以外、もう地平線は存在しない。すべては醜悪と壊疽をめざして進んで行く。それがつまり膿を出すこの地球というもので、一方、生きとし生けるものは、輝かしい梅毒性発疹の光の中で己が傷口をさらけ出すのである……。

唯美的聖者伝作者

聖者たちの生涯に取りつかれたということは、べつに神から祝福を受けた徴しではない。この執念には、病的なものへの嗜好と、頽廃への飽くなき欲望がまじっている。聖性のことが気になるのは、もっぱら地上の逆説《パラドックス》に幻滅したせいなのである。そこで人は、もっと異常な内容を孕んだ、未知の香りと未知の真理に浸された別な逆説を探し求める。日常の戦慄の中には見出せぬ狂気、天上の異邦の香りを腹一杯つめこんだ狂気に期待をかけるのである。——こうして彼は、聖者たちに、その行動に、その向う見ずぶりに、彼らの宇宙に、ぶつかる。何と異常な光景ではないか！　彼は一生かけてそれにしがみつき、貪欲な献身ぶりでそれを調べ上げ、遂に真実無類の誘惑を見つけたという思いに駆られて、他のあらゆる誘惑を断念しようと決意する。こうして、学者としての巡礼行に出た、聖者伝作者と化した唯美主義者が出来上るわけである……。彼は、それが単なる散策にすぎないこと、この世ではすべてが、聖性さえもがわれわれを幻滅させることに気づかず、ひたすらその道に没入するのである……。

聖女たちの弟子

私には、誰か聖女の名前を口にするだけで至福に満たされた時代、修道院の年代記作者を羨み、かくも多くの言うに言われぬヒステリーと天啓と貧血に親しくつきあった人々を羨んだ時代があった。私は、聖女の秘書になることこそ、人間に与えられる最高の道だと考えていた。情熱に燃える福者の女性たちの聴罪僧たる役割を夢想し、また、アルヴァストラのペーテルが聖女ビルイッタについて、ハレのハインリッヒがマグデブルクのメヒティルデについて、カプアのライモンドがシエナのカタリーナについて、アルノルド師がフォリーニョのアンジェラについて、マリエンヴェルダーのヨハンがモンタウのドロテアについて、ブレンターノがカタリーナ・エメリッヒについて、それぞれわれわれから隠したあらゆる詳細、あらゆる秘密を夢想した……。ディオダータ・デリ・アディマリとか、ディアーナ・デリ・アンダロとかいう女性は、ただその名前の魅惑的な響きだけで、天国に昇るかのような印象を私に与えた。彼女たちは、つまるところ他界への官能的嗜好を私に教えてくれたのである。

リマのローザ、スヒーダムのリドヴィナ、リッキのカタリーナその他、数多い聖女たちが受けた試煉を繰り返し考え、自己自身に対する精妙きわまりない残酷さ、自己処罰の恐るべき厳しさ、自分の魅力と美しさとを故意に踏みにじる意志の強さ等々を思いめぐらしていた頃——その当時私が憎んだのは、彼女らの苦悩を喰って生きる寄生虫、厚かましい「花婿《フイアンセ》」、聖女たちの心を独占する権利を持つあの多情な天国のドン・ファン（イエス・キリストを指す。）であった。地上の愛欲の吐息と汗にうんざりした私は、聖女たちの方に向った。たとえそれが別な愛し方を求めた彼女らに惹かれたのであろうと、そうせざるを得なかったのだ。

ジェノヴァのカタリーナは言った、《私が心に感じていることがただ一滴でも地獄にしたたったなら、それはたちまち地獄を天国に変えてしまうでしょう》と。私はこの一滴を待っていた。それがしたたり落ちてきたら、地獄のどん底で私に触れたに違いないのだ……。アビラのテレサの叫びを心の中で繰り返している時、私が見ていたのは、六歳にして《永遠よ、永遠よ》と叫んだ彼女の姿であった。それから私は、彼女の錯乱、彼女の熱中、彼女の強情なまでの苛烈さが進展するさまを、逐一たどってみた。あらゆる教条に砂をかけ、「教会」をまるごとわが腕に抱きこむような個人的啓示ほど、心をそそるものはない。……あの頃の怪しげな告白を書きつけた日記を取っておき、ありとあらゆるいかがわしい郷愁にもう一度溺れることができたら、どんなによかったろう……。われわれが官能の絶頂に触れるのは、ベッドの中でではない。聖女たちが法悦の脱魂状態の中でわれわれに予感させてくれるものを、どうしてこの地上の恍惚の中に見出すことができようか。彼女らの秘密がどんな性質のものなのか、たとえばベルニーニ（一五九八―一六八〇。イタリアの彫刻家・建築家。彼の手になる聖女テレサの、宗教的法悦に恍惚とした表情の像は、しばしば性的陶酔に比較される。）は、ローマにある例の彫像でそのことをわれわれに教えてくれた。彼の手で刻まれたスペイン聖女の姿は、彼女の脱魂の如何ようにも解釈できる性質について、実に多くのことを考えさせるのである……。

情熱なるものの極限、最も純潔であると同時に最も惑乱した戦慄、そして、夜々が熱い火に包まれて燃え上り、一本の細い草も星々も歓喜の声と痙攣の呻きの中で溶け合うあの忘我状態——あたかも幸福に酔って錯乱した神が考えつくような、白熱して響き渡る瞬間の無限——そうしたものがあるのに私が気づいたのは誰のおかげか、幾度となく考える時、私の心につきまとって離れないのは、ただひとつの名——アビラのテレサであり、そして、彼女が天啓を受けたある日語った言葉のひとつ（私はそれを毎日心の中で繰り返していたのだ）であった。すなわち、《お前はもう人間とではなく、天使と語らねばならない》と。
幾年もの間、私は聖女たちの蔭に生き、詩人も賢者も狂人も断じて聖女に及ぶものではないと信じていた。聖女への情熱のおもむくままに、私は自分が持っている崇拝の能力、欲望の烈しさ、夢想の中の熱狂を濫費した。それから……私は聖女を愛することをやめたのだった。

叡知と聖性

あらゆる偉大な病者のうち、自分の病から利益を引き出すすべを最もよく心得ているのは、聖者たちである。意志が強く、熱狂的な性格を持つ彼らは、己れ自身の不均衡を巧妙かつ強引に活用する。彼らの模範である「救世主」は、野心と大胆さの好例であり、並ぶものなき征服者であった。すなわち彼は、人の心に巧みに忍びこんで暗示を与え、魂のあらゆる不完全さと欠陥に同化する力がとりわけ強大だったので、かつて剣を持つ手が夢想だにしなかった支配権を確立することができたのである。方法を身につけた情熱家——彼を理想とした人々が模倣し学んだのは、この巧妙さだったのである。

だが、芝居気と派手さを軽蔑する賢者は、享楽家と同様聖者とも無縁だと感じ、ロマンの世界を知らず、覚めた眼と無関心との均衡を堅持する。——パスカルは均衡なき聖者である。なぜなら、彼は病のせいで、賢者の域を越えながら、聖者たり得なかったからである。彼が絶えず揺れ動き、熱狂のすぐあとで懐疑の影に浸された理由が、そこにある。「不治なるもの」の中で呻吟した才気の人というわけである……。

賢者から見れば聖者ほど不純な存在はあるまいし、聖者から見れば賢者ほど空疎な存在もあるまい。これこそ、理解する人間と渇望する人間との決定的な違いなのである。

女と「絶対」

《主が私にお話しになり、そのすばらしい美しさに見とれている間、私は、主が美しく神々しいお口で語られるそのやさしさと、時にお見せになる厳しさに気をとられておりました。主がどんなお眼の色をしていらっしゃるか、お体つきはどうなのか、私はそれを知りたくてたまりませんでした。人にそのことを話して聞かせたかったのです。でも、私にはそれを知るだけの値打がありませんでした。いくら骨折ってみても、まったく無駄なのです》(聖女テレサ)。

主のお眼の色だって？……女の聖性とは、また何と不潔なことだろう！　性的な無遠慮さを天国にまで及ぼすとは……。それを思えば、神探求の冒険に乗り出し得ずにむなしく手をこまぬいてきた男たち——ましてや女たち——も安堵し、心慰められるというものだ。はじめに男があり、女があった、この事実こそ「楽園喪失」の永遠の土台で、天才も聖性も、何ものをもってしてもそれを償うことはできないであろう。古い自分を完全にぬぎ捨てた新しい人間なるものを、一度でも見たことがあるだろうか？　イエスにとってさえ、かの「山上の変容」は、おそらく単なる束の間の出来事、取るに足らぬ一段階を意味するにすぎなかったのである。

したがって、聖女テレサと他の女たちとの違いは、ただ錯乱の能力の大きさ如何であり、気まぐれの強度と方向の問題でしかないであろう。愛——人に対するそれであろうと、神に対するそれであろうと——は、万人を等しなみの存在にしてしまう。つまり、あばずれ女を愛するのも神を愛するのも、同じひとつの衝動を前提としているのであって、いずれの場合にも、君は被造物としての本能に従っているわけである。違うのは愛の対象だけである。それにしても、その対象なるものがそもそも、何かを熱愛せずにはおれないという本能を満足させる口実にすぎず、神も数ある捌《は》け口のひとつでしかない以上、そんなものに何の興味が持てるだろうか。

それぞれの民族は、神の属性を各自のやり方で歴史の生成の中に表現する。それにしても、スペインのあの火のような情熱は無類のものである。この火がスペイン以外の国々にも燃え移っていたら、神は燃えつき、裸になり、中身がからっぽになっていたであろう。神が自分の国々に——自己防衛のため——無神論を猖獗せしめたのは、自分が消滅してしまわないようにするためである。神は己が手でかきたてた焰に恐れをなし、己れの息子たちに対し、神的本質を焼きつくす彼らの狂乱ぶりに対して、防衛措置を講じる。彼らの愛は、神の力と権威をゆるがせるからで、ただ無信仰のみが神を手つかずのまま存続させるのである。神を使いへらすのは懐疑ではなく、信仰である。すでに何百年も前から、教会は神の威信を平板卑俗なものにし、神を近づきやすい存在にし、神学の助けを借りて、神のために、謎のない死を、註釈つき説明つきの臨終を、準備している。神は、信者のあげる祈りに圧しつぶされるくらいだから、ましてうずたかい註釈・説明の下で圧しつぶされないわけがあろうか。神はロシアを恐れるようにスペインを恐れ、そこに無神論者を蔓延させた。無神論者の攻撃があれば、少なくとも神の全能という幻影は生きのびることができる。これが常に、救われた人間の持つ一属性なのである。だが、信者連中ときたら！ドストエフスキーやエル・グレコ、神は彼ら以上に熱狂的な敵手を持ったことがあっただろうか。神が十字架の聖ヨハネ（一五四二―九一。スペインの神秘思想家。カルメル会の改革者。神秘文学の著作家としても知られる。）よりもボードレールを好まない理由が、どこにあろうか。神は、神を見つめる人々、そして神自身が見ることを助けるよすがとなる人々を恐れるのである。

あらゆる聖性は、多かれ少なかれスペイン的である。もし神が片眼の巨人だったら、スペインがもう片方の眼のかわりをするであろう。

永遠性のヒステリー

人は十字架への嗜好を持ちながら、日々、磔刑の丘《カルヴァリオ》（ヘブライ語「ゴルゴタ」のラテン語訳に由来する。イエスが十字架にかけられた丘。十字架と礼拝所を設けてイエスの受難を象徴的にあらわし、そこを信者が巡る場所をもいう。）の踏みならされた道を繰り返すこともできる、ということを私は考える。――それは奇蹟的なことでもあれば、馬鹿げた愚かなことでもある。なぜなら、要するに「救世主」も、その驚くべき力を濫用されれば、誰にも劣らぬ退屈な存在になりさがるからだ。

聖者とは偉大なる背徳者であった。それは、聖女が瞠目すべき淫乱者だったのと同断である。両者ともただひとつの観念にとりつかれて、十字架を悪徳に変えたのだった。《深さ》とは、己れの思想や欲望に変化を与えることができず、快楽と苦痛の同じ領域ばかり探究する人々にお得意の領分なのである。

時々刻々の織りなす変遷に注意を向けるわれわれは、何か絶対的な出来事といったものを容認することができない。たとえば、イエスは歴史を二つに両断できるはずがないし、十字架の闖入は時間の一様な流れを破砕するはずがない、という具合である。宗教的思想──偏執的思考の形態──は、出来事の全体から、時間的な意味で、ある一定の分量を抽出し、これに絶対的なるもののあらゆる属性を付与する。神々とその子たちが、こうして可能になったのである……。

生とは私のさまざまな熱狂の場にほかならない。私は、何に熱中しようが、ただちにそれをもとの無頓着に返してやる。聖者の生き方はそうではない。彼らはいったん選んだら、それを離さないのである。私の方は自分が愛するものをすべて振り捨てるために生き、聖者の方はひとつのものにしがみつくために生きる。私は永遠をゆっくり味わい、聖者は永遠に溺れこむのである……。

地上の驚異──まして天上の驚異──は、永続するヒステリーから生まれる。聖性とは、とりもなおさず心魂の動顚であり、信ずるあまりの衰滅、狂信的感受性の絶頂における表現、超越的な畸型である……。天啓を受けた人間は、懐疑家よりも頭の単純な人間に似通っている。それこそ信仰と、希望なき認識、結末なき存在とをへだてる距離なのである。

自負心の諸段階

聖者たちの気違い沙汰に長らくつきあっていると、われわれも自分の限界を、鎖を、重荷を忘れて、こう叫ぶようになる、《俺はこの世の魂だ。俺は宇宙を俺の情熱の焔で赤く染めてやる。今後、もう夜はないだろう。俺は星々の永遠の祭りを準備した。万物が光り輝いているのだから、太陽は余計だ。そして、石も天使の翼より軽いのだ》。

それから、熱狂と沈思の交替期がくる。《俺は世界の「魂」ではないかもしれぬが、少なくともそうなりたいと切実に願っている。俺は、あらゆるものに俺の名前を与えたではないか。掃溜めの屑から広大な天球に至るまで、万物が俺の名前を声高く叫んでいる。俺はものたちの沈黙と喧騒ではないのか》。

……さて、陶酔の時が過ぎ、どん底に陥ると、こうだ。《俺は火花をのみこむ墓穴、蛆虫の嘲笑、蒼穹を悩ます死骸、神々にお祭り騒ぎで挑む敵手、腐り果てる権利さえ持たぬ時代おくれの「虚無」だ。これ以上堕ちるだけの場所も残っていないとは、また何という完璧な深淵の底に来てしまったことだろう》。

天国と衛生法

聖性とは、病気の果ての果実である。健康だったら、聖性などはこの上なく醜怪な、不可解かつ不健全なものにみえる。しかし、天国が明確な形をとり、不安を入れる箱となるためには、「神経症」というあの自動的なハムレット主義が権利を要求しさえすればよい。

聖性に対抗するには、せいぜい健康に留意することだ。聖性は、肉体と魂の独特な不潔さから生まれるからである。もしキリスト教が、「検証不能なもの」のかわりに衛生法を説いていたら、キリスト教の歴史の中にはただ一人の聖者さえ見つからないだろう。だが、キリスト教は、われわれの傷口とわれわれの不潔な垢、われわれに内在して燐光を放つ垢がなくならぬよう、これを養ったのである……。

健康こそは、宗教を剿滅《そうめつ》する最良の武器である。万能薬が発見されたら、天国などは永久に姿を消してしまうだろう。その他のいろいろな理想で人間を釣ろうとしても無駄である。それは病気よりも脆いのだから。神とはわれわれにつく錆であり、われわれを構成している物質の、眼に見えぬほど緩慢な衰弱なのである。神に刺し貫かれたらわれわれは向上すると考えているが、実は次第に下落して行くのである。下落が果てまで達すると、神はこの失墜に点睛を施し、かくてわれわれは永遠に《救われた》というわけだ。いまわしい迷信、円光を頂いた癌——こいつが、何千年も昔から大地を蝕みつづけているのである……。

私は神という神を憎む。それも、神々を軽蔑できるほど健康でないからだ。これが「無関心派」の一番痛い泣きどころである。

ある種の孤独について

神がその心の中をのぞきこんだら己れの無垢を失わずにはいないような、そういう人々がいるものだ。悲哀は天地創造以来始まった。「創造主」は、この世界の中にもっと深く入りこんだら、己れの均衡を危うくしたことであろう。まだ死ぬことができると信じている人間は、ある種の孤独を味わったことがなく、ある種の苦痛の中で自覚された、不死は避けられぬという思いを味わったこともないのだ……。

　われわれ現代人の幸福は、地獄をわれわれの内部世界に局限してしまったことである。もし昔のままの地獄のイメージが残っていたら、われわれは、二千年来の脅しで支えられてきた恐怖のため、石になってしまったであろう。今では、昔の恐怖でわれわれの心の中に場所を移されていないものはない。つまり心理学は、われわれの救いであり、逃げ道なのである。かつて、この世界は悪魔のあくびから生まれたと考えられた。今日では、悪魔とは単なる五官の錯覚、精神の臆断、感情の悪癖でしかない。われわれは、聖女ヒルデガルト（一〇九八―一一七九。ドイツのベネディクト会修道女・神秘家。深い神秘的幻視の体験とその記述で、カトリック神秘思想の重要な一源泉となった。）が見た「最後の審判」の幻や、聖女テレサが見た地獄のヴィジョンを前にして、どうすればよいか、よくわきまえている。なぜなら崇高なるものの感情は――恐怖のそれにせよ高揚のそれにせよ――精神病に関する任意の論説に分類ずみで載っているからである。もっとも、われわれにしたところで、病気が知りつくされているにせよ、幻を見ずにすむというわけのものでもないが、ただ、われわれはもうそれを信じないのである。神秘を分析する化学に通暁したわれわれは、何もかも、自分の涙までも説明する。しかし、魂というものがそれほど取るに足りないのなら、われわれの孤独の感情はいったいどこから来るのか、どんな空間をそれは占めるのか、ということは依然説明できない。孤独感が、なぜ消滅し去った巨大な現実に一挙に取ってかわるのか、それも説明できないのである。

動揺

君は多くの人々の中に君の手本《モデル》をむなしく探し求めている。自分より遠くまで進んだ人々から、君はもっぱら危険で有害な面を借り、模倣した。たとえば、賢者からはその無精さを、聖者からはその支離滅裂ぶりを、唯美主義者からは気難しさを、詩人からはその放埒さを——そしてすべての人々から、己れ自身との折合いの悪さ、日常事における曖昧さ、生きるために生きるものへの憎悪を、といったふうに。君は、純粋派としては汚穢を、卑劣漢としては節操を、夢想家としては粗暴さをなつかしむ、という具合である。君は、いつまでたっても、今ある自分でないものしか望むまいし、今ある自分を悲しむことしかできまい。君の実体は、まったく何たる矛盾対立に浸されていることだろう。君をこの世への追放処分にしたのは、どんな雑種の守護天使だったのだろうか。自分の値打を下落させたいという気違いじみた欲望に駆られて、君は、他の人々の中にある失墜への嗜好を学び、身につけた。たとえば、ある音楽家からはかくかくの病気を、ある預言者からはかくかくの欠陥を、——そして女たち——女流詩人や淫蕩な女や聖女たち——からは、その憂鬱《メランコリア》を、堕落した精力を、肉と夢想の腐敗を、というふうに。君の意志決定の原理でもあり、行動と認識の方式でもある苦悩――それだけが、この世への嫌悪と己れ自身への憐憫との間で揺れ動く君の、ただひとつの定点なのである。

聖性の脅威

人間は、生の手前側か向う側でしか生きることができないので、二つの誘惑、つまり愚昧と聖性の両方から狙われている。言うなれば下＝人間と超＝人間ということで、人間それ自身は彼の心を惹かないわけである。それにしても彼は、自分自身以下になる懸念については歯牙にもかけないくせに、以上になることを考えると恐くて仕様がなくなる。好んで苦悩の中に足を踏み入れながら、とことんまで行くのを恐れているのだから、聖性などという完璧さの深淵に墜ちこんで自分を制御する力を失うことなど、どうしてできようか。愚昧あるいは聖性の方へすべり行くこと、それは、己れ自身の外へ引きずり出されることである。ただ、痴呆状態に近づくにしたがって意識がなくなるのを、人は恐れないけれども、完徳というやつを思いめぐらすと、眩暈に襲われざるを得ないのだ。われわれは、不完全さによってこそ神より上手《うわて》なのだから、聖性を避けるのも、この不完全さを失うのがいやだからである。われわれがもはや絶望者でなくなるような未来……数々の災厄を嘗めつくしたあげく、その総仕上げとして、有難くもないもうひとつの災厄、つまり救いという不幸があらわれるような未来に対する恐怖、聖者になるという恐怖がそこにある……。

己れの不完全さを熱愛する者は、自分の嘗める苦悩の数々が自分を変容させてしまうかもしれぬということに、ひどく不安がる。超越的な光の中に消えて行くなんて……。それくらいなら、暗黒の絶対へ、愚昧の持つ優しさへ歩んで行く方が、まだましである……。

傾いた十字架

崇高なごった煮たるキリスト教は、なお存続するには深遠すぎる——そしてとりわけ不純すぎる。キリスト教の余命は、もういくばくもない。イエスの魅力は日々に薄れ、その説教も優しさも人を苛々させる。彼の奇蹟と神性は笑いを誘う。「十字架」は傾きつつある。それは象徴からふたたび物質となり……取るに足らぬ、あるいは尊重すべきものが例外なく滅び行く腐敗の国に帰ろうとしている。キリスト教が二千年にわたって成功してきたとは！ 人間というこの生きのいい動物が、何と信じられぬほど諦めきっていたことか……。だが、われわれの方も堪忍袋の緒を切った。私は、自分が——他のすべての人々と同様——真面目なキリスト教徒であり得たということをたとえ一瞬たりとも考えると、困惑してしまう。「救世主」は、私にはどうにもやりきれない。天国という麻酔薬のない宇宙、十字架も信仰もない宇宙を私は夢みるのだ。

宗教がもはや存在しなくなる時代、明晰で空白状態の人間が、もはや己れの深淵を指し示す何らの言葉も用いなくなる時代を予見しないことがどうしてできようか。——その時には、「未知」も既知と同様、生彩を失い、すべては興味索然たる味気ないものとなるだろう。荒涼たる「認識」の廃墟の上で、墓場の昏睡が、われわれを一人残らず亡霊に、「無関心」の蒼白い月光を浴びた夢遊状態の英雄にすることだろう……。

神学

私が気嫌の良い時、神は善良だ。私が気の滅入っている時、神は邪悪だ。無関心な時には、神は善悪どちらでもない。私の気分に応じて、神はそれに相当した性質を付与されるわけである。だから私が知識を愛する時には、神は全知だし、私が力を崇める時には、神は全能である。ものが私にとって存在しているようにみえるなら、神も存在するし、ものが錯覚にすぎぬようにみえるなら、神も雲散霧消する。神の存在を証明する論拠も、否定する論拠も、同じく無数にあるのだ。私の熱狂が神に生命を吹きこむ一方、私の不気嫌が神の息の根をとめる。およそ、神以上に変りやすいものの姿を形作ることはできないであろう。われわれは怪物のごとく神を恐れ、昆虫のごとく神をひねりつぶす。偶像のごとく崇拝すれば神は「存在」であり、拒否すれば「無」である。かりに「祈り」が「引力」に取ってかわる運命にあるとしても、神に普遍的な持続を保証するには足りないであろう。なぜなら、その時にも、神はやはりわれわれの時間に左右されるだろうからである。神が不変のものと見えるのは、単純素朴な人間か時代おくれの人間かにとってだけで、それが神の運命であった。一度でも自由に検討してみれば、神はヴェールを剝がされて裸になってしまう。神は、われわれの精神を楽しませるか、われわれの熱狂につきまとうかに従って、無用の大義であったり、無茶な絶対であったり、阿呆どものパトロン、孤独者の暇つぶしであったり、くだらぬ藁しべあるいは妄想であったりする。

私がゆったりした気分の時には、神はいろいろな属性を持ってはちきれんばかりになる。私が気難しい時には、神は不在を孕んでいる。私はあらゆる形態における神を体験した。神は、好奇心にも探究心にも耐えることができないのだ。その神秘も無限も堕落する。その輝きは褪せ、威信は弱まる。神とはぼろぼろになった古着で、そんなものは脱ぎ捨てるにしくはない。ぼろきれになった神をまだ身にまとっておかねばならぬ理由が、どこにあろうか。神の終末、その臨終は、ここ数世紀の間だらだらとつづいているが、もうよぼよぼになっているのだから、われわれより長生きすることはあるまい。われわれよりも、神の方が一足先にくたばるだろう。神のさまざまな属性が尽きてしまったら、もう誰も新しい属性を作りだしてやるだけのエネルギーを残していないだろう。神の属性を作ってやり、ついでそれを投げ出した被造物は、やがて虚無の中で、自分の最も傑作な発明物、つまり造物主というやつに再会することとなるだろう。

「神経症」が精神と心に刻みつけたあらゆるもの、そこに残されたすべての不健全な刻印と、それに伴うすべてのけがれた幻影を拭い去ることはできないものだろうか！　表面的ならざるものは不潔である。神とは、われわれのはらわたの不安と、われわれの観念のごろごろ鳴る音から生じたしろものだ……。「空虚」への渇望だけが、信仰行為というあの汚らしい仕業からわれわれを守ってくれる。外観の「術」、われわれの終末とか災厄とかに対する無関心の中には、何という明澄さがあることか。神を想い、神に向い、神に祈願したり忍従したりする——それはすべて、調子の狂った肉体と困惑した精神がやることである。高貴なまでに表面的だった時代——ルネサンスと十八世紀——は、宗教を笑いものにし、その素朴な慰めを軽蔑した。だが憐れにも、われわれの中には賤民の悲哀があって、それが、われわれの情熱をも概念をも陰鬱にしてしまう。レースで出来た宇宙を夢みても無駄である。われわれの深奥から、われわれの壊疽《えそ》から生まれた神が、この美の夢を汚してしまうからだ。

われわれは、自分の内部に秘めている腐敗のゆえに形而上的動物である。思想とはすなわち、われわれの衰弱の行列であり、「精神」の生命とはわれわれの眩暈の連続したものである。われわれの健康は衰えつつあるのだろうか。ともあれ、宇宙はそのために苦しみ、われわれの生命線のカーヴのまま、下り坂にあるのである。

《なぜ》とか《いかにして》とかいう疑問を飽きもせず繰り返し、何かにつけて「窮極原因」まで――そしてあらゆる原因まで――遡ること、それは、各種の機能と能力が混乱していることを示すもので、この混乱は、遂には《形而上的錯乱》に至る。――深淵は老いぼれ、苦悩は下落する。神秘の窮極的な醜悪さがさらけ出されるのである……。

悲哀の生成

あらゆる深い不満足は、宗教的な性質を帯びている。われわれの堕落は、天国を思い描いてそれに憧れる能力の欠如からくるもので、それは、われわれの不安が、絶対と結ぶ関係の脆弱さからくるのと同じことである。《私は不完全な宗教的動物だ、私はあらゆる病を二重の意味で耐える》――これが「楽園失墜」の格言で、人間はわれとわが身を慰めるため、この格言を繰り返してみる。だが、そこまで達観できないので、彼は道徳《モラル》にすがりつき、物笑いになるのを覚悟で、その模範的な忠告に断乎として従おうとする。《悲しむのをやめるよう決心せよ》と道徳は答える。そこで彼は、「善」と「希望」の宇宙に入ろうと努力する……。ところが、彼の努力は報いられない。そもそも、それは自然に反する努力なのである。なぜなら、悲哀はわれわれの破滅の根源にまで遡るものであり……悲哀は原罪の詩だからである……。

修道院の中でのおしゃべり

ばらまき濫費することが大好きな不信者にとって、絶対という観念を繰り返し反芻する連中を見るほど、面喰らうことはない。……いったい、この連中は、検証もできぬものに対するそれほどの執着を、漠然たるものへの注意力と、それを捉えようとする熱意を、どこから汲み取ってくるのだろうか。彼らの確信が、その平然たる冷静さが、私には皆目分らない。彼らは幸福で、私はそのことを快しとしない。せめて、彼らが自分自身を憎んでいるのだったら！　だが、彼らは自分の《魂》をこの世界よりも大事にしているのだ。――この誤った価値評価こそ、圧倒的に馬鹿馬鹿しい犠牲なり諦念なりの由ってきたる根源なのである。われわれの方は、偶然と己れの気分のままに、脈絡もなければまとまりもないばらばらの経験をしているのに、彼らときたら、いつも同じひとつの経験しかしない。その単調さと深さたるや、うんざりさせられるていのものである。たしかに、神が彼らの経験の対象なのだが――それにしても、彼らはそこにどんな興味をつないでいるのだろうか。神はいつまでたっても変りばえせず、同じ性質の無限であって、新しくなるということがほとんどない。私も、たまになら神のことを考えられるが、全部の時間をそれで埋めるなど、とてもとても……だ。

……まだ夜が明けきらない。部屋の中から、私は人々の声を、何百年もつづいてきたあのきまり文句を聞いている。それは、平板なラテンの空に捧げられる供物だ。さっき、まだ暗いうちから、足音が教会めざして急いでいた。早朝の祈禱があげられているのである。

但し、神への祈りの儀式に神自身が立ち会うのであろうと、私の方はこんな寒さの中で下へ降りて行こうとは思わない。が、ともかく神は存在しなければならぬ。さもなくば、肉より成る被造物たる人間が神信心のため己れの怠惰に揺さぶりをかける、その犠牲のほどが、考えるだに阿呆らしい気違い沙汰となり果てるだろう。神信心の過重な労働たるや、不信者には驚きの種で、それほどの努力にはやはり何か意味があり役に立つのだろうと考えざるを得なくなるほどだが、これにくらべると、神学が提出する証明などは言うに足りぬものである。もっとも、信者たちがわざわざ睡眠時間を割いてまで神信心に打ちこむのを、単なる美的な意味しか持たぬと見、彼らのむなしい不眠の中に、無意味で恐怖にみちた「美」をめざして企てられたこの上なく大規模な冒険を見出すのなら、話は別であるが……。誰に捧げられるのでもない祈りが燦然と輝くのを嘆賞しよう、というわけだ。だが、何かが存在しなければならぬ。――この「かもしれぬ」が確実性に変る時、至福とはもはや単なる言葉ではない。虚無に対する唯一の回答は幻影の中にあるというのは、それほど動かし難い事実なのである。絶対の次元で恩寵と呼ばれるこの幻影――彼らは、それをどのようにして手に入れたのだろうか。どんな特権によって、彼らは、この世のいかなる希望も垣間見せてくれないものを期待するようになったのだろうか。どんな権利があって、彼らは、万事につけわれわれには拒まれている永遠の中に腰を落ち着けたのだろうか。彼ら占有者――私がかつてお目にかかった唯一の真の占有者――は、どんなごまかしの手で神秘をそっくりわがものにして、享受しているのだろうか。神は彼らの占有物で、いくらうまく取り上げようとしても駄目である。彼らにしたところで、どんなやり口で神を独占したのか、分らない始末だ。ある日、彼らは神を信じるようになっただけである。ある者は、ただ呼び出されて回心した。彼はそれと知らずに予め信じており、信じているのに気づいた時、僧となったのである。またある者は、ありとあらゆる苦しみを嘗めつくした。そして、突然訪れた光を浴びて、苦しむのをやめたのだ。信仰を欲することは不可能である。それは病気と同じく、こっそりと人の中に忍びこむ。または急激に人を襲う。信仰を自由に操作することは誰にもできまい。それに、信じる運命に予め生まれついているのでなければ、信仰を望むなど馬鹿げたことである。人は信者であるか、信者でないかのどちらかで、それは気違いか正気かというのと同じことである。——私は信じることができないし、信じたいと願うこともできない。信仰とは錯乱の一形態で、私はそんな錯乱に陥らないようにできているからだ。……不信者の立場というものも、信者のそれとまったく同様、測り難い。私は、失望する悦びに耽溺する。これこそ当代の精髄である。私が「懐疑」より上位に置くのは、そこから由来する楽しみだけだ……。

薔薇色に福々しい修道僧、また、萎黄病にかかった修道僧たちに、私はこう答えてやる。《あなた方がいくら言い張ったとて、まったく無駄だ。私も天の方を見たけれど、何ひとつ見えなかった。私を説得することは諦めたまえ。私も、時には論理的演繹から神を見出すことがあっても、自分の心の中に神を見出したことはけっしてない。たとえ心の中に見出しても、あなた方の途をたどり、あなた方のしかめ面をまねることはできないし、まして、ミサだの晩課だのいう舞踊《バレエ》に加わることもできない。無為の楽しみにまさるものは何ひとつないのだ。この世の終りが来ようとも、私は、時ならぬ時刻に寝床《ベッド》を離れることはないだろう。してみれば、夜の夜なか、私の睡眠時間を犠牲にしてまで「不確かなもの」の祭壇のもとに出かけて行く必要が、どこにあろうか。たとえ恩寵が私の眼を暗くし、法悦が絶えず私を身慄いさせるとしても、少しばかりの皮肉を吐けば、立ち直れるだろう。さよう、私は祈りの最中に笑い出してしまいそうで、つまり不信仰より信仰のせいで地獄堕ちするのが心配なのだ。お願いだから、もう余計な努力は払わせないでほしい。とにかく、私の肩は、天国を支えるにはもう疲れすぎているのだ……》。

不服従の練習

主よ、あなたの業《わざ》の破廉恥ぶりを、あなたの前で香をたく、あなたにそっくりのあの甘いセンチメンタルな幼虫どもを、私はいかに腹の底から憎んでいることでしょう。あなたを嫌うあまりに、私はあなたの王国という砂糖菓子から、あなたの操り人形どもの空疎なおしゃべりから、逃げ出しました。あなたは、私たちの焔と反抗の息の根をとめる元凶、私たちの燃え上る火に水をかける消防夫、私たちの老化を掌る係です。あなたをひとつの公式にはめこむよりも前に、私はあなたの奥義を踏みにじり、あなたの手管を軽蔑し、また、あなたに「不可解」という化粧を施しているあの粉飾を嘲りました。あなたは、大慈悲からしてあなたの奴隷たちには手加減してやっておいでの苦悩を、私にはたっぷりと味わわせて下さいました。あなたの無能の蔭にしかやすらぎがないのですから、あのろくでなしの救いのためには、あなたに頼るか、あなたの模造品に頼るかするだけで十分です。あなたにべったりの共犯者たちと、この私と、いったいどちらが哀れなのか、私には分りません。私たちは、みな、あなたの無能力からまっすぐにつながって出て来ているのですから。ひときれ《プラン》、ひとかけ《プリーブ》、雑片《ブリコル》、……これがあなたの「天地創造」の、あなたのおしゃか仕事の語呂合わせなのです……。

虚無のこちら側で試みられたあらゆる事柄のうち、この世界ほど憐れなものがあるでしょうか（もっとも、この世界を造ることを考えた思いつきは別ですが）。どこであれ、何かが生きて息をしていれば、それだけ不具がふえるというわけです。存在することの不都合を裏書きしないような生命の鼓動など、どこにもありません。肉体は私をぞっとさせます。男たちや女たち――肉の痙攣のままにごろごろ鳴るはらわたです……。この惑星との親近関係など、私にはもうありません。一刻一刻が、私の絶望の箱に投じられる一票なのです。

あなたの業《わざ》が中断されようと継続されようと、知ったことではありません。あなたの手下どもは、あなたが才能もないのに向う見ずにも始めた仕事を、完成できますまい。彼らも、あなたの手で投げこまれた盲目状態から這い出しては来るでしょうが、復讐する力があるかどうか。あなたの方も、自分を守る力があるかどうか。彼らは錆ついていますが、あなたはもっと錆がきています。私はあなたの「仇敵」（悪魔を指す。）の方に向き直り、彼があなたの太陽を盗み取って別の宇宙に懸けてくれる、その日を待っているのです。

知の舞台装置

われわれの真理は、先祖のそれ以上に値打のあるものではない。先祖の神話や象徴に概念を置きかえたことによって、われわれは《進歩した》と思いこんでいるが、こうした神話や象徴も、われわれの概念にほとんど劣ることない表現力を持っているのだ。「生命の樹」「蛇」「イヴ」「楽園」などは、「生命」「認識」「誘惑」「無意識」という概念と同じ意味を表わすことができる。神話における善や悪の具体的な形象化は、倫理学における「善・悪」と同様に深い意味があるのである。知は——その深さの点では——けっして変らない。変るのは知の舞台装置だけである。美神ヴィーナスがいなくなっても愛は残り、軍神マルスがいなくなっても戦争は依然行なわれる。神々がこうした事件に介入しなくなったからといって、事件そのものが説明しやすくなったわけではないし、昔ほど唐突でなくなったわけでもない。概念的な公式の装飾が古い伝説の豪奢に取ってかわっただけで、人間生活の恒常的な要素には変化がなく、科学はこの恒常的要素を、詩的物語よりもっと深く把握し理解できるわけでもないのである。

近代人のうぬぼれときたら、果てしがない。われわれは、過去のあらゆる時代の人々よりも賢く深いと信じているが、たとえば仏陀の教えが万人を虚無という問題の前に引き据えたことを忘れているのである。われわれは、この虚無なる問題を自分で発見したように思っているが、ただ用語を変え、僅かばかりの学殖を付け加えてみたにすぎない。しかし、西欧の学者で、仏教僧との比較に耐える者がいるだろうか。われわれは文献と術語の中に迷いこんでしまっている。つまり、瞑想は近代哲学のあずかり知らぬ特質なのだ。もし、われわれが知的節度をなくすまいと思ったら、われわれの心の中から、文明に対する心酔と「歴史」に対する迷信を等しく追い出さなければならない。いろいろな大問題について、われわれは古い先祖や、もっと近い時代の先人たちをいささかも越えることがないのである。人々は、少なくとも「本質的なこと」に関しては、昔から何もかも知っていたのである。近代哲学は、中国やインドあるいはギリシアの哲学に何を付け加えたわけでもない。のみならず、われわれは無邪気さからかうぬぼれからか、新しい問題があるように思っているけれども、そんなものはまずないと考えていい。観念の遊戯にかけて、中国やギリシアの詭弁論者《ソフィスト》に劣らず大胆な抽象的思考を推し進めた者がいるだろうか。思想の極限は、すべて、ずっと昔から——それもあらゆる文明圏で究められているのだ。われわれは「新機軸」にばかり眼が眩んで、自分がはじめて考えることに首をつっこんだ最初の猿人の亜流だということを、あまりにも簡単に忘れてしまうのである。

ヘーゲルは、近代人の楽天主義《オプチミスム》の最大の責任者である。意識は形と様式を変えるだけでけっして進歩しないということを、なぜ彼は見ぬけなかったのだろうか。生成の運動には、絶対的完成、目標といったものはあり得ない。時間の冒険は、時間を超越したひとつの狙いなしに展開され、前進の可能性が涸れたら終るからである。意識の程度は時代とともに変化するが、意識そのものが時代を経るに従って増大するということはない。われわれは、ギリシア＝ローマの世界や、ルネサンス、あるいは十八世紀の人々以上に自覚的人間というわけではない。各時代はそれ自体完全で——かつ滅びるべき運命にある。意識が過熱する特別な時代もあることはあるが、明知が翳って人間が本質的問題にさえ近づけなくなるという時代は、あったためしがない。そもそも歴史とは、素朴さの絶えざる危機、どころかその破産にほかならないのである。否定的状態——まさしく意識を鋭く尖らせるあの状態——は、いろいろな具合に配分されているが、歴史上のどの時代にも厳として存在する。均衡のとれた《幸福な》時代は「倦怠《アンニュイ》」——幸福がおのずからたどりつく終着駅——を知り、軸を失った動乱の時代は、「絶望」とそこから生じる宗教的危機を知る。「地上楽園」の思想は、「歴史」——すなわち否定的状態がはびこる舞台とは両立しないあらゆる要素を集めて作られたのである。

　推論・直観・嫌悪・熱中・呻吟など、認識のあらゆる方法、あらゆる手段は、等しく有効である。ある世界像が概念に支えられているからといって、涙から生じたもうひとつの世界像以上に正当なわけではない。論理と嘆息——この二つの方式は、等しく確かで、また等しく無価値である。私はある宇宙の形式を作り、それを信じる。するとそれが宇宙になるが、他の確信ないし他の懐疑からの攻撃を受けると、たちまち崩壊する。眼に一丁字ない人間の言うこともアリストテレスの言うことも、同様に否定し難く——そして同様に脆弱である。数年をかけて熟した作品も、瞬時に成った詩も、その特徴は絶対性と無価値さとにある。『精神現象学』（ヘーゲルの主著のひとつ。）に『エピサイキディオン』（シェリーの詩。）以上の真理があるだろうか。燃え上る霊感も、孜々《しし》たる探究も、それがわれわれに差し出す結果は、ともに決定的——かつ馬鹿げたものである。今日、私はAという作家よりBという作家の方が好きだが、明日は、今まで嫌っていた作品の順番がまわってくるだろう。精神が生み出したもの——そしてそれを支配する原則——は、われわれの気分や年齢、われわれの熱中や失望の運命に従う。われわれは、かつて好きだったものを今日すべて疑問視する。そのことは、正しくもあれば、間違ってもいる。なぜなら、すべては承認し得ると同時に、何の重要性も持たないからである。私が微笑するとひとつの世界が生まれ、暗い気分になるとそれが消えて、また別の世界が姿をあらわす。いかなる意見にせよ、理論にせよ、信仰にせよ、われわれがそれに加担するか離れるかによって、正しくみえたり馬鹿げてみえたりするのである。

哲学が詩より厳密だとか、精神の方が心より厳密だとかいうことはない。厳密さというのは、人が自分から近づいて行くか向うからやって来るかする原理ないしものと一体化する、その限りにおいてしか存在しないのである。外部から見ればすべては任意で、理性も感情もその点で変りはない。いわゆる真理とは、まだとことん生き抜かれて中味がからっぽになっていないけれども間もなく老化せざるを得ない誤謬、真新しくて、その己れの真新しさを危くするのを待っている誤謬なのである。知識はわれわれの感情とともに花開き、萎む。そして、われわれがありとあらゆる真理をへめぐるのは、われわれが真理とともにすでに疲弊し——われわれの中にも真理の中にも、もう活力が残っていないからである。幻滅を誘うものを除いて「歴史」は考えられない。そこにこそ、憂鬱《メランコリア》に身を委ねて死にたいというわれわれの欲求が出てくる根拠があるのである……。

真の知とは、結局、夜の暗黒の中で目覚めていることにつきる。すなわちわれわれの不眠の総量こそ、われわれと動物ないし他の人間たちとの違いのポイントなのである。眠っている人間から、かつて豊かな、あるいは不思議な思想が生まれたためしがあったろうか。君はよく眠れて、見る夢も安らかだろうか？　それなら、君は無名者の群れをふやすだけである。昼の明るさは思想の敵で、太陽は思想を暗くする。思想は夜中にしか花開かないのである。……そこで、夜の知識の結論はこうなる——すなわち、誰にせよ、何かについて安穏な結論に達した者は、自分の阿呆ぶりか、または偽りの慈愛を証明するだけなのだ。

そもそも、愉快な真理にしてしかも正当だったということが、ただの一度でもあっただろうか。白昼の言葉で知性の名誉を救った人間があっただろうか。《私は悲しい知識を持っている》――こう自分に向って言える者こそ幸いなるかな、だ。

歴史とは進行しつつある反語《イロニー》であり、人間と事件を通じてあらわれる「精神」の冷笑である。今日はかくかくの信仰が勝者だが、明日は打ち負かされ、辱められ、他の信仰に取ってかわられるだろう。今日の信仰を抱いていた人々も、敗北の運命をともにするだろう。それから世代が変ると、昔の信仰がまた息を吹き返す。いったん破壊された歴史的遺物が再建される……だがそれも、いつかはまた滅び去るのである。運命の寵愛と苛酷さを統《す》べる不動の原理は、まったくない。この寵愛と苛酷さの交替が「精神」の巨大な茶番劇に一役買っているわけで、この茶番劇にまきこまれると、詐欺師も熱烈な人間も、策略も情熱も、いっしょくたになってしまうのである。各時代に行なわれた論争を見たまえ。何の根拠も必然性もないようにみえるが、それでも、その論争は当の時代の生命だったのだ。カルヴァン主義、静寂主義《キエティスム》、ポール・ロワイヤル（十三世紀はじめに創立された尼僧院で、十七世紀の宗教界で有力となり、新しい信仰形態のジャンセニスムの中心となった。パスカルはここに隠退し、ジャンセニスム擁護の『田舎人への手紙』を書き、イエズス会と対立した。）、百科全書（十八世紀、ディドロを中心とした啓蒙主義の思想家や文学者の手で編纂された。革命時代の唯物論的精神の一大記念碑。）、大革命、実証主義、等々……何たる馬鹿馬鹿しさの連続か。……それでも、それらは存在しなければならなかったのだ。無駄な浪費だが、それでも避けることはできなかったのだ！

世界宗教会議から現代の政治論争に至るまで、さまざまの正統と異端が、その挺子でも動かせぬ無意味《ナンセンス》ぶりによって人々の好奇心を飽かずかきたてた。いろいろに装ってはいるものの、その下にはいつも、「天国」に関してか「淫売屋」に関してか、ともかく反対と賛成とがあるであろう。幾千もの人々が、「処女」と「息子」（聖母マリアとイエス。）をめぐる煩瑣な議論のために悩み、また幾千もの他の人々が、それほど無根拠ではないにせよやはり荒唐無稽な教義のために煩悶した。あらゆる真理は教派《セクト》となって、遂にはポール・ロワイヤル同様の運命をたどる。つまり迫害され、破壊される。それから、その廃墟が貴重視されて、不当な迫害に耐えた円光を冠り、巡礼地となるわけである……。

民主主義《デモクラシー》とその諸形態をめぐる論議に、中世、唯名論《ノミナリスム》と実在論《レアリスム》（中世における対立的思想。唯名論は「普遍」を否定し、実在するのは「物」で、「普遍」とは「物の後にある名」だと考え、実在論は「普遍」が「個」よりも時間的・位階的に先在するとした。）をめぐって戦わされた論議以上の興味を抱くのは、これまたたわけた話である。それぞれの時代が、何かあるひとつの絶対に酔い痴れる。この絶対たるや、取るに足りぬ退屈なしろものだが、その時代にはかけがえないものとみえるのだ。われわれは、何かの信仰、理論ないしイデオロギーの、要するに己れの時代の同時代者たることを避けられない。それから解放されようと思えば、侮蔑の神のような冷やかさを持たねばならないであろう。

「歴史」には何の意味もない――よろしい、われわれはその方が結構だ。歴史のよき結末だの、打ち上げのお祭りだの、われわれの汗と苦しみだけでかち取らねばならないのなら、そんなものに心を悩ます理由がどこにあろうか。われわれの労苦を踏台にしてお祭り騒ぎし、われわれの死灰の上で踊り狂うような未来の阿呆どものために骨身を削る必要が、どこにあろうか。ものみな楽園に終るという幻想は、その馬鹿らしさ加減において、希望というやつがしゃべる最悪の漫語よりもっと悪質である。「時間」を許してやるために持ち出せる弁明は、せいぜいのところ、時間の中には他にくらべてまだしもましな瞬間があるということで、それは、当惑つづきの我慢ならぬ単調さの中に起こる小さな突発事みたいなものである。宇宙は個人とともに始まり、個人とともに終るので、その個人なるものがシェークスピアであろうと一介の田舎親爺であろうと、違いはない。なぜなら、一人一人の人間が、自分の価値または無価値を絶対のものとして生きているからである……。

存在するようにみえるものは、いかなる策略によって、存在しないものの検査《コントロール》の眼から免れたのだろうか。「虚無」のさなかにおける一瞬の不注意、一瞬の弱さ――それを幼虫どもが利用したのだ。虚無がちょっと油断したすきに、われわれが出現したというわけである。そして、生が虚無に取ってかわったように、今度は生が歴史に取ってかわられた。かくて存在は、虚無の正統性を掘り崩した異端の輪《サイクル》に加わったのである。

放棄

どんな風にしてか、もう覚えていないが、私は次のような告白を聞き出したことがある。《地位もなければ健康もなく、将来の計画も過去の記憶もない私は、未来と知識を私の身辺から追い払った。私にできるのは、粗末なベッドに寝ころんで、太陽と溜息とを忘れ果てることだけだ。私はベッドで、むなしく時間を爪繰る。まわりの道具やものは、私の破滅をしきりに通告してくる。釘は私に囁く、お前の心臓を突き刺せ、少し血が流れるだろうが、お前はもうそれに脅えることもあるまい、と。——ナイフが私の耳に吹きこむ、俺の刃は実に的確だよ、たった一瞬の決心だ、そうしたらお前は辛酸にも恥辱にも打ち勝つことができるのだ、と。——窓は、沈黙の中で軋りながら、ひとりでに開いて囁く、お前はこの町の高所を貧民たちと共有している、さあ、身を躍らせろ、俺は大手を開いてお前を迎えてやる、下の鋪道で、お前はあっという間に、人生の意味も無意味も引っくるめて粉砕されるだろう、と。——縄は、お誂え向きの頸に巻きつくようにまるくなり、哀訴の力を借りて囁く、俺は長いあいだお前を待っているのだ、お前の恐れ、お前の落胆、お前の不気嫌、それを俺はつぶさに見てきた、皺くちゃになった掛けぶとんを、お前の怒りの歯形をつけた枕を見、神々に投げつける呪いの言葉を聞いた。慈悲深い俺は、お前を憐れみ、助けてやりたく思う。なぜならお前は、自分の疑問に答えを与え、自分の絶望から逃げることを潔しとせぬあらゆる人間同様、首をくくるために生まれてきたからだ》。

固定観念の裏面

虚無の観念は、勤勉な人々には具わっていない。忙しく働く人間は、己が死後に返るべき塵の重さを計る暇もなければ、その気持もないのだ。彼らは運命の苛酷さというか、その馬鹿馬鹿しさを甘受する。そして希望を持つ。つまり、希望とは奴隷の美徳なのである。

白髪と皺と死の喘ぎを恐れながら、無為の日々を自分の死骸のイメージで埋めるのは、虚栄心の強い奴、うぬぼれ屋、浮気女などのやることである。彼らは己が身ばかり可愛がり、絶望する。彼らの考えは鏡と墓穴の間を飛びまわり、顔の線が崩れかけているのを見ると、そこに宗教上の真理と同じほど重大な真理が隠されているように思ってしまう。あらゆる形而上学は肉体の不安から始まり、それがやがて普遍的な不安となる。したがって、浮薄なゆえに不安を覚える人間は、真に苦しむ精神の予表なのである。老衰という化物に脅える浅はかな怠け者は、実は自分のことに無頓着な学者よりも、パスカルやボシュエ（一六二七―一七〇四。フランスの神学者、司教、説教家。）やシャトーブリアンに近い、ということになる。虚栄心に微量の天分が混っているというか、これは、死に甘じることができず、死を個人に対する侮辱と感じるような、偉大な自負心の持ち主の実例なのである。あらゆる賢者に勝る賢者だった仏陀さえ、神の尺度からすれば一介のうぬぼれ屋にすぎなかった。彼は死を、自分の死を発見し、傷つけられて、すべてを諦め、しかもその諦念を他の人々にも強制した。――こうして、虚無に面と向うべく、復讐心から虚無を「法」にまで仕立てたこの手負いの自負心から、最も恐るべき、また最も無益な苦悩が生まれたのである。

墓碑銘

《彼は、断じて支配せず、ものをも人をも己れの意のままにしないことを誇りとした。部下もなければ上司もないため、命令を与えも受けもしなかった。掟の支配を免れた彼は善悪未分の立場にあり、誰をも苦しめたことがなかった。彼の記憶の中で、ものの名前は消え去った。彼は見てもものを知覚せず、聞いても音は聞かなかった。香りも香料も、彼の鼻孔と口蓋に達する前に消えてしまうのだった。五官と欲望、それだけが彼の奴隷だった。ゆえに彼の五官は感じることなく、欲望は欲することがなかった。彼は幸福も不幸も、渇きも恐れも忘れ果てた。それを思い出すことがあっても、彼はその感情をそれと名ざし、希望ないし後悔の域に身を落すことを蔑んだ。ほんの軽い動作をするのさえ、彼にとっては、他の人々が一帝国を築いたり壊したりする以上の力が要《い》った。生まれることに疲れて生まれた彼は、亡霊たることを望んだ。してみれば、彼はいつ生きたと言えるだろうか？

いかなる生誕の誤ちによって生きたのだろうか？　そしてまた、生きながらにして屍衣を着たのなら、いかなる奇蹟によって彼は死ぬことができたのだろうか？》

涙の世俗化

音楽が人間に訴えるようになったのは、ベートーベン以後のことにすぎない。それ以前は、音楽はひたすら神との対話であった。バッハやイタリアの大作曲家たちは、この人間的領域への地すべりを、「耳しいた音楽家」以後この最も純粋な芸術を変質させた偽りの巨人主義《ティタニスム》を、まったく知らなかったのである。意志の捩れが甘美な優しさに取ってかわり、さまざまな感情の相剋が素朴な魂の躍動に、狂乱が規律ある嘆息に、取ってかわった。要するに、天国が音楽から姿を消し、かわりに人間が居すわったのである。昔は、罪は優しい涙となって降ったのに、今や罪が己れをひけらかす時代が来た。演説が祈りを圧倒し、「楽園喪失」のロマンティスムが堕罪の妙なる夢を駆逐したのである……。

バッハ。宇宙発生論的な物思わしさ。われわれの神への希《のぞ》みがよじて行く涙の梯子。われわれのはかなさの建築物。われわれの意志の積極的な——かつ最も高級な——溶解作用。「希望」の中での天上的な破滅。崩壊せずして滅び、死ぬことなくして消滅する唯一の方式……。

こうした消失をもう一度学ぶには、すでに時遅しなのだろうか。われわれは、依然として、オルガンの響きのそとで衰弱しつづけねばならないのだろうか。

意志の変動

《何ものも君の欲望には抵抗できず、宿命も重力も君の力の魔術の前ではその支配力を失って蒸発してしまうような、あの灼熱する意志の大窯を君は御存知だろうか。もし、君のまなざしが死者を蘇らせ、君の手が触れると物質が身慄いして、石に鼓動が打ち始め、あらゆる墓場が不死のほほえみを湛えつつ花開くことが確かなら——君はこう胸のうちで繰り返す。《以後、もはや永遠の春、奇蹟の乱舞とあらゆる眠りの終焉しか存在しないだろう。私は別の火を運んできたのだ。神々は色褪せ、生きものはみな歓呼している。天界は茫然自失し、騒ぎは墓穴の中までおりて行ったのだ。》

……そして、この激情の愛好家は、やがて息切れして沈黙するが、彼がふたたび口を開くや、今度は静寂主義《キエティスム》の口調で、こんな諦念の言葉を呟くのだ。

《君は、あらゆるものに伝わって行くこの無気力な嗜眠状態を、かつて経験したことがあるだろうか。樹液の活力を奪い、他の季節に打ち勝つ秋を夢みさせるこのけだるさを、味わったことがあるだろうか。私が通ったあとでは、希望は眠りこみ、花は萎れ、本能は衰える。あらゆるものが意欲することをやめ、意欲したことを悔いるのだ。あらゆるものが、こんなことを私の耳に囁く、「神でもいい、なめくじでもいい、何か別のものが俺の生を生きてくれたらよかったのに。俺は恋しい、無為の意志が、発動しない無限が、諸元素の恍惚たる衰弱が、睡眠の中への冬ごもり、豚から蜻蛉に至るまで、あらゆるものを包みこむ冬ごもりが、恋しくてならぬのだ……」》

善意の理論

《君にとって窮極の規準も決定的な原則も、またいかなる神もないのなら、君がどんな大罪も犯さない理由はいったい何なのだ?》

――《僕の中には、他の誰かれと同じくらいの悪が見つかるのだが、行為――あらゆる悪徳の母――が大嫌いなので、僕は誰の苦しみの種になることも仕出かさないのだ。無害で、大した欲もなく、他人を傷つけるだけのエネルギーも厚かましさも持ち合わせていないので、僕はこの世界をあるがままに放っておく。仇を討とうと思えば、絶え間のない警戒心と一貫した精神、高くつく持久力などが必要だが、相手を赦し蔑んで無関心になってしまえば、気持が良いくらいあっけらかんとした時を過せるものさ。およそ、あらゆる道徳《モラル》は善意にとっては危険なものだ。それを救えるのは無関心だけなのだ。愚者の粘液質と天使の無関心《アパティア》を選んだ僕は、行動に見切りをつけた。そして、善意は生きることと両立しないので、僕は善良になるために死んだ人間になったのだよ。》

ものの持ち分

何かにまったく無邪気に没頭するには、多量の無意識が必要である。信者や恋人、弟子などは、自分の神や偶像や師の一面だけしか見ていないのだ。熱中する人間というのは、どうしても単純である。優雅と愚昧とがまじりあっていない純粋な感情、知性の蝕を伴わぬ幸せな感嘆があるだろうか。一人の人間ないしあるもののあらゆる面を同時に見てしまう者は、心魂の飛躍と茫然自失との間で、いつまでもぐずぐずせざるを得ない。――何にせよ信仰というしろものを解剖してみたまえ、うわべの心情の飾りの下に、何たる下劣さが隠されていることであろうか！　それは下水溝で夢みられた無限で、したがってその痕跡と悪臭を消しようもなく残しているのである。あらゆる聖者の内部には公証人が、英雄の内部には食料品屋が、殉教者の内部には門番がいる。嘆息の底にはしかめ面が隠され、犠牲と献身には地上の淫売窟の気配がまじっている。――愛というやつをよく見たまえ。これほど高貴な心情吐露、これほどうろんなところのない感情の激発があるだろうか。その身慄いは音楽と張り合い、孤独や法悦の涙にひけをとらない。たしかにそれは崇高なるものであるが、実は泌尿器と切り離せない崇高なのである。いわば、排泄に似た熱狂、各種の腺の天国、孔の発作的な聖性である。……この酩酊が覚めて、君を生理学の汚辱の中に投げこむには、ほんの一瞬の注意力があれば十分だし、これほどの熱狂が一種の鼻汁のごときものを生むにすぎぬことを確認するには、ひとときの倦怠があれば十分である。陶酔のさなかの覚醒状態は、その味わいを変質させ、陶酔している人間を、曰く言い難い口実など踏みにじってしまう一人の幻視家に変える。愛と認識とが同時に行なわれれば、必ずや愛はそのために損なわれ、精神の注視のもとに息絶えるのである。——君の感嘆の的になっている人々のことを掘り返して調べ、君の礼拝を食い物にしているのは誰か、君の信頼で得をしているのは誰か、さぐってみたまえ。そうすれば、彼らの最も無私な思考の下に、自愛心が、名誉欲が、支配と権力への渇望が隠れているのが分るだろう。およそ思想家なるものは、実際行動からはみ出た落伍者で、彼らは概念をなかだちとしてその失敗に復讐するのである。行為のこちら側で生まれた彼らは、人々から感謝されることを望むか、それとももうひとつの形の名誉、つまり人々から憎まれることを望むかに従って、行為を称揚したりけなしたりする。彼らは不当にも、己れ自身の欠陥を、弱点を、掟の地位にまで高め、自分の無価値さを原理の域にまで高める。思想は、愛や信とまったく同様、ひとつの虚偽である。なぜなら、真理とは欺瞞であり、情熱とは臭気であるからである……（スペイン語訳版には、このあとに次の一行がある。「そして結局のところ、選ぶべきは、欺くものと悪臭を発するものとの中間にある」。）

悪徳の驚異

思想家にとって——この世との絆を絶つためには——つぎつぎと疑問を投げかける厖大な苦役が必要だが、これに対し、欠陥というものはいわば特権で、それによって特殊な運命が一挙に与えられるのである。「悪徳」——すなわち孤独の分配者——は、悪徳の徴しを負った人間に、他人とは別格といった優越性を付与する。たとえば性倒錯者を見たまえ。彼は、嫌悪と讃嘆という相矛盾した二つの感情を人に与える。その堕落ぶりが、彼を他の人間たちより以上にも以下にもするのだ。彼は自分で自分を認めることができず、恥辱と誇りの板挟みになって、絶えず己れを正当化するための理屈を編みだそうとする。しかるに、生殖という愚行の熱愛者たるわれわれは、群衆とともに歩むのである。性的秘密を持たぬ人間に禍あれ、だ。そのようなわれわれに、さまざまな変態の悪臭芬々たる利点がどうして見抜けようか。われわれは、永遠に、自然の生んだ子、自然の法則の犠牲者、要するに人間という樹たるにとどまるのだろうか。

個人のさまざまな欠陥が、文明の柔軟さと精妙さの度合いを決定する。異常な感覚は精神を導き、活潑にする。つまり正常の道から逸れた本能は、野蛮の対極にあるわけである。したがって、性的不能者は、健全な反射作用をそなえた野人よりも複雑で、衆にまさって人間の本質を体現していることになる。そもそも人間なるものが、動物学の規格からはずれた生き物で、不能者は、その欠点と風変りとのゆえにかえって人間として豊かになるわけである。欠陥だの悪徳だのを除去し、肉の悲哀を取り除いてみたまえ。魂も同時になくなってしまうだろう。なぜなら、魂という名で呼ばれるものは、ほかならぬ内的スキャンダルの一産物であり、秘かな恥辱を指す呼び名、下劣さの理想化されたものだからである……。

思想家は、その素直さの奥底で、実は反自然的なものすべてに開かれた認識の可能性を嫉妬している。彼は――反撥は覚えながらも――《怪物》の特権を信じているのである……。悪徳はひとつの苦悩であり、ただひとつ骨折り甲斐のある名声の形態であってみれば、悪癖ある人間は決定的に他の人々と違っているのだから、必然的に一般俗衆よりは深みがある《はず》である。彼は、他の人々が終るところから始めるのである……。

自明な領域で汲み上げられる自然の快楽は、それ自体としてやがて無に帰し、手段が尽き、新鮮味を失うが、異常な感覚は反省された感覚であり、無意識な反射《レフレックス》運動の中における思考《レフレクシオン》である。悪徳は最も高度な意識に達しながら、哲学の仲介を要しない。ところが思想家にとっては、性倒錯者が出発点とするこの感情の明晰さに到達するためには、一生涯かかるのである。にもかかわらず、思想家と性倒錯者とは、他人と異ろうとする性向を持つ点で似ている。ただ、前者は瞑想を通じて強いて他人から離れようとし、後者は持って生まれた非凡の性癖に従うだけなのである。

堕落への誘惑者

《君の時間はどこへ流れ去ってしまったのか。ある身振りの記憶、情念の痕跡、冒険のきらめき、美しい束の間の狂気――君の過去にあったそうしたものは、今は何ひとつ残っていない。いかなる錯乱も君の名を取ることなく、いかなる悪徳も君の名誉を記念しはしない。君は跡形もなく消え去ってしまった。いったい、君の夢は何だったのか？》。

――《俺は、地球のはらわたまで「懐疑」の種子を播き、物質をその中にどっぷり浸し、精神が滲透したことのない場所で「懐疑」を猖獗させ、人間どもの核心に手を触れるに先立って、石の平穏をゆさぶり起こし、そこに人の心の不安定と欠陥を導き入れてやりたかった。俺は、建築家として「破壊」のために寺院を建ててやり、説教師として祈りの茶番を説き明かし、王として反乱の紋章をかざしたかった。人間は、自分自身を拒否したいというひそかな願望を抱いているものだから、俺は、到る所で自己への背信を助長し、無垢を茫然自失させ、己れ自身への裏切者の数を増し、大多数の人間どもが確信という沼の中に溺れこんで腐って行くのを防ぎたかったのだ。》

洞窟の建築家

神学も道徳も歴史も、そうして日々の経験も、心の平安に達するのに無数の秘密があるわけではないことを教えてくれる。秘密はただひとつ、服従するということである。《束縛を甘受せよ》と、それらは繰り返す、《そうすれば君は幸福になるだろう。何ものかであれ、そうすれば君は苦しみから解放されるだろう》。まさしく、この世では何もかもが生業（メチエ）である。たとえば時間の専門家がおり、呼吸の役人がおり、希望の権威者がいるという風に、ひとつのポストが、生まれる前からわれわれを待っている。つまり、われわれの進む道は、母親の胎内で予め準備されるわけである。公式の世界のメンバーたるわれわれは、そこでひとつの席を占めざるを得ない。それが厳しい運命のからくりというやつで、このからくりが緩むのは狂人に対してだけである。狂人だけは、少なくとも、ひとつの信仰を持ったり、社会制度に加担したり、何かの思想を支持したり、何かの企てを続行したりするよう、強制されていない。社会というものが出来て以来、そこから逃れようとする者は迫害され、嘲笑された。君がひとつの生業を、名前の下につける肩書を、君の虚無の上に捺す印章を持ちさえすれば、あとは何をしようと構わないのだ。《俺は何もやりたくない》などと叫ぶ大胆さは、誰一人持ち合わせていない。——世間の人は、あらゆる行為から解放された精神に対してより、暗殺者に対する方が寛大である。服従の道をふやし、己れの自由を捨て、内部の放浪者を殺すこと——かくして人間は、その隷属性を磨き上げ、幻影に忠誠を誓ったのである。彼は、自分の態度や身振りや気分の奴隷だから、己れの侮蔑の念や反抗の熱さえも、ひたすらそれに支配されるためにのみ養ったのである。洞窟から這い出しても、人間はその迷信だけは捨てなかった。ただ、かつて洞窟に閉じこめられた囚人だった人間は、今度はその建築家となったのである。彼は、昔より以上の創意と巧妙さをもって、原始の状態を永久に持続させている。が、結局のところ人間は、己れの戯画《カリカチユア》を誇張するか縮小するかの違いはあれ、厚顔にも自己自身を剽窃しているわけである。駆引きの手だても尽きたぺてん師たる彼が、体をよじらせたりしかめ面をしたりする、それがいまだに人を欺くのである……。

弛緩症の訓練

太陽熱の下の蠟の一片のように、私は昼間溶けて、夜に固まる。崩れてはまたもとに返る交替作用、無気力と怠惰の中での変貌だ……。私が読んだり知ったりしたことすべての結末が、不眠の夜々の終局が、こんなことになろうとは……。怠惰が私の情熱を鈍らせ、欲望を打ち砕き、激情を削《そ》いだのだ。流れのままに流されることのない人間は、私には化物としか思えない。私ときたら、投げやりを学ぶのに全力を使い、無為でいる稽古を重ね、ふと思いついて何かをやろうとするごとに、「頽廃術」の各項目を思い出して水をかけるのである。

到る所、意欲する人々ばかり……。ごくつまらぬ、あるいはわけの分らぬ目的に急ぐ足また足の仮装舞踏会。すれ違い交錯する意志の群れ。個人が意欲し、群衆が意欲する。得体の知れぬ目的に向う幾千の人間たち。私にはとてもついて行けないし、まして彼らに挑む気もない。私は茫然として立ちどまる。どんな奇蹟が、これほどの活力を彼らに吹きこんだのだろう。眼も眩むほどの活潑な動き。ちっぽけな肉体の中に、こんな多量の精力とヒステリーがひそんでいようとは！　この振動は、いかなる慎重さによってもなだめられず、いかなる知恵によっても静められず、いかなる苦痛によっても乱されることがない……。彼らは、英雄よりもやすやすと危険に立ち向う。彼らこそ、有効性を説く無意識の使徒、「直接性」の聖者、……時間の市場の神々なのである……。

私は彼らに背を向け、この世の歩道から脇に逸れる……。

――とはいえ、私にも、こうした征服者や蜜蜂どもに感服し、彼らに希望をつなごうとした時があった。しかし今は、動きは私をたまらなく不安にし、エネルギーは私を陰気にする。波のまにまに運ばれて行く方が、波と闘うよりも賢明というものだ。自分の死後の生を生きている私は、時間というものを、児戯というか、あるいは悪趣味として思い出す。欲望もなく、欲望を実現させるべき時間も持たぬ私にそなわった確信といえば、ただ、瞼を開く前からすべてを知りつくした痴呆状態に蝕まれた胎児、明識をそなえた新生児として、ずっと以前から私自身の死後の生を生きている、ということだけである……。

極度の使いべり

最も下劣な淫売婦にも匹敵する何か、何やらけがらわしい、ぼろぼろにすり切れた、こわれたもの、憎悪の念をかきたて狂わせるもの――この上なく腹立たしいと同時に絶えず問題にせずにいられないものがある。すなわち、それは言葉、あらゆる言葉、より正確にはわれわれが用いている言葉である。たとえば私は言う、樹、家、私、すばらしい、まぬけな、と。そのほか、何とでも言うことができるだろう。と、私はすぐ夢見るのだ、あらゆる名詞とあらゆる形容詞の暗殺者、言葉などという勿体ぶったげっぷを殺してくれるもののことを。言葉がみな死んでいるのに誰もそれを埋めようとしないのだ、私にはそんな気のすることがある。怯懦にも、われわれは言葉がまだ生きているように考え、鼻もつまますにその悪臭に依然として耐えている。だが、実は言葉はもはや存在せず、何を表現しもしないのだ。言葉が通過したあらゆる人の口、言葉を汚したあらゆる息、言葉が吐かれたあらゆる場合を考える時、われわれは、ただひとつでも言葉を用いたらそれに汚染されると考えざるを得ないではないか。

人はわれわれに言葉を十分嚙み砕いて投げてよこす。だがわれわれには、他人が咀嚼した食物を呑み下す勇気はとうていあるまい。しかし、言葉を用いるというのは、物質的行為として考えるとまさにそれなので、そのことを思えば胸が悪くなる。それにしても、どんな言葉の下にも他人の唾の味が残っていることに気づくには、ちょっと辛辣な眼があれば十分である。

言語活動を蘇らせるためには、人間全体が語ることをやめなければならないだろう。その時、人々は記号《シーニュ》に助けを求めて好結果を得るだろうし、もっといいのは沈黙することだ。言葉の売春行為は、その堕落の最も顕著な徴候である。無垢な言葉、純粋な発言というものはもはやなく、言葉によって指示された対象に至るまで、繰り返し言われたために堕落してしまう。対象に別の精気を与えるためにすぎないにせよ、どうして世代ごとに新しい固有の言葉を学ばないのだろうか。貧血を起こした象徴《シンボル》を使って、どうして愛したり憎んだり、はしゃぎ廻ったり悩んだりできるだろうか。《生》だの《死》だの言っても、形而上学的なきまり文句、古くさい謎でしかない……。人間が現に使っている言葉は貧血し、死にかけていて、もう輸血で生き返らせるすべもないのだから、新たな現実の錯覚を作り出し、その目的のために新たな言葉を発明すべきであろう。

欲望の葬式場にて

ひとつひとつの細胞の中で、無限に小さい空洞があくびしている……。われわれは、いろんな病気がどこに宿るか、その場所は弁えているし、体のどの器官が弱るのかも知っている。だが、どこを犯すとも分らぬこの病ときたら……。無数の大海の水の重さにのしかかられるようなこの圧迫感、申し分なく効く毒薬に対するこの欲望ときたら……。

返りくる春の俗悪さ、太陽と草木の緑と樹液との発散する挑発の気分……。植物の芽がほころび、鳥や獣が活動を再開する時、私の血は風化する。……私は完全な気違いが、大山鼠の惰眠が、熊の冬眠が、賢者の枯れっぷりが羨ましい。彼らの麻痺状態と、まだ血の気の多い犯罪を夢見ている私の、この漠たる、しかし湧きたつような殺意とを取りかえることができたなら！　いや、それにもまして、私はあの暗鬱・酷薄で、罪にまみれながら短剣で刺された頽唐期のローマ皇帝たちを、どれほど羨ましく思うことだろう。

私は、あたかも盲人の流す一滴の涙のように、自分を虚空に投げ出す。私は誰の意志にあやつられているのか？　誰が私の中で意欲するのか？　私は悪魔《デモン》が人間に対して陰謀を企ててくれたらいいと思う。私は喜んで味方するだろう。そうなれば、自分の欲望を葬るわずらわしさに疲れた私も、遂に理想の口実を持つことができるだろう。なぜなら、「倦怠」とは、いかなる信念のためであれ生きることも死ぬこともかなわぬ人々の嘗める苦痛だからである。

否定できぬ失望

一切が失望を裏書きし、失望を養い、確乎たるものにするばかり。失望――高級で拒否し難いそれ――こそは、出来事・感情・思想の総仕上げである。いかなる瞬間も失望を強固にする材料となり、心躍りのあとには必ず失意の念が募り、考えれば考えるほど失望は動かし難くなる。この神のごとき存在の支配する王国は広大で果てしなく、宿命さえも幕下に従えて強力きわまりなく、生と死の間をつないで、両者をひとまとめにし、それでわが身を養っている。その論議と吟味にくらべれば、科学も気まぐれの寄せ集めとみえる。その嫌悪の烈しさは、何ものをもってしても和らげることができないだろう。公理の春に花開く数々の真理のうちで、幻想の域にまで達した失望の断言命題に、その傲然たる錯乱ぶりに対抗できるものがあるだろうか。いかなる青春の熱も、精神錯乱さえも、失望の確実さに抵抗することができず、失望の勝利は叡知と狂気の両者によって、同じ声で高らかに告げられる。その間然するところなき支配権、無限の至上権の前に、われわれは膝を折る。一切は、失望を知らぬところから始まり、失望に甘んずることによって終る。失望を免れ得るいかなる行為もなく、失望に終らぬいかなる行為もない。この世の最後の言葉である失望――それだけが人を失望させない唯一のものである……。

モラリストの秘密の中で

宇宙を悲しみで満たしてしまったら、精神をなお燃えたたせる手段としてわれわれに残されているのは、歓喜だけ、想像するだに不可能な、並はずれた、きらめく歓喜だけである。しかもそれは、われわれが希望というものの魅惑を味わうことをもはや期待しなくなった時なのだ。つまり「生」とは、死に取り憑かれた人々によって生者に与えられる贈り物なのである。……われわれの頭の方向と心の方向とは同じではないので、われわれは、総じて自分が踏みにじって否定するものに対する、ひそかな愛着を隠し持っているのである。ある人は、宇宙という機械の廻る軋みを記録するが、それは多分、彼が「天界」の音楽を夢見すぎたためなのである。――夢にまで見た音楽が聞こえないので、彼はやけになって、周囲の騒音しか聞かないことにしたのだ。苦く辛辣な言葉は、潰瘍にかかった感受性から、傷ついたこまやかな心《デリカシー》から生まれる。ラ・ロシュフコー（一六一三—八〇。フランスのモラリスト。一切を自己愛と偽善に帰する『箴言』のペシミズムで知られる。）やシャンフォール（一七四一—九四。フランスのモラリスト。皮肉な覚めた眼で、人間性とくに上流階級を痛烈に諷刺した。）のような人々が吐いた毒ある箴言は、粗野な人間どものために截《き》り出された世界に対する彼ら一流の復讐だったのである。あらゆる苦渋には復讐心が隠されており、厭世思想《ペシミズム》なる形態を取る。——ペシミズムとは、自分の期待を裏切った人生というものを許せない敗北者の苛酷さなのである。

人に致命傷を与える陽気さ……、微笑の下に短剣を隠した快活さ……。私は、ヴォルテール（一六九四—一七七八。フランスの啓蒙思想を代表する一人。明快で機智にあふれた諷刺には、いわゆる寸鉄人を刺すものがある。）のある種の皮肉を、リヴァロル（一七五三—一八〇一。フランスの批評家。痛烈な諷刺と効果的にすぎるほどの警句で知られる。）の当意即妙な言い返しを、マダム・デュ・デファン（既出。二二ページを参照。）の辛辣きわまる当てこすりを、雅趣の下からのぞく冷たい笑いを、サロンに満ちたあの挑戦的な軽快さを、人を面白がらせると同時に殺すあの機智を、過度な礼節の中に隠された辛辣さを考える……。そして私は想像する、抒情の躍動と皮肉な眼をかねそなえた理想的モラリストなるものを……。彼は情熱的にしてかつ冷徹、茫漠としてかつ鋭利、『夢想』（ルソーの『孤独な散歩者の夢想』。）にも『危険な関係』（十八世紀の小説家ラクロの書簡体小説。）にも近い存在、別言すれば、ヴォーヴナルグ（一七一五—四七。病と失明のため失意の生涯を送ったが、『箴言』その他の著にあらわれた人生観は清朗で繊細な感覚にあふれている。）とド・サド（一七四〇—一八一四。マルキ・ド・サド。悪を人間の本性として、欲望の全的肯定をめざすその作品は、社会から危険視され、二十世紀に至るまで陽の目を見なかった。）を、才気と地獄を一身に集めた人物である……。自分自身に即して心の動きや習俗を観察し、他にそれを汲む必要をあまり感じないので、彼は、自分自身をちょっと考察しただけで人生のありとあらゆる矛盾を見抜いてしまう。彼は人生のすべての面を己が身に反映しているので、人生の方で重複することを恥じて、姿を隠してしまうだろう……。

いかなる注意力にせよ、それを行使すれば必ずや全的否定に到達せずにはいない。それが注意力なるものの宿命であり、しかもそれには、古典的モラリストからプルーストに至るまでの人間観察家にとって、あらゆる障碍が伴うものである。注意深く探る眼にあうと、何もかも溶解し消えてしまう。情熱だの、あらゆる種類の試みに対する愛着だの、熱意だのは、他人にも自分自身にもべったりくっついた単純な精神の持主のことである。《心》の中に僅かでも明晰な意識があれば、心は偽りの感情の巣となり、恋する男はアドルフ（フランスの小説家コンスタン（一七六七―一八三〇）の『アドルフ』の主人公。恋愛の開花から枯死までの過程を描き、悩める複雑な魂を分析した心理小説の傑作として名高い。）に、満たされぬ男はルネ（既出。一八八ページを参照。）に変ってしまう、恋する者は恋愛を検討することなく、行動する者は行為について思索することがない。だから、私が自分の《隣人》を研究するなら、それは彼がもはや隣人たることをやめたからであり、私が自分を分析するなら、それは私がもはや《私》でなくて、他と同じ一個のものになったからである。己れの信仰を量る信者は、遂には神を秤にのせるようになる。彼が信仰の熱意を救い取るのは、ただそれを失うことを恐れるからにすぎない。素朴さの対蹠点にたち、円満無垢な存在の正反対にあるモラリストは、自己自身および他人と真正面から向きあって、疲れ果ててしまう。茶番役者であり、下心の渦巻く小宇宙《ミクロコスモス》でもある彼は、一般の人々が生きるためごく自然に受け入れて己が本性に同化する手練手管を、我慢できないのである。彼には、何もかもが作りものの約束事めいてみえる。そこで、彼はさまざまな感情や行為のからくりをなすばねをあばき出し、文明の化けの皮を剝ぐ。というのも、彼は、それが見せかけであることを見抜いて見くだしたせいで、苦しんでいるのである。なぜなら、そういう見せかけあってこそ人は生きることができ、見せかけこそ生そのものであるのに、モラリストは見せかけを凝視し、人間の《本性》を求めてさまようからである。この《本性》なるものは、もともと存在せず、またかりに存在したとしても、彼にとっては、あとから付け加えられたさまざまな人為と同様、無縁なものである。総じて心理的複合体は、要素に分解され、説明され、こまかに分析されると、その働きは、分析の対象となる犠牲者よりも分析する側の人間にとって一層有害である。人は、感情の曲折を克明にたどることによって、感情そのものを殺してしまう。それは、心の躍動の曲線を観察すれば躍動が力を失うのと同じことである。そして、他の人々の行動をことこまかに考察する時、そのため行動に支障を来たすのは、考察された人々の方ではないのである……。およそ、自分が関与していないものは、何によらず馬鹿げてみえる。しかし、行動する人々は前進しないわけに行かないのに対し、人間観察家は、どちらを向いても行動人の勝利の無意味さを記録するばかりで、それもただ、自分の敗北を弁明するためにすぎないという始末である。というのも、生命は、生命に対する注意力の欠如、無頓着の中にしかないからである。

修道者の幻想

女たちが、寄る年波の醜さを、美しさが衰え魅力が褪せて行くのを、世間からも自分からも隠すために修道尼になった時代……、男たちが、栄耀栄華に疲れ、「宮廷」を去って信心生活に逃げこんだ時代……。慎みから回心するという流行は、古典時代とともに消え去った。パスカルの影とジャックリーヌ（一六二五―六一。パスカルの妹。修道女。兄の回心に強い影響力を及ぼした。）の反映は、眼に見えぬ影響力として、どんな下っ端の宮廷人、きわめてはすっぱな美女の上にもひろがっていた。しかしポール・ロワイヤルはすべて永遠に崩壊し、それとともに、慎み深くて孤独な臨終を迎えるにふさわしい場所も消滅した。修道院の粋好み《コケツトリー》ももはやない。われわれの堕落を緩和すべき暗鬱でしかも荘麗な背景を、今後どこに求めたらいいのだろうか。サン＝テヴルモン（一六一六―一七〇三。フランスの文学者。懐疑主義的、快楽主義的な自由思想家。）のような享楽派《エピキユリアン》は、自分の好みに合った、自分の処世術と同様穏和で弛緩した環境を夢想していた。当時はまだ、神を考慮に入れて不信仰と調和させ、孤独の中に神のことも包摂するようにしなければならなかった。快適きわまるこの和解行為は、今やまったく過去のものとなってしまった。われわれ現代人には、神の助けもなく、不在の理想の純粋さの中で滅びるために、われわれの魂に劣らず貧困でからっぽな修道院が必要であろう。それは、天から墜ちながら、幻想に打ち勝ったがゆえになお汚れなき状態を保っている醒めた天使たちにふさわしい修道院であろう。そして、信仰なき永遠の中への隠遁の流行、虚無の中での修道誓願——つまり神秘から解放され、その《修道士》の誰一人として何も頼りにせず、自分の救霊も他人の救霊も軽蔑するようなひとつの「宗団」、「あり得ない救いの宗団」を期待しなければならないのだ……。

狂気に敬意を表して

《俺は狂ってしまったほうがましだ、
そうすれば俺の思いは、俺の悲しみから引き離されることだろうに。》

これは、リア王の狂気がグロスターに吐かしめた悲嘆の言葉である……。われわれが苦しみから逃れるための最後の頼みの綱は、精神錯乱である。錯乱に襲われると、われわれはもういつもの悩みに出会わないですむ。苦痛や悲哀を傍らにしながら、われわれは何も知らぬ幸いな闇の中をさまよっていればよい。生と呼ばれるこの疥癬を忌み嫌い、生きて行くことのむずがゆい感じに疲れた時、狂人が衰弱のさなかで安全に保証されているさまは、誘惑とも模範ともなるものである。慈悲深い運命の手がわれわれから理性を取り上げてくれたら！　というわけだ。頭が心の動きを注視する習慣から免れない限り、出口はないのである。私は羨む、痴呆者の夜を、その鉱物質の苦悶を。まるでひとごとのような無関心さで呻き声を上げる幸せを。自分自身を他人の眼で眺め、自分の叫びもどこか他人の口から洩らされるような十字架上の苦痛を。己れを打ち毀ちつつ踊りかつ冷笑する無名の地獄を。私は第三人称として生き死にしたい。……己れの内部に逃れ、己れの名前を捨て、かつての自分から永久にさよならし、……遂には狂気の叡知に到達したい――なぜなら、生はこの代償を払ってはじめて耐えられるものとなるからだ。

わが英雄たち

若い時には、人はそれぞれ自分の英雄を求める。私にも私なりの英雄があった。たとえばハインリッヒ・フォン・クライスト（一七七七―一八一一。ドイツの劇作家・小説家。ドイツ詩人中でも最高に伍す才能を持ち、すぐれた作品を残したが、烈しい性格から人生に絶望し、人妻とともにピストル自殺をとげた。）、カロリーネ・フォン・ギュンダーローデ（既出。一二七ページを参照。）、ジェラール・ド・ネルヴァル（一八〇八―五五。晩年、神秘思想に養われた『夢と人生』を残し、街頭に縊死した。）、オットー・ヴァイニンガー（一八八〇―一九〇三。オーストリアの思想家。ショーペンハウアーとカントに影響され、「性の形而上学」を説く。極端な女性蔑視論を展開。若年で自殺した。）……。彼らの自殺に心酔した私は、彼らだけがぎりぎりのところまで行ったのだ、彼らこそが、死の中で、己れの失恋または得恋の正当な結論、己れのひわれた精神ないし哲学的痙攣の正当な結論を引き出したのだと確信した。情熱《パッション》が消えたあとまで生き残った人間は、そのことだけで軽蔑すべき、あるいは卑しい人間とみえた。つまるところ、私にとっては人類というのが余計物で、決然たる精神を持った人はあまりにも少なく、甘んじて年老いて行く人があまりにも多いので、私は三十歳になる前におさらばするつもりで人間に背を向けたのである。だが年月が過ぎ、私は青春の誇りをしだいに失って行った。毎日は、あたかも謙譲の美徳の教課のように、私がまだ生きていること、私が人生に腐りきった人間たちの間にまじって、かつての夢を裏切っていることを想起させてくれた。この世にもはや存在しなくなることに待ちくたびれた私は、女と寝た一夜が明けそめたらわが身を一刀両断するのが人の義務だと思い、度はずれな愛欲の吐息をあとで反芻することによって台なしにしてしまうのは、言いようのない下劣なことだと考えていた。また別の時には、人が神の王座をなみするほど広大な自負心を抱いて、すべてを己がものとした以上、そのうえさらに己れの存在で時間を侮蔑することがどうしてできようか、とも考えた。当時、私は、人間が恥じることなしに果し得る唯一の行為は自殺することで、日々の連なりとだらけた不幸の中で自分を矮小化する権利は人間にはないのだ、と考えていた。自殺する人々以外に選ばれたる人はない、と、私はいつも心に呟いていた。今でも私は、生きている詩人よりも首をくくる門番の方を尊敬する。人間とは自殺猶予者だ——これこそ、人間の唯一の栄光、唯一の言いわけである。だが、彼はそのことを悟らず、死によって己れ自身を越えようとした人々の勇気を、かえって卑怯だとして非難する。われわれは、最後の息を吐くまで生きつづけるという暗黙の約束によって、互いに結ばれている。われわれ相互の連帯を固めるこの約束は、しかしやはりわれわれの一大汚点なのである。人類はすべて、その汚辱にまみれている。自殺以外に救いはないのだ。奇妙なことに、死は永遠であるのに人間の習俗の中に入りこんだことがなく、唯一の現実であるのに流行することもあり得まい。かくてわれわれは、生きている限り、死におくれた者なのである……。

頭の単純な人々

人が《真理》という言葉を口にする時の語調、そこにこめられた確信または留保の抑揚、《真理》を信じるか疑うかの様子などを観察してみたまえ。そうすれば、君は彼の意見の性質や、彼の精神の質について、知るところがあるだろう。およそ、《真理》という語ほど空虚な言葉はない。——だのに、人々はそれを偶像視し、その無意味さを思想の基準とも目的ともしてしまう。この迷信——一般人は仕方がないとして、哲学者には面目まるつぶれな迷信——は、希望が論理の領域を侵蝕するところから生じる。人は君に繰り返す、真理は到達し難いが、それでも真理を求め、真理に向い、真理のために全力を傾けなければならない、と。留保つきの言い方だが、要するに、真理を発見したと称する人々とあまり違っているわけではない。大事なのは、真理が可能だと信じることで、真理を所有するのと真理を望むのとは、異った二つの行為でも、同一の態度から由来するのである。人は、何かひとつの語を取って、これを例外的存在にする。言葉の恐るべき私有化ではないか！

「真理」について確信をもって語る者を、私は頭の単純な人間と呼ぶ。というのも、彼は括弧つきの特別の用語を予備としていろいろ貯えており、欺瞞も軽蔑もなしにごく単純にそれを用いるからである。――哲学者はどうかと言うに、こうした偶像崇拝を少しでも喜ぶようなら、たちまち化けの皮が剝げてしまう。その時、彼の中では市民が孤独者に勝ったのである。思想から希望が湧き出すとは、何とも悲しむべき、または滑稽な風景である。……大袈裟な言葉にあまり肩入れするのは、下劣なことである。認識に対する熱狂には、どこか子供っぽいところがある……。そして、今や哲学が「真理」に不信を投げつけることによって、ありとあらゆる括弧つきの特別用語から脱却すべき時なのである。

精神の刺戟剤としての貧苦

精神を覚めた状態にしておくのに、コーヒー、病気、不眠ないし死の固定観念があるだけではない。貧苦もまた、より効果的とは言えぬまでも、同じくらい精神の覚醒に役立つのである。永遠に対する恐れと同様に、明日のパンの心配も、形而上学的恐怖と同じく金の心配も、休息と投げやりを不可能にする。――われわれの屈従は、すべて、餓え死にするだけの決心ができないことから由来する。この怯懦は、われわれには高いものについている。もともと乞食になる適性がなく、他人様の意のままに生きるとは！　着物をきた、運のいい、うぬぼれきったこの絹毛猿どもの前で腰を低くし、軽蔑する値打さえないポンチ絵のような連中の言いなりになるとは！　何かを乞いもとめねば生きて行けぬという屈辱感を思えば、いっそこの地球という惑星を絶滅させ、そこにはびこる階級組織やさまざまの堕落もろとも爆破してやりたくなる。社会とは悪ではなく、災厄である。社会の中で生きて行けるとは、また何という愚かな奇蹟であろうか。怒りと無関心の間に揺られながら社会なるものを眺めていると、誰もその組織を突き崩すことができなかったということ、また今まで、絶望した慎ましいすぐれた精神の持主で、社会を徹底的に破壊してその痕跡まで払拭しようとした者がいなかったことが、何とも不可解に思えてくる。

　巷で僅かな銭を乞うのと、宇宙の沈黙からひとつの答えをもらうことを期待するのと、この両者の間には、単なる類似という以上のものがある。人々の心と物質をともに宰領しているのは、出し惜しみなのだ。こんなけちな存在なんぞ、くそくらえ！　こいつは、金《か》銭《ね》と秘密を懐深く貯えて、吐き出そうとしない。財布も「未知」の深みも、ともに近寄り難いのだ。しかしその「未知」が、いつか自分を人眼にさらし、その宝庫を開く時が来るかもしれぬではないか……。否、「金持」は、血管に血が残っている限り、自分の金銭《かね》を吐き出すことはすまい。……彼は、自分の恥を、悪癖を、犯した罪を、君に告白するかもしれないが、財産のことでは嘘をつくだろう。君に何でも打ち明け、生命さえ預けるかもしれないが、自分の最後の秘密、つまり金銭上の秘密は黙っておくだろう……。

　貧苦とは単なる一時的状態ではない。それは、何が起ころうと君が無一物であり、君が富の循環のこちら側で生まれ、息をするためには争わねばならず、空気や希望や眠りに至るまで戦い取らなくてはならず、社会がたとえ消滅しても自然はやはり酷薄無情である、という確信と一致しているのである。「天地創造」を見まもるいかなる父性的原理もなかった。到るところ、財宝は埋められ、隠されている。まさしく、アルパゴン（十七世紀フランスの喜劇作家モリエールの『守銭奴』の主人公。極端な吝嗇漢の老人。）風の造物主であり、けちけちして隠しだての好きな「いと高き神」なのである。君の内部に明日への恐れを植えつけたのは、この「神」なのだから、宗教自体がこの恐れの一形式であるのも驚くにあたらない。

永遠の貧民にとっては、貧苦とは、一たん飲んでしまってもはや解毒法のない興奮剤のごときもの、または、人生を知るに先立ってその地獄のさまを描き出してくれる先天的な知恵なのである……。

不眠への祈願

私は十七歳で、哲学を信じていた。哲学に関係のないものは、罪か塵芥のように思われた。詩人だって？　そいつはうじうじした女どもが喜びそうな芸人さ。行動だって？　逆上した阿呆のやることさ。愛？　死？　概念の名誉を拒む下民どもの口実さ。精神の香気に価しない宇宙の胸がむかつく悪臭……。具体とは何たる汚点か。楽しんだり苦しんだりするのは、何たる恥辱か！　私には、ただ抽象だけが生きて鼓動しているとみえた。私は下女たちとの恋の駆引に熱中していたが、それは、もっといい身分の相手だと私のふだんの主義がストップして、心情が堕落してしまいはしないかと恐れたためである。私は内心に繰り返した、形而上学と両立できるのは淫売屋だけだ、と。そして私は——詩を避けるため——下女の眼や淫売の溜息をねらったものだった。

……ところが「不眠」よ、お前がやって来て、私の肉体と誇りを震撼させた。若い獣を変えてしまい、その本能に微妙なニュアンスを与え、その夢をかきたてるお前。たった一夜で、安らかな休息のうちに過ぎた幾日もが与える以上の知識を与え、悩む瞼にとって、名も知れぬ病や時代の災厄以上に重大な出来事と見えるお前が！　お前は、私の耳に、健康な鼾《いびき》を、快い忘却に沈んだ人々の安らかな寝息を聞かせ、一方私の孤独はまわりの闇を包んで闇よりも広大になって行くのだった。何もかも眠っていた、永遠に眠っていた。もう夜が明けることはない。こうして私は、この世の終りまで目覚めているのだ。最後の審判の時、私は空白のままの夢の空間について報告させせられることだろう。……来る夜も来る夜も同じこと、どの夜も永遠につづくほど果てしなかった。そして私は、眠れないすべての人々、見知らぬ不眠の兄弟たちとの連帯を感じた。性倒錯者や狂信者と同じく、私もまたひとつの秘密をかかえていたのだ。彼らのように、私も、すべてを許しすべてを与えすべてを犠牲にすることのできる徒党を作りたかった。不眠党とでもいうやつを。疲労のため瞼が腫れぼったくなった人間がいたら、誰によらず天才だと思い、偉い相手で「国家」の誇りだろうと、「芸術」や「文学」の誇りだろうと、よく眠れる人間には全然感服しなかった。不眠の夜の仇をとるために休息を禁じ、忘却を罰し、不幸と熱狂を法制化した暴君がもしいたら、私は熱烈な礼拝を捧げたことだろう。

そこで私は哲学に助けを求めた。だが、夜の闇の中で慰めとなる観念はなく、不眠に耐える思想もなかった。不眠の中であれこれ腑分けしていると、確信は崩れて行くものだ。この荒廃に疲れた私は、とうとう、こう考えるようになった、《もう猶予はならぬ、眠るか死ぬか、……眠りを取りもどすかこの世からおさらばするか、どちらかだ》と……。

しかし、眠りを取りもどすことは容易ではない。ふたたび眠れそうになっても、自分がどれほど過ぎた夜々の痕跡を残しているかに気づくのだ。君が恋をしているとしよう……君の激情は、やがて永遠に腐敗するだろう。君は、歓楽への恐れから脱け出すように、その折々の《恍惚》から脱け出すだろう。あまりにも肌身に近い恋人の眼に、君は犯罪者の顔を向けるだろう。夢中で嬉しがってころげ廻る彼女に、君は毒を注がれた肉欲の苛立ちをもって応じ、彼女の無邪気さには犯罪人の詩をもって応ずるだろう。なぜなら君にとっては、何もかも詩に、ただし罪の詩になるであろうからだ。……水晶のように澄みきった観念、思想の見事なつらなりはどこへ行ったのか？　君はもう考えなくなるだろう。ただ形もなければ脈絡もない概念の噴火と熔岩、はらわたからしぼり出され吐き出された攻撃的な概念だけになるだろう。それは肉体が自分自身に加える懲罰のようなもので、というのも、精神はその時々の気分の犠牲となり、問題外となるからである……。君はあらゆることに、それも法外に苦しむだろう。たとえばそよ風は突風のように感じられ、人から手で触れられたら短剣で刺されたように、ほほえみかけられたら平手打ちを喰ったように、つまらぬことも時ならぬ大変動のように思われるだろう。――つまりは不眠の夜々も終り得るが、不眠の輝きだけは君の内部で生き残るからだ。闇の中をのぞきこめばそれだけの罰が当然あるし、闇の教えを受ければ危険が伴うのは必定である。太陽から何も学ぶことができなくなる眼、夜という病気から永遠に癒えることのない病んだ魂が存在するのである……。

悪人の横顔《プロフィル》

ちょうど必要な分以上の悪を犯したことがなく、必要以上に巧妙な殺人ないし復讐をやったことがなく、頭にのぼった血の命令に従ったこともないとは、いったい何のお蔭なのか？　――気質のせいか、それとも教育のせいであろうか？　否。まして、生まれつき人柄が良いせいでもない。ただただ、彼が死の観念を抱いていることによるのである。誰に対しても何ごとをも許すまいとする傾向がありながら、彼は誰でも許してしまう。ほんのちょっとした侮辱にも彼の本能は傷つくが、一瞬後にはそれを忘れてしまう。彼は、自分が死体になったさまを思い浮かべ、同じやり方で他人の死体も思い浮かべてみさえすれば、とつぜん気持がおさまるのだ。腐敗し解体して行くものの姿が彼を善良に——そして怯懦にするわけである。死の固定観念なしには叡知も（そして慈愛も）ない。生きているのを誇らしく思う健全な人間は、人に復讐し、己が血と神経の言うことに耳を傾け、偏見に従い、口答えし、びんたを張り、殺す。しかるに死の恐怖にさいなまれた精神は、外からいくらつつかれても、もう反応を示さない。彼は何かに手をつけながら、未完のままで拋棄する。名誉について熟考しながら名誉を失い、……さまざまな情熱の世界に乗り出そうとしながら情熱を解剖する……。彼が何をしようとつきまとうこの恐怖は、彼の活力をそいでしまう。彼の欲望は、よろずのものは無意味という展望のもとに萎えて行く。生きている以上、彼も人を憎まずにはおれないのだが、信念の上からは憎むことができず、彼の企む陰謀も犯罪も、実行の途中で取りやめになってしまう。他のすべての人々と同様、彼も自分の内部に人殺しを隠しているのだが、この人殺しときたら、諦めの念に満たされており、敵をやっつけたり新たな敵をこしらえたりするには疲れすぎているのである。彼は額を短剣にのせて夢み、ありとあらゆる罪によって、いわば経験を積む前から希望を失っている。彼は、世間からは善人と思われているが、悪人たることが無意味にみえなければ喜んで悪人になることであろう。

寛容の考察

生命の徴し――苛酷さ、狂信、不寛容。頽廃の徴し――貧血、ものわかりのよさ、寛大さ……。社会は、強い本能を基盤としている限り、敵や異端の存在を許さない。社会は彼らを抹殺し、焼き殺し、あるいは投獄する。火刑台、絞首台、牢獄！　こういったものを発明したのは、人間の邪悪さではなく、確信――何にせよ全面的な確信なのである。ひとつの信仰が築かれたとしようか。おそかれはやかれ、警察がその信仰の《真理》を保証するようになるだろう。イエスは――人間界で勝利を得ようと願った以上――トルケマダ（一四二〇－九八。スペインの初代宗教裁判長。苛酷な判決と残虐な処罰で知られる。）の出現を予見すべきであった。これは、歴史の舞台に登場したキリスト教の避け難い結果だったのである。そして、「神の子羊」が、未来のわが保護者たるこの十字架の拷問人を予見しなかったのなら、イエスはまさしくこの渾名をつけられる値打がある。キリスト教会は「宗教裁判」によって、まだ大きな活力を残していることを証明した。同様に、王たちはその気まぐれな慰みによって活力を証明したのである。あらゆる権力は、それぞれのバスチーユ牢獄を持っている。つまり、社会は力が強ければ強いほど、より非人間的なのだ。一時代のエネルギーは、その中で苦しむ人の数で測られ、宗教的ないし政治的信念は、その犠牲となる人々を土台として確立される。野獣性は、時間の中で成功したものにつきものの主要性格なのである。ひとつの観念が勝ち誇る時、いくつもの頭が切り落される。観念は、他のもろもろの観念を犠牲にし、後者を抱懐ないし擁護した連中の首を切り落して、はじめて勝利を得ることができるのである。

「歴史」は懐疑論の正しさを裏書きする。しかし歴史が存在しかつ生きるには、懐疑論を足もとに踏みにじらねばならない。懐疑からはいかなる出来事も生じないが、事件を考察すれば、行きつくところはきまって懐疑論で、その正しさが証明されるのである。すなわち寛容——地上の最上の富——は、同時に欠陥でもある。ありとあらゆる観点、最もちぐはぐで相容れない信念、相互にきわめて矛盾した意見をすべて認めるのは、疲労と不毛が全体に行きわたっている状態を前提とする。そこから、奇蹟的にもさまざまな敵手が共存することになるが、それはまさしく、敵が相互に敵であり得なくなったからなのである。相対立する教義が互いに相手の価値を認めあうのは、それぞれの教義が自己主張を貫くだけの活力を失ったせいである。宗教は敵対する真理を大目に見るようになると、衰弱して消えて行き、神はその名において人殺しが行なわれなくなると、死んだも同然なのである。絶対が消滅すると、地上楽園の仄かな輝きがあらわれる。……ただし、それも束の間の仄明りで、なぜなら、不寛容こそ人間に関する万般の事柄の法則をなすものだからである。集団は圧政のもとでのみ確立され、寛容の支配するところでは解体する。——そこで集団は、エネルギーを振りしぼって己れの自由を扼殺し、平民の、または王冠をいただいた牢番を崇めはじめるのである。

恐怖の時代は平穏の時代より優勢である。人間は、事件がやみくもに起こるより、何も事件のない時の方がずっと苛々するのだ。かくて「歴史」とは、倦怠を拒否した結果の血なまぐさい産物なのである。

衣裳哲学

沙漠の修道僧や犬儒派の思想家たちのことを、私は何という愛情と嫉妬の心を抱きつつ考えることだろう！　テーブルとかベッドとか着るものだとか、ごくつまらぬものでさえ、それを自由に使うというのは卑しいことではないか……。衣裳はわれわれと虚無の間に入りこんで、両者を隔てているのだ。君の裸の肉体を鏡に映してみたまえ。そうしたら、君は自分が死すべき人間であることに納得が行くだろう。君の指を、マンドリンの上を這わせるように肋骨の上を這わせてみたまえ。自分がどれほど墓に近くいるかが分るだろう。われわれが傲慢にも、死などどこ吹く風と受け流しているのは、結局われわれが衣裳をつけているからである。ネクタイをつけたままで死ぬことなど、できないではないか。死骸のくせに服など着るのは、身のほど知らずというもので、永生を夢想しつつ、その幻影をわがものにするのである。肉は骸骨を覆い、衣裳は肉を覆う。自然と人間がともに考え出したごまかし、本能と習慣とが発明した欺瞞である。誰《ムッシュー》々さんは、単に泥と塵からできているのではない、というわけだ……。品位、尊厳、礼儀——それらはみな、どうにもならぬ運命の前から逃げている姿なのである。君が帽子をかぶっていたら、君がかつては胎の中にいた人間で、やがて蛆虫が君の脂肪を腹一杯食うだろうなどと、誰が言うものか。

……だから、私はこんなぼろ服など脱ぎ捨てて、日々の仮面をはずし、他の人々と調子を合わせて自分を裏切るのに汲々たるこの時代をのがれたい。昔は、孤独者はすべてを捨て、裸になって本来の己れに帰ろうとした。沙漠と巷とを問わず、彼らはいつでも裸を楽しみ、最高の幸福に到達した。つまり、彼らは死者に等しくなったのだった……。

疥癬病みの中で

のらくらしているという苛責の念を癒したくなると、私は社会のどん底でうごめいている連中のところへ出かけて行く。下劣になり、下賤になりたくてうずうずしながら出かけて行くのだ。あの大言壮語の、厚かましい、冷笑的なならず者たちのことなら、私はよく知っている。彼らの汚辱にどっぷり浸り、私は彼らの活気を楽しむと同時に、それに劣らず彼らの吐く臭い息をも楽しむのだ。彼らの呈する光景たるや、実に惨憺たるものだが、成功した連中に対して洟もひっかけぬ彼らの、何もしないでいる天分には、感心せずにいられない。才能なき詩人、お茶を挽いてばかりいる売春婦、一文なしの実業家、腺の欠落した恋人たち、誰ひとり欲しいとも思わぬすさまじい女たち……これこそ人間の行きつくマイナスの極致であり、神の末裔をもって自任するこの生物、絶対の憐れむべき贋金作りたる人間を裸にひん剝いた姿なのだ——私はそう考えた。……人間は、ここにこそ到達すべきだったのだ、この己れ自身の似姿、神もかつて手を触れたことのない泥、どんな天使もその本性を変えようのない野獣たち、豚のような快楽の呻きの中で産み落された無限、肉欲の痙攣から生じた魂、これこそ人間の赤裸の姿なのだ……来るべきところまでたどりついた精虫どものひそかな絶望を、人間という種の陰惨な顔つきを、私は眺める。そして安心する、私にもまだたどるべき道が残されているようだ、と……。それから私は恐くなる。私もまた、こんな地獄まで堕ちるのではあるまいか？　そこで私は憎むのだ、この歯のぬけた老婆を、詩を書かぬへぼ詩人を、愛欲のあるいは実業の不能者《インポテンツ》を、精神と肉体の恥辱の典型を……。人間の眼は私を打ちのめす。――この残骸に触れて、私はせめてなけなしの矜持を汲み上げようと願ったのに、そこから得られるのは、死んでいないことを喜んで棺桶の中で空威張りしてみせる生者が感じるような、そんな身慄いなのである……。

思想の請負人について

彼は何でもかかえこみ、何をやっても成功する。彼が関係を持たないものは何ひとつない。知性のあやつる技巧の点でこれほどたくましく、精神と流行とのあらゆる分野――形而上学から映画まで――をこれほど容易に手がけることができるという事実は、人を眩惑する、眩惑するのが当然である。いかなる問題も彼を拒むことができず、彼に無縁な現象はひとつもなく、彼が関心を覚えない誘惑も全然ない。彼は一個の征服者であり、彼が抱く秘密とてはただひとつ、情緒を欠くということである。彼は何事にもまったく重きを置かないからこそ、何事にも平気で立ち向えるのである。彼が築く思考の体系は堂々たるものだが、塩が利いていない。内面の経験は範疇《カテゴリー》でしめつけられ、まるで災害の分類索引か不安の目録《カタログ》のようにきちんと並べられる。人間のさまざまな悩みも、手負いの詩も、きれいに分類されてしまう。「取り返しのつかぬもの」が秩序づけられ、のみならず検査を受けて、世上に出まわる品物として人目にさらされる。まさしく苦悶の生産工場である。大衆は争ってそれを求める。巷のニヒリズムと、野次馬連中の深刻な口が、それをたっぷり食うという算段である。

　天命によることなく、限りなくからっぽで、長広舌だけは誰にもひけをとらぬ思想家たる彼は、己れの思想をうまく経営し、すべての人々の唇にそれをのぼらせようとする。彼は宿命などというしろものに、いささかもつきまとわれてはいない。唯物論の時代に生まれたら、その度外れな単純化に追随して、唯物論を思いもかけぬほど世にひろめたことだろう。ロマン主義の時代に生まれたら、その夢の「大全」をこしらえたことだろう。また、神学隆盛の時代に生まれたら、神を、他の任意の観念と同様、巧みにあやつったことだろう。大問題を真正面から取りあげるその巧妙さたるや、人を啞然とさせるものがある。そこでは、何もかも瞠目すべき観を呈するが、ただ、どうみても本物らしくないのだ。根っからの非＝詩人である彼は、虚無について語っても、虚無に震撼されることがない。彼の嫌悪は反省を経たものだし、怒りは抑制された、いわばあとから作り出された感情である。

――しかし、不可思議なほど効力のある彼の意志は、同時にきわめて明晰なので、もし欲するならば彼は詩人になれるだろうし、さらに言えば、彼の熱意如何では聖者にもなれるだろう。……とくに好きなものも、とくに嫌いなものもないので、彼の抱く意見は偶発的である。それでも、彼が自分の意見を信じているところが御愛嬌で、興味を惹くのは彼の思考のやり口だけなのだ。彼が説教壇で説教しているのを聞いたとしても、私はべつに驚かないだろう。それほど、彼はあらゆる真理の彼岸にあってそれをうまくあやつることができるし、いかなる真理も彼にとって必然的でもなければ、彼の肉体と化したものでもないのである……。

探険者さながらに歩みつつ、彼は領土をつぎつぎと征服して行く。彼の足も頭も、等しなみに企業なのである。彼の頭脳は、けっして彼の本能を妨げない。かつて倦怠を覚えたこともなければ、欲望を麻痺させる恨みにみちた憤懣を感じたこともないので、彼は他の人々にぬきん出ることができた。一時代の子である彼は、その時代のさまざまな矛盾を、雑多な要素の無益な過剰を体現している。そして、彼が時代の征服に勇躍出発した時、そこに非常な一貫性と不撓不屈の力を注ぎこんだので、彼の成功と名声は剣によるそれに匹敵し、従来精神にとっては卑劣ないし未知であった方法で、精神の権威を回復するのである。

気質の真理

情熱もなければ格別の特性もなく、強さも欠いた思想家、已れの時代の形式に易々として従う思想家に対して、まったく別種の思想家が立ちはだかる。後者の場合は、彼らがいつあらわれようと常に自己自身であることに変りなく、時代を気にせず、自己自身の奥底に、永遠に変らぬ自分固有の欠点の中に、已が思想を汲んだであろうことが感じられるのである。彼らが周囲の世界から受け取るのは、ただ外形と、若干の文体上の特徴、ある進化の段階に達した特殊な言いまわしなど、それだけである。已が宿命に憑かれた彼らは、噴火のような烈しい思いを、悲劇的で孤独な電光の閃きを呼び起こす。そのさまは、黙示録《アポカリプス》や精神医学にきわめて類似しているのである。たとえばキェルケゴールやニーチェのような人がそれで、彼らはたとえ無味乾燥きわまりない時代に生まれあわせたとしても、その天来の妙想はやはり打ち慄え、大火のように燃えさかったであろう。彼らは已れ自身の焔の中に滅び去った。数世紀前だったら、火刑台上で死んだことだろう。彼らは、普遍的真理に対抗して異端に向う宿命を背負っているのである。已れ自身の火に呑みこまれるか、他人が用意した火に呑みこまれるか、それはたいした問題ではない。なぜなら、気質の真理というものは、いずれ何かの形で罰を受ける運命にあるからである。内臓と血と不安と悪癖——それらが合体して、気質の真理を生むのである。主観性にどっぷりと浸されたそのひとつひとつの背後には、当の思想家の自我が感じられる。すべては告白となる。

何気ない間投詞も、その源には肉の叫びがある。一見非人称的な理論でさえ、その構築者たる思想家を、彼の秘密と苦悩をあらわすだけである。いかなる普遍的命題も、必ず彼の固有の顔つきに等しい。つまるところ何もかも、論理さえも、彼にとっては自伝の口実となるわけである。彼の《自我》が観念の領域に出没して荒らしまわり、彼の苦痛が、そのまま規準に、唯一の現実に変ったのである。

皮を剝がれた男

彼に残されている生命が、僅かに残った理性を奪ってしまう。些事にしろ、大災害にしろ——蠅が飛んでも大地震が起こっても——等しなみに彼を脅えさせる。熱した神経で、彼はこの地球が硝子で出来ていて粉々に吹っ飛ばせたら、どんなにいいだろうと思う。また、星々の方に突進して行って、それをひとつひとつ打ち砕いてやりたいと渇望する。……罪が彼の双の瞳に輝き、両手は人を絞め殺したいとむなしくよじり合わされる。「生命」は癩病のように伝染する。たった一人の人殺しには、相手が多すぎるのだ。自殺することのできない人間は、本来、生きているのが嬉しいすべてのものに対して復讐したいと思うものである。そして、それがうまく行かないと、破壊の欲望が満たされずに苛立つ地獄道の人間のように、待ちくたびれて生気をなくす。お払い箱になった「悪魔」同然の彼は、涙を流し、胸をたたき、頭をかかえる。彼が世界中に流したいと思った血は、彼の頰をほとんど染めることもない。彼の蒼ざめた頬は、前進する人類が分泌する希望という体液に対する、彼特有の嫌悪を反映しているのだ。「天地創造」の日々にけちをつけること、それが彼の大望だった……。今や彼はその夢を捨てて、己れ自身に打ち沈み、挫折を歌う悲しい調べに身を任せている。そこから、もうひとつ別の行き過ぎが出てくるのだ。彼の皮膚は焼け、熱が世界中に滲みわたる。脳髄は灼熱する。大気は今にも火を噴きそうになる。彼の苦しみは星を鏤めた全天を占め、彼の悲嘆は地球の両極を震駭させる。そして、生存を暗示するものは何によらず、ほんのかすかな生命の吐息でさえも、彼に悲鳴をあげさせ、ために、諸天体の調和も諸世界の運動も乱れるのである。

自己に逆って

ある人の精神がわれわれをとりこにするのは、もっぱらそこに孕まれた不調和性、そのさまざまな動きの烈しい緊張、生来の傾向と精神が抱く所信との分離・対立などによるものである。マルクス・アウレリウス（一二一―一八〇。ローマ皇帝。遠征の陣中に記した『自省録』は、ローマ帝政期のストア哲学を代表する。）は、遠国での軍事行動を率いながら、「帝国」の観念よりも死の観念に多く心をひそめた。ユリアヌスは皇帝となったが、瞑想生活を懐しみ、賢者を羨み、反キリスト教徒論の執筆に多くの夜々を費した。ルターは、まさしくヴァンダル族（古代ゲルマン人の一種族。転じて、芸術品や自然美の粗野で無知な破壊者を言う。）の精力をもって、罪という固定観念にのめりこみ、身動きがとれなくなり、しかも己れの繊細さと粗野さとの間に均衡を見出すことができなかった。ルソー（一七一二―七八。「自然に帰れ」が彼の思想を要約するものとされている。）は、自分のさまざまな本能について勘違いし、ひたすら真率さの観念にのみ生きた。ニーチェの全著作は、力への讃歌にほかならないが、彼自身は、ひよわな、胸の痛くなるほど単調な生活を送ったのである……。

というのも、精神が重きをなすのは、ただ、自分が欲するもの、自分が愛しまたは憎むものについて思い違いをする、その度合に応じてのみだからである。精神とは、さまざまな傾向を孕んだ複数的存在だから、自分を選ぶということができない。陶酔なきペシミスト、苦渋なき希望の鼓吹者は、軽蔑に価するのみ。自分の過去にも礼儀にも、はたまた論理にも他人からの尊敬にもこだわらない人物だけが、関心を惹くに価する。挫折するやもしれぬというひそかな覚悟を抱いて事件の中に飛びこむのでない征服者、己れの内部で自己保全の本能を克服したのでない思想家を、どうして敬愛することができようか。己れ自身の無価値さに深く思いをひそめた人間は、ひとつの生活を持ちたいという意欲を失ってしまう……。生活を持つとか持たないとか――それは他の人々の問題だ。……変転する自己の宣伝家である彼は、もはや理想的自我などの問題で悩まされたりしない。気質こそが彼の唯一の教義であり、その時々の気まぐれが唯一の知識なのである。

信仰の復活

私は人間としての自分の資質を使い果したので、もう何も私の役に立つものはない。私は、到るところに、群れをなして希望の啼き声をあげている申し分ない家畜しか見ない。……群棲しなかった人々さえも、亡霊としてやはり群れに縛りつけられるのだ。でなければ、諸聖者の《通功《コンミユニオン》》（カトリックの教義では、教会の霊的至福は信者万人に共通で、イエス・キリストを頭とする神秘的身体を形作る。キリストと諸聖者と信者は一体をなし、勝利の教会をなす天国の信徒、悩める教会をなす煉獄の信徒、戦う教会をなす地上の信徒を相互に結びつける。）など、いったい何の目的で考え出されたのだろうか。……私は真の孤立者を求めて、さまざまな時代を調べてきたが、嫉妬に価するほどの孤立者としては「悪魔」だけしか見つからなかった。……理性は悪魔を追放し、感情は悪魔に哀願する。……「虚言の精霊」「暗黒界の王」「呪われし者」「敵」——悪魔の孤立性を中傷するこうした名前を思い返すのは、私にとって何と楽しいことだろう。また、人々が悪魔を日に疎むようになってからというもの、私はいかに彼を愛したことだろう。悪魔をもとのままの姿で復元してみることができたなら！　私は、信じる力の乏しさの全部をあげて「悪魔」を信じる。悪魔という伴侶が私には必要なのだ。なぜなら、孤独な人間は最も孤独な者に、「孤立者」そのものに向うからである。……だから私はそこへ向わなければならない。私の讃嘆の能力が——使われないままになることを恐れて——私にそうするよう、強いるのである。そこで、私は私のお手本と向きあう。彼に打ちこむことによって、私は自分の孤立が完全でないのを罰し、それを越える別の孤立を鍛え出す。これが、謙虚になる私なりのやり口なのである。

神は勝手気ままに置きかえられる。なぜなら、決定的に孤独でありたいというわれわれの望みを永久に保証してくれる限り、どんな神でもよいからである……。

われら穴居人

価値はつぎつぎに蓄積されるものではない。一世代は、前世代が持っていたユニークなものを踏みにじることによってのみ、新しいものをもたらすのである。これは、時代の継続に関して、さらによくあてはまる。たとえばルネサンスは、中世の深さと幻想、一種の野性を《救う》ことができなかった。つづく啓蒙時代は啓蒙時代で、ルネサンスから普遍性の感覚だけは受けつぎながら、その特徴をなす悲劇的なものは捨てて顧みなかった。近代の幻想は、人間を生成の切分法《シンコペーション》の中に投げ入れた。つまり近代人は、永遠の中での基盤を、自分の《本質》を、失ったのである。およそ征服ということは——精神的なそれと政治的なそれとを問わず——ひとつの損失を含んでいる。あらゆる征服は肯定であり……それも先立つものを殺害せずにはおかぬ肯定である。芸術の分野——精神の生命について語り得る唯一の分野——では、《理想》はそれに先立つ理想の廃墟の上にしか成立しない。真の芸術家は、みな、先行する芸術家たちを裏切ったのである……。歴史の中では、どちらが優秀ということはない。共和制＝君主制、ロマン主義＝古典主義、自由経済＝統制経済、自然主義＝抽象芸術、非合理主義＝主知主義——どの社会体制、またはどの思想ないし感情の流れも、相互に優劣がない。——ある精神形態が別の違った形態をとることは不可能であろう。人は排除によってはじめて何ものかになるわけで、秩序と無秩序、抽象と直接性、自由な躍動と宿命とを和解・両立させることは、誰にもできない。綜合の時代は創造的時代ではない。それは他の諸時代が熱中したものを要約する、つまり混沌雑然たる概括なのである。——およそ折衷主義なるものは終末の徴しなのである。

一歩前進のあとには一歩後退が来る。これこそ歴史の無駄骨折りというものである。生成……そして停滞……。人間が「進歩」の幻影に欺かれてきたということは、精緻を誇る人間の自負を滑稽なものにしてしまう。「進歩」だって？ ——衛生法にはそれが見られるかもしれないが、他の分野ではどうだろうか。科学上の諸発見の中にか？ こいつはいまわしい栄光の総和にすぎない。……いったい誰が、石器時代と近代的な武器の時代のどちらかを、本気で選ぶことができようか。いずれにしてもわれわれが猿に近いことに変りはなく、われわれがいま雲の峰をよじ登るのも、むかし樹によじ登っていたのも、動機は同じなのである。ただ、われわれの好奇心——純粋なそれにせよ、罪深いそれにせよ——を満たす手段が変ったにすぎない。そして——反射運動は粉飾されているけれども——われわれの欲望の種類は、昔より多様化されている。ひとつの時代を受け入れるか拒むか、それは単なる気まぐれにすぎない。歴史を全体として受け入れるか拒否するかしなければならないのである。進歩の観念は、われわれみなを、時間の頂点に立つうぬぼれ屋にする。だが、そんな頂点は存在しない。洞窟の中で恐怖に打ち慄えていた穴居人は、摩天楼の中でもやはり慄えている。われわれの不幸という元金は、いくら時代がたっても手つかずのままである。ただ、われわれは先祖の持たなかった利点をひとつ持っている。つまり、この元手を昔よりうまく投資したということで、というのも、われわれの破産が昔よりうまく仕組まれているからなのである。

挫折の表情

食料品店と教会には怪異な夢が満ちみちている。私がそこで出会った人は、みな錯乱の中で生きていた。どんな小さな欲望の中にも、狂気の源泉がひそんでいるのだから、生存本能に順応しさえすれば、精神病院行きの資格に十分なわけだ。生きるとは――物質をゆさぶる狂気の発作である。……私は呼吸する――それだけで、私を病院に閉じこめるに足る口実になる。死の明晰さに到達することができないので、私は日々の暗い影の中を這いずりまわり、そして、この世におさらばしたいという意志によってやっと生存しつづけているにすぎない。

昔、私は拳固の一発でこの宇宙を打ち砕き、星々をおもちゃにし、気のむくままに時間の流れをとめたり動かしたり、勝手に操作できると思っていた。大船長も私には大変な臆病者とみえ、詩人は片言でもぐもぐやっている連中と思われた。ものや人間や言葉の抵抗を知らず、宇宙が許してくれる以上に感じることができると信じていたので、私は何ともうさんくさい無限に、とめどなくひろがる青春期から生じた宇宙開闢論に、ひたすら耽っていた。……情緒的に自分を神と思いこむことは何とたやすく、精神によって神となることは何と難しいのだろう。一日ごとにひとつの幻を失うとは、私はきっと無数の幻を抱いて生まれてきたに違いない。人生とは苦悩によって打ち砕かれて行くひとつの奇蹟である。

今の私と、死体になった私との間を隔てている時間は、私にとって傷口である。にもかかわらず、私はむなしく墓穴の誘惑を追いかける。何ひとつ捨てることができず、心臓の鼓動をとめることもできないので、蛆虫たちも私の本能に対しては仕事のしようがないだろうという確信が、私の中にはある。生についても死についても私は無能力者なので、私は自分自身を憎み、その憎悪の中で別の生を、別の死を夢見るのだ。そして、かつてなかったような賢者になりたいと願った結果、私は今では数多い狂人の中の一狂人にすぎなくなったのである……。

下＝人間の行列

人間は、自分に固有の道、固有の本能を踏みはずしたため、袋小路に落ちこんでしまった。人間は中途の段階を焼き払い……その結果、終末に達してしまったのである。未来なき動物たる人間は、理想の中にはまりこみ、われと進んでした賭で破滅してしまった。絶えず己れを乗り越えようとしたために、彼は凝結してしまった。人間に残されている策は、ただ己れの狂気の行為を復習し、それを償い、さらに新たな狂気を作り出すことだけである……。

だが、この策さえも禁じられている人々がいる。彼らはこう考えるのだ、《人間である習慣を失ったわれわれは、それでもまだ何かの部族や人種、何かの手合いに属しているのだろうか? われわれが生命という偏見を持っていたうちは、まだしもひとつの誤りに身を捧げることによって人々と共通の地盤にあった。……だが、われわれは人類から逃亡したのだ……。眼が利きすぎるため、われわれの骨格は打ち砕かれ、ぐにゃぐにゃした存在になり下ってしまった。——物質の上にのびひろがって唾でそれを汚す、無脊椎の賤民になり果てたのだ。今や、われわれはなめくじの仲間で、これこそわれわれの滑稽きわまる終着駅というか、自分の力と夢を濫費した代償を、こういう形で支払わなければならないのだ。……生命はわれわれに割りあてられた宿命ではなかった。われわれが生命感に酔っている時、われわれの味わった喜びは、すべて生命を越えようとするわれわれの熱狂から来ていたのだ。そこで生命は、報復のため、われわれをどん底へ引っぱって行く。われわれは下=人間(原文では sous-homme。ニーチェの「超人」surhomme のもじり。「人間の屑」というほどの意。)として、下=生命へ、行列を作りながら歩いて行くのである……》。

Quousque eadem?（いつまで同じことを？）

私がそのもとに生まれた星は、永遠に呪われてあれ！　その星は、いかなる空にも保護されることなく、つまらぬ塵あくたのように、宇宙の中でぼろぼろに崩れて行くがいい！　私を人々の間に生み落した不実な瞬間は、「時間」の表《リスト》から永久に消されてしまうがいい！　私の欲望は、永遠が日々汚されて行くこの生と死の不純な混合物と、もう折り合うことができまい。未来に倦んだ私は、来たるべき日々をすでに通過しながら、しかも何か分らぬ過度の渇きに悩まされているのだ。怒り狂った賢者よろしく、私は現世で死に、現世に刃向いながら、自分の抱く幻影を破棄するが、それも幻影をいよいよ燃え立たせるためにほかならない。予見不可能な――しかしすべてが反復して起こる――世界の中でのこの激怒は、いったい終りのないものなのであろうか？　《俺は俺の崇めるこの人生が大嫌いだ》と、いつまでわれとわが心に繰り返さなければならないのか？　いかに心乱れても何にもならないため、われわれはみな、無味乾燥な宿命に甘んじる神々のごときものになってしまう。「混沌」そのものさえ無秩序の体系以外のものではあり得ないのに、どうしてこの世の整然たる対称性になお逆らうのか？　われわれの宿命は、諸大陸や星々とともに腐って行くことにあるのだから、諦めきった病人よろしく、この世の終りまで、すでに予見される恐るべき、しかもむなしい大団円に対する好奇心を、せいぜい発揮しようではないか。

訳者あとがき

本書はE. M. Cioran: *Précis de décomposition*, Coll.《Idées》, Gallimard, 1949の全訳である。

シオラン自身の言葉によって、まず著者の略歴を紹介しておこう。

《一九一一年四月八日、ルーマニアのラシナリ生まれ。父はこの町でギリシア正教の司祭をしていた。一九二〇年から一九二八年まで、シビウの高等中学校で中等教育課程を修める。一九二九年から三一年まで、ブカレスト大学文学部に在学。一九三二年、ベルグソンに関する論文で学士号を取る。一九三六年、哲学の教授資格獲得。三七年、ブカレストのフランス学院給費生としてパリに留学。以来、パリに定住している。無国籍者という私の身分は、一介の知識人にとって願ってもない境遇である。

一九四七年には、まだフランス語で物を書きはじめていなかった。フランス語こそは、私の生活における最も辛い試煉であった。私を是が非でも服従させずにおかぬこの正確厳密な言語は、私にはまるで囚人に着せる拘束衣のように非人間的なものとみえた。文体の問題、書くという不自然な行為について私が考えることができたのは、まさしくこの言語の気難かしさのお蔭である》。

右は、同書のスペイン語翻訳版（一九七二年）に付された紹介文から取ったものである。シオランの最初の邦訳者である出口裕弘氏に寄せられたという私信でも、右の文章の前半に関してはほとんど同じである（『歴史とユートピア』紀伊國屋書店刊、訳者あとがき参照）。篠田知和基氏（本著作集のうち『実存の誘惑』の翻訳を担当された）の言でも、著者は「略歴」を求める人々に同じ文章を用意して手渡しているらしい。これ以上の詮索は著者に対する非礼にもなろうし、また思想家シオランの像は、著書それ自体から読者の内部に結ばれるべきものでもあろう。望んでステロタイプ化しようとしているシオラン自作の履歴書だけで、ここは留めておきたいと思う。

とはいえ、シオランは、出口氏も言われるように多彩きわまる光源を持つ人で、その像を一つにしぼることは至難、というより無意味なわざであろう。苛責ない人類壊滅の夢、世界崩壊へのぼりつくような願望が、繰り返し変奏されてあらわれ、読者を「大洪水」の真黒な悪夢に首まで浸す、どころか枯葉のようにその大渦に巻きこんでしまう。これは、いかにも書名となった崩壊概論にふさわしい光景である。だが、一方では、著者の言葉に興奮して駆け出しかねまじい読者の足もとを優雅な手つきで揶うように、繊細《デリカシー》と皮肉《イロニー》、身軽さと浮薄の文明に対するなみなみならぬ傾倒が語られるのである。キニク学派や懐疑派のギリシア、十八世紀のフランスは、シオランにとって真に文明の名に価するただ二つの例であった。むろん、これも一切の狂信とこわばりを拒否する反措定とみれば、私たちは皮肉の痛烈さを通して同じ崩壊の道へまっしぐらに駆けて行くわけであり、快活な洗練も、あらゆる価値の相対性と免れ難い混沌とを予見した者のみが抱く腹の底からの絶望感に支えられていることを、見逃してはならないが、この一例だけからも、著者が反語と逆説の一筋縄では行かぬ達人であることが推察されるであろう。

シオランは、自分を「反哲学者」anti-philosopheと呼んでいる。この規定自体、きわめて反語的であるが、実はこの語にしても、べつに明確な静止した像を結ぶわけではない。彼は反哲学者として、冷やかな観念が大嫌いだという。観念はそれ自体としては毒にも薬にもならぬ。人間の苦悩と執念、希望と絶望、つまりは人間の情熱《パッシヨン》の色で染めあげられてこそ、観念は時間の中に踏みこみ、歴史の舞台に立ち、事件となるのだと書く。だが、彼が言うのは単なる観念論の否定ではなく、道はすでに複雑に分岐しているのである。

時間という舞台、生成の劇《ドラマ》の中に入った観念とは、人祖の楽園失墜とパラレルな事件である。そこから生じる結果は何か。まず、己れ自身を絶対視する観念の自己神化、つまりは狂信がある。懐疑論者さえ、懐疑を信じるという矛盾によって容易に狂信者に転じ得るのだ。第二には、楽園喪失によって人間に担わされた宿命、つまり病と死と苦役の影を黒々と映した観念への偏愛である。彼は、この黒いしみこそ観念の魂だと言う。不眠の夜々にめぐりくるこうした観念のみを自分は慈んだと言う。いわば、呪われた人類に対する呪われた共感である。だがシオランは、この共感が安易なロマンチスムに直結する苦々しい光景をも存分に見てきたに違いない。でなければ、たとえばデカルトの「われ思う、ゆえにわれ在り」をもじった「われ悲しむ、ゆえにわれ思う」をもうひとつもじって、「私はいつも悲しんでいるわけではない、ゆえに私はいつも考えているわけではない」などという名文句は吐けないのではあるまいか。

「あらゆる深い不満足は宗教的性質を帯びている」——と、これはシオラン自身の言葉である。たしかに、不吉な終末の火が燃えさかったりくすぶったりしているこの「深い不満足」の書には、著者の言う「非宗教性の宗教的誘惑」がみなぎっている。ドストエフスキーやエル・グレコは信仰の激しさによって神の内容を汲みつくしからっぽにする、すなわち神の恐るべき敵手である、という類いの、幾重もの反転を内に含んだ断定は、信の恐怖に酸のように腐蝕された体験を持つ人間にして、はじめて口にし得ることであろう。

当然、シオランが描き出す現代の情景は、急速な落日にさしかかった黄昏の時代のそれ、言いかえれば黙示録《アポカリプス》への大行進である。「未来の墓穴」を掘りかえし、幻視の中にあらわれる「美」や「真」や「知」や「絶対」の頭蓋骨を取り上げる彼の散策は、第一次大戦後のヨーロッパという広大な墓地を彷徨するハムレットを描き出した、かのヴァレリーを連想させる。「魅惑《シャルム》」と「厳密」の墓もあるところを見れば、これはむしろヴァレリーの意識的な戯画化であろう。シオランは、その舞台を地球上の人間種族全体に拡大すると同時に、人類の終末劇に生き残って地上をさまよう「人間以下の種族」を、「アポカリプスの無切符入場者」と呼んだ。日々の目覚めと眠りに生と死の劇のミニチュア版を見るシオランにとって、たったひとつの現実は、毎日準備されつつある世界終末にほかならない。

この終末の日に消滅する至福さえ奪われた生き残りの種族を「無切符入場者」と名付けるのは、またしてもシオラン独特の暗鬱なジョークとさえ思えるのだが、この冗談に私たちの笑いは頰を引きつらせるだけだ。小説家となったシオラン、というのは考えにくい想定だが、無理にもそういう場合を思い浮かべてみるならば、彼は間違いなくブラック・ユーモアの名手になったのではあるまいか。

この手の秀抜な表現は、本書の中からいくつも拾い出すことができる。一見ぶっきらぼうな彼の散文が、実は恐るべき起爆力（反語というバネはそのひとつだ）を蔵した詩にほかならぬことを、私の拙い訳文から読み取っていただけるかどうか。ともあれ、この「反哲学者」は、また「詩人たちの寄生虫」でもある。この語が何を意味するかは、本書の第二部「発作的な思想家」の同題の章、とくにその第三項を読んでいただきたい。これは、思想家シオランが自分の思考法と文章法について書いた、およらく最良の解説のひとつであろう。ボードレールは彼が熱愛した詩人の一人らしいが、シオランもまた、魅惑と毒に満ちたこの冥府の言葉の華に「呪詛の快楽を貪りつくした」ことであろう。「一人の詩人が私の思想を己れの運命たらしめてくれたなら！」——これが思想家の至上の夢だと彼は言う。思想家は歌のインスピレーションの手前までしか行けず、詩の入口まで来て力つきることしかできない以上、この夢は、思想家にとって到達し難い詩の理想境に違いない。だが、未来を持たぬこの黙示録の語り手は、そういう詩人の出現を待つ時間的余裕がなく、やむを得ず自分自身で語りを詩に変えてしまった観がある。シオランがシェリーやボードレールやリルケについて言ったように、私たちもまた彼の思想を一種の「悪癖」として同化するほかないのではあるまいか。

だが、あらゆる時代、あらゆる国々の詩人という詩人を遍歴したいと願う場合でさえ、シオランの中には、故国を持たずに彷徨する流浪者の悲哀がみなぎっている。「詩人たちの寄生虫」の結びの部分は、それにすぐつづく「異邦人の悩み」と緊密に共鳴し、母国ルーマニアを捨てて異邦の主都パリに暮すこの一バルカン人の自画像を生き生きと描き出している。言うまでもなく、この部分は、最初に挙げた経歴書の後半を彩るひとふしである。つまり、ルーマニア語を捨ててフランス語で物を書くことを選んだ、あるいは同じことだが選ばされた人間、それも言葉の問題にとどまらず、こう言ってよければバルカンという政治の修羅場からパリという文明の修羅場に移り住んだ人間の、のっぴきならぬ苦痛なのである。

『歴史とユートピア』によれば、シオランが幼年時代を過したトランシルヴァニア地方は、当時、オーストリア・ハンガリア帝国の成立によってハンガリアの圧政下にあり、同地域のルーマニア民族は少数派として、ハンガリア人を憎んでいたという。だが憎むとは、当の相手の激情を己れのものとして敵を忌み嫌うことであり、すなわち憎むことは興味を惹かれることだとシオランは言う。いかにもシオランらしい言い方だ。東洋から侵入した遊牧民の血を引いて、ヨーロッパ中央部で常に孤立し、残酷さとメランコリアに浸されたハンガリア人、とくにその言語、「みじんも人間臭のない美にあふれ、別世界の響きと強大な腐蝕性とを持ち、祈りや咆哮や哀訴にこそ適した国語、地獄から生れて、地獄のアクセントと光輝とを永遠に伝えようとする」（出口氏訳）ハンガリア語に、シオランはいたく惹かれているのである。

むろん、シオランの母国ルーマニアの言語は、フランス語と同じラテン系の言葉で、ハンガリア人のそれのように兇暴な孤立の栄光に輝く国語ではない、だからと言って、生まれると同時に吸いはじめたルーマニアの空気と同じく自分の血肉に入りこんでいるひとつの言語を捨てて、他の言語と代える苦痛が軽減するわけのものでもないであろう。おまけに、シオランにとって、フランス語は「非人間的な」までに気難しい言語であった。「服従」しつつそれを学ぶ彼の心を、フランス語よりはるかに血の気の多い母国語に対する郷愁がどれほどさいなんだことであろうか。同じ『歴史とユートピア』の中で、彼はこの言語で書くための悪夢に似た苦役を語っている。かなり長くなるが、次にやはり出口氏の訳で引用しておきたい。

「この借りものの国語と私との関係、再考され三考され、存在感を失うまでに磨きぬかれた精緻な国語、ニュアンスの発する手きびしい請求に膝を屈し、すべてを表現しつくしたあげくに表現力を見失った国語、おそるべき精密さを持ち、疲労と羞恥とにみたされ、卑俗事を語る時にもつつしみを忘れないこの国語と、私との関係、これをことこまかに語るとなれば、ほとんど悪夢の物語を試みるようなていたらくになるでしょう。こんな国語を、一介のスキチア人がどうしておのれのものとなしえましょう。その明確な意味を把握し、細心に綿密に、しかも誠実にそれらのことばをあやつるなどということが、どうして期待されえましょうか。どの単語をとりあげてみても、そのやつれ果てた端麗さに、私は目くるめく思いがするのです。一片の大地の痕跡も、一滴の血のなごりも、一抹の魂の影も、もはやこの単語群にはないのです。屍体のように硬直し、屍体のように尊大な一個の統辞法が、それらの単語群をがっちりと閉じこめ、位置づけています。神さまだってこれらの単語を、その指定された位置から追い出すことはできますまい。私の好みからいえば、あまりにも高貴にすぎ、あまりにも高雅にすぎるこの国語、この近寄りがたい国語を用いて、多少とも正確な数行を記すのに、一体どれほどのコーヒイを飲み、どれほどのシガレットを灰にし、どれほど数多くの辞書を引きちらしたことでしょうか！　しかし、こうした事情に気づいた時には、不幸にもすでに時機を失していて、二度とふたたびこの国語から逃げ出すことができなかったのです。もしまだ間に合っていたならば、私は決してルーマニア語を捨てるようなまねはしなかったでしょう。今でも、ルーマニア語のあの涼やかな香り、またその腐臭、太陽と牛の糞とのみごとに溶けあった、郷愁をそそるあの不体裁、あの壮麗なだらしなさを、私はなつかしく思うのです。ルーマニア語に復帰すること、これは不可能です。余儀なく採用した国語の方が、今後とも費やさるべきかずかずの辛労そのものによって、私をひきとめ、私を屈服させてしまうのです」。

これほど苦い明晰さに貫かれた言語意識の自己解説が、「一介のスキチア人」によって、ほかならぬフランス語で書かれたことを思えば、他から加える註釈は一切不要であろう。ただ、蛇足を承知の上で、あえて若干の私事を書きつらねることをお許しいただきたいと思う。

訳者が二度目にシオランに会ったのは、去年の十月はじめのことであった。氏はオデオン座を向いに見る古いアパルトマンの六階に住んでいる。当時九州大学におられた滝沢克巳教授のおすすめではじめて氏を訪ねて以来、六年ぶりの再会であった。その夏、訳者は友人とカタロニアに滞在し、その地の二重言語問題について調査めいたことをやったので、話は自然そのことにも及んだが、氏は「二重言語は私にも興味ある問題です」と言いながら、しかしもっぱらスペインへの関心を熱っぽく語るのだった。スペインへの底知れぬ愛着と嫌悪は、本書の中でも簡潔に語られているが、二重言語の問題は、氏にとっては調査者などの呑気な手で触れてもらいたくない、今でも血を流す傷口のようなものだったのであろう。

アパルトマンを辞する時、氏は『崩壊概論』のスペイン語訳を私に贈ってくれた（テキストは、六年前の初対面の折もらっていたのである。お蔭で、本書の翻訳にはこのスペイン語版を参照することができた。なお巻頭に収めた著者の写真も、この時、氏の好意で贈られたものである）。そのほか、もう用済みだからと私に持たせてくれたのが、一九二二年アルマン・コラン社のポール・スタプフェル著『文法と文学の気晴し』と、一九三二年アルバン・ミシェル社刊行のアベル・エルマン著『ランスロ氏はこう語った――フランス語の正しい使用法』であり、さらに日本に帰った私のあとを追いかけるように送ってくれたのが、一九六三年フラマリオン社刊のフェルナン・フージェール著、原題で“Savez-vous ce que vous dites?”（直訳すれば『あなたは自分が何を言っているか分っていますか？』）と、ミゲル・デ・ウナムーノの『スペインの本質』仏語版であった。はじめの三著は、フランス語表現のためのいわば学習書である。純粋な好意の中にある氏のきびしい鞭をこの贈与に感じたのは、翻訳者としての私の思いすごしであろうか？

シオランは処女作たる『崩壊概論』を一九四七年から書きはじめたという。残念なのは、そこに注がれた著者の「辛労」を私の非力がずいぶん無駄なものにしているに相違ないことである。今は読者諸賢の御寛恕と御叱正を乞うほかかない。

なお、念のため本書以外のシオランの著作目録を掲げておく。

『苦渋の三段論法』*Syllogismes de l'amertume*（一九五二年）。

『実存の誘惑』*La Tentation d'exister*（一九五六年）。

『歴史とユートピア』*Histoire et Utopie*（一九六〇年）。

『時間への失墜』*La Chute dans le temps*（一九六四年）。

『悪しき造物神』*Le Mauvais Démiurge*（一九六九年）。

『ヴァレリーとその偶像たち』*Valéry face à ses idoles*（一九七〇年）。

『生まれたことの不都合さについて』*De l'Inconvénient d'être né*（一九七三年）。


レルヌ社から出た『ヴァレリーとその偶像たち』以外は、すべてガリマール社の「エセー叢書」に入っている。ほかに、モナコのエディション・デュ・ロシェで出たジョゼフ・ド・メーストルの選文集とその序文、および限定一部という超豪華本『ヨハネ黙示録』に収められた『深淵の鍵』なる一文があるというが、訳者は未見である。量としてはたしかに少ないが、「書物とは延期された自殺だ」（『生まれたことの不都合さについて』）と言うシオランにとっては、寡作どころの騒ぎではないであろう。

邦訳は、本訳書を第一巻とする国文社のシオラン著作集が最初のまとまったもので、この本が出る頃には『実存の誘惑』が刊行されているはずである。ほかに前記出口裕弘氏訳の『歴史とユートピア』と、原ひろし氏訳の、『ヴァレリーとその偶像たち』（国文社刊『磁場』創刊号）がある。日本語による文献としては、阿部良雄氏著『西欧との対話――思考の原点を求めて』(河出書房新社刊)に「新・食人論」というシオラン宛の手紙形式による文章が収められていて、この思想家の一面を知る意味でも興味深い。また、前記『歴史とユートピア』に付された出口氏のあとがきは、『都市』一号(一九六九年)に掲載された同氏の「E・M・シオランをめぐって」と題する短文(『苦渋の三段論法』の抄訳の前文という形になっている)とともに、シオランとの出会いに宿縁めいたものを見る氏の尽きぬ共感が気迫をこめて語られていて、感銘深い。
最後になったが、訳者の乞いに快く応じて日本語版への序文のペンを取り、また数々の質問に答えて下さった著者シオラン氏と、本書の訳出・出版についてお世話になった国文社の田村雅之氏ほか、関係の方々に厚く御礼申し上げる。

一九七四年九月

有田忠郎

解説

大谷　崇

本書『崩壊概論』（以下『概論』）は、シオラン（エミール・シオラン、E・M・シオラン、一九一一―九五）のフランス語でのデビュー作である。ルーマニアに生まれ、すでに五冊の本をルーマニア語で出版し、母国ルーマニアでは若手知識人として名を知られていたシオランといえども、フランスでは当然ながらまったくの無名であった。『概論』出版当時三十八歳のシオランは、この著作でもって、新人の外国人フランス語作家に送られるリヴァロル賞を審査員全員一致で受賞し（実は、前年の審査では悲観的すぎるという理由で落とされていた）、フランスでの著作家としてのスタートを切った。この著作以後、一九八七年の最後の著作『告白と呪詛』にいたるまで、シオランは数年に一冊をガリマール社から出すというペースで書きつづけていくが、フランスでの著作活動の嚆矢となったという意味において、『概論』は彼の著作全体において特別な地位を持つ。まさしくこの『概論』によって、シオランは、ルーマニアでのみ名を知られる人物――彼の同世代の才能あるルーマニア若手知識人の多くがそうなった――ではなく、今日にいたっても、遠く離れた日本でこのような文庫化がなされるような、世界的な存在へとなる道を切り開いたのである。

本書はルーマニア時代のシオランの集大成であると同時にその訣別、すなわちフランス時代のシオランの出発点でもある。

『概論』執筆時のシオラン

本書成立の経緯について、シオランは幾度となく対談で語っている。一九四六年夏[1]、フランスのディエップ（正確には近郊の町オフランヴィル）に滞在していたシオランは、部屋のなかで一人マラルメをルーマニア語に訳していたが、やがて自分の翻訳家としての才能のなさを痛感するとともに、この作業の馬鹿馬鹿しさに気づいたという。「だれも知らない言葉にマラルメなど訳して何になるのか[2]」。誰も知らない言語ではなく、フランス語で書かなければならない。こうしてシオランはフランス語で書き始め、すでに同年十二月には本書の初稿を書き終えていた。同時期に、彼はルーマニアの友人に向けて、手紙で次のように語っている。この本は「引き継がれてきた、あるいは無意識に保持されてきた幻想に対するひとつの「訣別」、一種の形而上学的亡命の理論[3]」となるだろう。

亡命（exil）とは、故郷から遠く離れることを余儀なくされ、今まで自分が立ってきた基盤を失い、よその場所で生きることである。そのようなよるべのなさこそが、哲学的省察の出発点なのだとシオランは言う[4]。そして、亡命は亡命でも、形而上学的亡命は政治的亡命等とは異なる。それは、自分がこの世界そのものにおいて基盤を失うことを意味する。

世界中どこにいても「自分が本来いるべき場所にいない[5]」という感覚。「この世界では、世界それ自体を筆頭に、何ひとつ所を得ていない」（本書七八頁）。「存在と自分との関係がしっくりゆかないと明言すること、これが書くということだ[6]」。まさにこの言葉のようにシオランは書いた、それも母語ではないフランス語で。

形而上学的にだけでなく、シオランは実際に亡命者だった。直接に政治的迫害を受けた末の亡命ではないが、いまや共産主義陣営となった母国ルーマニアに戻ったときに、彼に待ち受ける運命は明らかだった。例えば、大学時代に同じ師を持った友人の哲学者・経済学者のミルチャ・ヴルカネスク（Mircea Vulcănescu 一九〇四―五二）は、戦中は官僚として働いていたが、一九四六年に逮捕され、五二年に獄死した。後年、シオランと手紙を交わした学生時代以来の友人の哲学者コンスタンティン・ノイカ（Constantin Noica 一九〇九―八七）は、五八年に逮捕され、二五年の刑を受けた（六年で釈放）。『概論』ほど体制に適合しない本はない。シオランの思想はルーマニアの外で表現されなければならなかった。そしてその言語は、ルーマニア語以外でなければならなかった。シオランはパリのごく狭い亡命ルーマニア人サークルのために書くつもりはなかった。「わずかな同胞、実際にはせいぜい二十人足らずの同胞にしか分からない国語で書きつづけたところでなんになろうか[7]」。この点で、どれほど規模が小さくともルーマニア的文化の創造を重視し、亡命ルーマニア人サークルの文化的活動にも力を入れ、自身もルーマニア語で文学作品を書きつづけた友人ミルチャ・エリアーデとは異なっている。[8]

『概論』完成までの背景

フランス語で書くという決心の後、ほどなく『概論』の初稿が出来あがったが、そこから完成までの道は遠かった。シオランは原稿を三度書き直した。一九四六年に書き始めた彼は、初稿を短期間で一気に書き上げ、『否定訓練(Exercices négatifs)』というタイトルを付けた。その後シオランはこの初稿の断片の集まりをある部分はそのままに、ある部分は分解して再配列し、また断片内に追記・削除などのさまざまな修正を加えた。その後に成立した第二稿および第三稿は、『その場限りの思想家(Le Penseur d'occasion 本訳書では「発作的な思想家」)』という、作品内に同じ名前の断片を持つタイトルを与えられた。この第三稿を一九四七年にガリマール社に送り、受理され契約が結ばれたが、出版が遅れているうちにシオランは再度全体を書き直した。最終的に『崩壊概論(Précis de décomposition)』と名付けられたこの完成稿が、今私たちが読むことができる『概論』である。

この三度にわたる書き直しは、シオランのフランス語との苦闘を跡付けている。ルーマニア語で書いていた頃、自分の思想と感覚を表現するために、彼は母語であるルーマニア語を徹底的に虐めぬき、破壊的かつ熱狂的な文体でもって作品を作り上げた。しかしフランス語では同じことをしても、単なる「誤った」フランス語になるか、あるいはいかにも外国人が書いたような、「よそ者まる出し」[9]の奇妙なフランス語になるだけだった。「借り物の国語」を用いている人間には語法上の間違いを犯す権利がないというシオランの言葉は、この経験に根差しているのだろう。[10]フランス語で「うまく書く」ためには、フランス語の厳格な規律を受け入れ、そのうえで表現をしなければならなかった。

それゆえ、シオランはつねづね自分にとってフランス語は「拘束衣」に等しいと言う。ただし、これには利点もあったことは彼自身も認めるところである。フランス語という枷によって、ルーマニア語時代に見られたような爆発的な文体的逸脱は不可能になった。過剰というのはフランス語では不可能であり、それは単にグロテスクになるだけだ、とシオランは後に述べている。[11]情熱的な過剰が抑制された結果生まれたのは、十八世紀のフランス語に範を取った、古典的な文体のうちにあらゆる激しさを伝える、フランス語のシオランの文体であった。彼はフランスにだけでなく、フランス語に亡命した、と言えるかもしれない。このあたりは本書「訳者あとがき」にも詳しい。

とはいえ『概論』においては、情熱を告発し無関心を称揚するとしても、まだ情熱的に情熱を糾弾しているふしがあり、彼自身が言う「熱狂的なリリシズム」から抜けきっていないことは、読んでいて感じ取れるところだろう。それでも彼が新たな出発を果たしたことは確かであり、「シオランの第二の誕生」[12]と呼ばれるゆえんである。実際、彼はフランスでのデビューにあたり、ルーマニア語の著作に何度も表れた本名であるエミール・シオラン（Emil Cioran、ルーマニア語読みではチョラン）ではなく、筆名であるE・M・シオラン（E. M. Cioran）という名が表紙に刻まれることを選んだ。

『否定訓練』および『崩壊概論』というタイトル

先ほど述べたように、『概論』のタイトルは確定するまで変遷した。初稿の『否定訓練（Exercices négatifs）』[13]というタイトルが想起させるのは、もちろんイエズス会の創始者イグナチオ・デ・ロヨラの『霊操（Exercitia spiritualia 霊的訓練）』である。『霊操』が自身の霊を神へと向け、霊的生活および救いのために霊を整える修練の書、手引きの書であるとすれば、『否定訓練』および『概論』はその反対、人を否定の精神へと導き、救いではなくむしろ堕落させるため——「弱い人間を押しつぶし、強い人間の気力を殺ぐ[14]」ために書かれた書であると言える。[15]『霊操』が「不信心へと動かし、希望もなく、愛もなく、そしてあらゆる怠惰、生ぬるさ、悲しみ、創造主から離された状態[16]」である「荒み（desolación）」を退けるのに対して、『否定訓練』＝『概論』はこれらすべての陰鬱さに沈潜し、その可能性を汲み尽くそうとする。

最終的なタイトル『崩壊概論（Précis de décomposition）』の、一方で「概論（Précis）」とは、通常ある物事の要点を簡潔にまとめたガイドあるいはマニュアルを意味するとともに、他方で「崩壊（décomposition）」とは、構成されていた何物かが分解され、解体されることを意味する。それは肉体の腐敗や文明の崩壊のように、堅固に見えたものがばらばらに崩れることである。懐疑を推し進め、信念を解体し、自己も共同体その他も拠って立つ基盤を掘り崩す。そのように崩壊を見すえながら、その方へと率先して、「まっしぐらに駆けて行く」（本書七九頁）のが本書である。

シオランは、「崩壊」と「概論」のような、似つかわしくない組み合わせをしばしば好んだ[17]。戦中にルーマニア語で書かれた著作『敗者の祈禱書（*Bréviaire des vaincus*）[18]』のルーマニア語原題Îndreptar pătimaș は、まさしくこのような「情熱の（pătimaș）」「ガイド、教本（îndreptar）」を意味する。『概論』はタイトルの構成としてはこの著作と同様であるとともに、情熱から逃れようとする点で、正反対の方向性を持っている。ここにもシオランの自らのルーマニア語時代との訣別の意志を読み取ることができる。

狂信と反‐預言者

『概論』は、おのれの理想を絶対的なものに祭り上げるあらゆる信条やイデオロギーを告発する「狂信の系譜」および「反‐預言者（L'Anti-prophète）」から始まる[19]。人は「真理を説こうという気違いじみた情熱」（本書一七頁）を持っているので、真理を発見したと思った者は、自分の真理の外側で他人が生きることを許さず、周りにそれを崇めさせようとする。そのような確信に満ち溢れた誇大妄想のうちにこそ、悪の根源があるとシオランは言う。

誰かが理想や未来や哲学について大まじめに論じるのを聞いたら、また、断乎たる口調で《われわれは》と言い、《他の人々》のことを持ち出してその代弁者たらんとするのを耳にしたら――もうたくさん、それだけで私はそいつを敵とみなす。私がそこに見るのは、出来損ないの独裁者、まがいものの死刑執行人で、それはほんものの独裁者や死刑執行人同様、憎むべき存在である。（本書一六頁）

このような熱狂から免れているのは「無関心の能力」（本書一三頁）を持つ人間である。彼らは「観念が相互に置きかえることのできる性質を持つ」ことを認めている。つまり、偏った関心なしに物事を眺め、例えばあの神もその神も等価であり、他と際立って特別な重要性を持つ神などいないと考えるなら、その神を他人に信仰させるために血を流すことはありえないだろう。しかしその神やあの理想を信じる者――自分は真理の言葉を預かったと思いこむ「預言者」たちはそうはいかない。彼らは人間を正しい者と正しくない者とに分ける。「ほんとうの犯罪者とは、宗教または政治の次元で正統性を打ちたて、信者と背教者を峻別する人々のことなのである」（本書一三頁）。

フランスの作家モーリス・ナドーは、『概論』およびシオランをフランスで最初に取りあげた記事において、シオランをカミュと比較しつつ、シオランを「われわれが待ち望んだ者」、福音ではなく「悪しき知らせ」をもたらす「収容所と集団自殺の時代の預言者」と規定している。[20] この言は、文字通りの意味においては反‐預言者たるシオランに当てはまらないにもかかわらず、ナドーの意図を超えて核心を突いている。というのも、反‐預言者が新たな別様の預言者になっては元も子もないからだ。

それゆえシオランは、真理を声高に他者に押し付けるのではなく、理想を殺し、熱狂を殺した後に残る「自分の中にある無」と対峙するにとどまろうとする。言い換えれば、「申し分なく明晰」（本書一九頁）であろうとする。「明晰（lucid）」であるとは、あらゆる幻想から醒め、現象からそれに付与された価値を削ぎ落とし、すべてを空虚なものと見ることである。この明晰性の問題は、現象から実体性を剥奪する空虚の意識であるという点において、仏教やインド哲学・古代懐疑主義等の「知恵」の伝統と共通するものがあり、シオランはこれらへの関心をより深めていくことになる。

亡命・郷愁・ユートピア

亡命とは、自分の本来あるべき場所から離れることを余儀なくされることであった。それは旅行のように簡単に往来できるものではない。帰ることが難しい、あるいはそもそも故郷が無くなってしまった、そういう状態である。そのようなときに人は痛切に郷愁（ノスタルジア）を感じる。形而上学的亡命者も例外ではない。「大地から根こぎにされ、時間の流れの中に追放され、己れの直接の根から断ち切られること、それは訣別と断絶以前の源泉にもう一度帰りたいという願いである。郷愁とは、まさしく家郷から永遠に離れているという感情にほかならない」（本書六五頁）。そのようなとき、郷愁は心情のなかでユートピアを作り上げるとシオランは言う。「訣別と断絶以前の源泉」とは、個人としてこの世界に生まれる前の、原初的な存在の一体性と理解できる。それは失われた楽園であり、同時にユートピアの語の原義である「どこにもない場所」の意味において、そのような存在の一体性もユートピアと『概論』のシオランは呼んでいるのだろう。自分が本来いた場所としての失われた楽園、それは「あらゆるユートピア中最も奇態なしろもの」と呼ばれる。

しかし、郷愁が「有限なるもの、直接のもの、大地と母の呼ぶ声に返ろうとする形を取る」とき、それはこの地上にユートピアを実現しようという情熱に変わることはないだろうか。原初の統一を再建するためのユートピア。故郷が無いなら作ってしまえばいいというわけだ。そのようなユートピアは、「プロメテウス的な誇大妄想」（本書一四頁）と変わるところがなくなるだろう。そして現世にユートピアを建設するために、他の神や真理の名の下になされるのと同じように、血が流されるだろう。こんなことになるのは、つまりはまだ十分に「明晰」でない、幻想から醒め切っていないということである。『概論』のユートピア概念は包括的なものであり、明示的にユートピア批判まで踏み込んでいるわけではないが、シオランが後に『歴史とユートピア』を書くようになる下地は整っていると言えるだろう。

聖者から犬儒派へ

本書に登場する人物のなかで、「真摯さと明晰さの極限値」（本書一二二頁）と呼ばれるのが、古代ギリシアのキュニコス派（犬儒派）の哲学者シノペのディオゲネスである。シオランにとってディオゲネスは、「ありのままの人間の姿を何の幻想も交えずに観察する思想家にして、なおこの世の内部にとどまることを欲し、神秘思想を逃避として退ける」（本書一二三頁）場合の一つのモデルケースであったと言える。

それに対して、アビラのテレサなど、ルーマニア時代のシオランがあれほど熱中した聖者たちには、シオランは陶酔から醒めた眼差しを向けている。あたかも過去に崇拝していた偶像に対して苦い顔をして眺めているかのようである。今や聖者よりもディオゲネスのほうが彼が評価する人物であり、それは「聖者から犬儒派へ」本書九六頁）という表現に表れている。それこそディオゲネスは自らのことを「コスモポリタン」——すなわちこの地上のどこにも特定の故郷を持たない者と呼んでいたではなかったか。

ディオゲネスは白昼ランプを持って、「私は人間を探している」と言いながらアテナイの市中を歩き回ったという話が伝わっている。忙しい人が行きかうなかで彼は何を探していたのか？　彼は「無関心な人間」を探していたのだ、とシオランは述べる。そのような人間のみが人間の名にふさわしいと。『概論』はそのような人間へと導くための書である。あるいはそのような存在は人間などではなく、「下＝人間（sous-homme）[21]」（本書三一七頁）、人間以下と言ったほうがよいかもしれないのだが。

本書の反響と意義

『概論』は一九四九年に出版され、翌年にリヴァロル賞を満票で受賞、シオランはフランスにおける著作家としてのデビューを飾った。シオランはすでに『概論』が出版される以前の一九四八年から次の本の構想を練っており[22]、一九五〇年には『苦渋の三段論法』の原稿を出版社に渡していた（五二年に出版）。加えて、一九五三年にパウル・ツェランによってドイツ語に訳されたのを皮切りに、彼の本はさまざまな外国語に訳されていくようになる。一九六七年に『歴史とユートピア』が出口裕弘によって日本語に訳されて以来、日本でも読者を獲得していく。

シオランがこのような存在になったのも、『概論』の成功のおかげである。しかしそこから道は長かった。本を出版しても注目されない日々が続き、状況が変わるのは、彼の晩年になってからである。新しい本を出しているにもかかわらず、彼は自分がいつまでも

『概論』の著者とみなされていることにうんざりしていた[23]。これには『概論』に溢れる情熱からは今の自分は遠く離れており、その変化が気付かれないのは心外だという意識も手伝っていただろう。

しかし、それでも『概論』はシオランにとって、ルーマニア語でのデビュー作である『絶望のきわみで』と並んで、特別な本であることに変わりはない。この二冊ほど自らの生を犠牲にした本はないと彼は言う。「作品のために自分の生を犠牲にしなければ、作品には重みはない。本は吸血鬼であるべきだろう[24]」。

そのように彼の血を吸って完成した『概論』は、読むにはあまりに危険な本かもしれない。シオランは「あなたはわかっていない。若者がこの本を手にするかも知れないんですよ！」と抗議されたと言う[25]。彼自身も、こんな注意書きを必要とするかもしれないと考える。

読者には、この作品は逆に読み、ここにもられた毒など玩味してはならないと警告しなければならない。読者が若かったら、悪い影響を受ける危険がある。だから問題は警戒令を、可能な限りもったいぶった、不快な警戒令を出すことである。ま、こんなふうな。「注意！　お読みになろうとする本は危険ですぞ！　用心して下さい。この本をゆめゆめ聖書などとはお考えにならず、ここに語られていることがみんな正しいなどと思わないで下さい。私はときに誇張しますし、ゆき過ぎはしょっちゅうです。私の真似だけはしないで下さい、等々。(26)」

だが一方で、シオランは危険でない本は本の名に値しないとも考えている。読んだ後に、衝撃や影響を与えない本とはなんだろうか。「書物は古い傷を開き、さらには新しい傷口をさえもたらすものでなければならない。書物とは一箇の危険であるべきだ(27)」。「読者の生をなんらかの意味で変えるもの」、それこそが本であると彼は考える。「本を読んでも、読者が読む前と同じ人間でいられるような本、こういう本は失敗作ですよ(28)」。

本書が実際にどれほど危険なのかは読者の判断に委ねたいが、もしそうだとして、そのような危険な本を出版できるとすれば、それはその毒に耐えうるほど成熟している文明の証であると言える。ただしシオラン的に言えば、成熟した文明とは疲労した文明であるのだが。この度の文庫化によって、シオランおよびこの本の毒がますます広まることを期待する。

（1）シオラン自身は対談で「一九四七年夏」と語っており（例えばシオラン『シオラン対談集』金井裕訳、法政大学出版局、一九九八年、二三、四三、七三、一四七、三〇七頁。Cioran, *Entretiens*, Paris, Gallimard, 1995, pp. 28, 44, 72, 145, 308）、そのように記している文献も少なくないが、すでに一九四六年七月の両親宛の手紙でフランス語作家になるつもりだと語っていること、そして、本文中に言及する一九四六年十二月のジェニ・アクテリアン宛の手紙において、フランス語で『否定訓練(Exercices négatifs)』という名の本を書いたが、それが出版されるかどうかはわからないと記していることからも(Emil Cioran, *Scrisori către cei de-acasă*, Bucureşti, Humanitas, 2010, pp. 18, 248)、この出来事があったとすれば一九四六年の夏であり、同年十二月の時点で初稿は完成していたと考えてもよいだろう。なお、プレイヤード版著作集も一九四六年夏としている(Cioran, *Œuvres*,《Bibliothèque de la Pléiade》, Paris, Gallimard, 2011, p. XLII)。

(2)『シオラン対談集』二三頁。*Entretiens*, p. 28.

(3) *Scrisori către cei de-acasă*, pp. 248–249.

(4) E・M・シオラン『深淵の鍵』出口裕弘・及川馥・原ひろし訳、国文社、一九七七年、四五頁。*Œuvres*, p. 1135.

(5) E・M・シオラン『生誕の災厄　新装版』出口裕弘訳、紀伊國屋書店、二〇二一年、一二七頁。*Œuvres*, p. 795.

(6) シオラン『カイエ 1957–1972』金井裕訳、法政大学出版局、二〇〇六年、一四一頁。Cioran, *Cahiers 1957–1972*, Paris, Gallimard, 1997, p. 147.

(7)『カイエ 1957–1972』八二五頁。*Cahiers 1957–1972*, p. 821.

(8)「われわれができるのは一つしかない。それは文化である。他でもないこれこそ、われわれが持っている唯一の義務であり、つまりルーマニア文化の創造の継続性を、可能な限り守ることである」。Mircea Eliade, *Împotriva deznădejdii*, Bucureşti, Humanitas, 1992, p. 65.

(9)『シオラン対談集』一四七頁。*Entretiens*, p. 145.

(10)『生誕の災厄　新装版』六〇頁。*Œuvres*, p. 761.

(11) ガブリエル・リーチェアヌとの対談。Gabriel Liiceanu, *Itinerariile unei vieţi: E. M. Cioran*, Bucureşti, Humanitas, 2011, p. 120.

(12) パトリス・ボロン『異端者シオラン』金井裕訳、法政大学出版局、二〇〇二年、一一一頁。Patrice Bollon, *Cioran l'hérétique*, Paris, Gallimard, 1997, p. 122.

(13) このタイトルは後に放棄されるが、後年、シオランは著作の一つに『称賛訓練（*Exercices d'admiration*、邦訳『オマージュの試み』金井裕訳、法政大学出版局、一九八八年）』という名を与え、この発想を再び採用している。

(14) シオランが『概論』を読み直した際の感想。『カイエ 1957-1972』三四二頁。*Cahiers 1957-1972*, p. 346.

(15) 一九五九年にシオランは、ガリマール社のクロード・ガリマールに向けて再版を依頼する手紙のなかでこう書いている。「あるアメリカの大学が、近く〔『概論』を〕五〇部注文するとのことです。ヤンキーの若者たちを堕落させるかくも絶好の機会を逃すのは残念なことではないですか？」*Œuvres*, p. 1314.

(16) イグナチオ・デ・ロヨラ『霊操』川中仁訳、教文館、二〇二三年、一二二頁。

(17) 類似の例は他にもあり、『苦渋の三段論法』(Syllogismes de l'amertume)、「涙の一般理論」(Théorie générale des larmes、『苦渋の三段論法』及川馥訳、国文社、一九七六年、四八頁。*Œuvres*, p. 192.) や「涙概論（Traité des Larmes、『カイエ 1957-1972』四六頁。*Cahiers 1957-*

1972, p. 54）等を挙げることができる。

（18）シオラン『敗者の祈禱書』金井裕訳、法政大学出版局、一九九六年。「情熱（的）」と訳されるのではなく「敗者」と訳されたのは邦訳が基にしている仏訳においてである。

（19）このような考えにいたったのは、シオラン自身の政治的失敗も寄与している。シオランの政治参加について、二〇二五年現在日本語で読めるものとしてはパトリス・ボロン『異端者シオラン』四三―一一〇頁が詳しい。

（20）Maurice Nadeau, «Un penseur crépusculaire», *Combat*, 29 septembre 1949, in *Cioran*, 《Cahier de L'Herne》, Paris, L'Herne, 2009, p. 211.

（21）個人的に、「低人教」を説いた辻潤にならい、「低人」と訳したい気持ちに駆られる。シオランと辻潤はマックス・シュティルナーの『唯一者とその所有』に特別な関心を示したという共通点がある。

（22）一九四八年二月十九日付の両親宛の手紙に言及がある。*Scrisori către cei de-acasă*, p. 25.

（23）シモーヌ・ブエのガブリエル・リーチェアヌによるインタビュー。*Itinerariile unei vieți: E. M. Cioran*, p. 150.

（24）『カイエ 1957–1972』七八二頁。*Cahiers 1957–1972*, p. 780.

（25）『シオラン対談集』一五頁。*Entretiens*, p. 20.

（26）『カイエ 1957–1972』二八三頁。*Cahiers 1957–1972*, p. 288.

（27）E・M・シオラン『四つ裂きの刑』金井裕訳、法政大学出版局、一九八六年、八〇頁。*Œuvres*, p. 942.

（28）『シオラン対談集』一五―一六頁。*Entretiens*, pp. 20–21.

（おおたに・たかし　哲学・ルーマニア思想史）

本書は、一九七五年十一月十五日、国文社より『E・M・シオラン選集』の第一巻として刊行された。文庫化にあたっては、明らかな誤りは適宜訂正し、一部固有名詞の表記も改めた。またルビを増やした。訳文中には今日の観点から不適切と見られる表現があるが、訳者が故人であることと、底本刊行時の時代状況を鑑み、そのままとした。

ちくま学芸文庫

崩壊概論《ほうかいがいろん》

二〇二五年四月十日　第一刷発行

著者　E・M・シオラン
訳者　有田忠郎（ありた・ただお）
発行者　増田健史
発行所　株式会社　筑摩書房
東京都台東区蔵前二―五―三　〒一一一―八七五五
電話番号　〇三―五六八七―二六〇一（代表）
装幀者　安野光雅
印刷所　大日本法令印刷株式会社
製本所　株式会社　積信堂

ISBN978-4-480-51297-0 C0110